Relaxed durchs Leben
Oder welcher Streß-Typ sind Sie?

Mary Dempcy / Rene Tihista

Relaxed durchs Leben

Oder
welcher Streß-Typ
sind Sie?

Aus dem Amerikanischen
von Thomas Kopal

vgs

Unseren Eltern Harold Dempcy und Marie Iparaguerre Tihista gewidmet.
Sie haben uns im Kampf gegen den Streß die beste Medizin mit auf den Weg gegeben:
ihr Lachen und ihre Liebe.

Mary Dempcy und Rene Tihista

Die Informationen und Anleitungen in diesem Buch sind von Autor und Verlag nach bestem Wissen und Gewissen sorgfältig erwogen und geprüft, stellen aber keinen Ersatz für eine therapeutische Betreuung jeglicher Art dar. Autor und Verlag übernehmen keinerlei Haftung für etwaige Personen- oder Sachschäden, die sich aus Gebrauch oder Mißbrauch der in diesem Buch aufgeführten Informationen und Therapievorschläge ergeben.

Die Deutsche Bibliothek – CIP-Einheitsaufnahme

Dempcy, Mary:
Relaxed durchs Leben : oder welcher Streß-Typ sind Sie? / Mary Dempcy / Rene Tihista. Aus dem Amerikan. von Thomas Kopal. –
Köln : vgs, 1997
Einheitssacht.: Stress personalities ⟨dt.⟩
ISBN 3-8025-1346-0

Titel der amerikanischen Originalausgabe:
Stress Personalities
A look inside our selves

erschienen bei: Focal Point Press, Bolinas, CA 1991

Umschlagfoto: Tony Stone Bilderwelten
Illustrationen: Judy Trottier
Redaktion: Martina Weihe-Reckewitz
Lektorat: Marcus Reckewitz, Bonn
Umschlaggestaltung: Heike Unger
Produktion: Ilse Rader
Satz: Typo Forum Gröger, Singhofen
Druck: Freiburger Graphische Betriebe, Freiburg
Printed in Germany
ISBN 3-8025-1346-0

Inhalt

Vorwort 7

Einführung 11

1 Der Innere Antreiber

Immer in Eile 19

Der Innere Antreiber und Ihre Freunde 24

Der Innere Antreiber und Ihr Partner . . 26

Der Innere Antreiber als Chef 29

Der Innere Antreiber als Angestellter . . 31

Der Innere Antreiber und Ihre Gesundheit 33

Spielanleitung 35

2 Der Schmeichler

Nicht »nein« sagen können 39

Der Schmeichler und Ihre Freunde . . . 45

Der Schmeichler und Ihr Partner 48

Der Schmeichler als Chef 53

Der Schmeichler als Angestellter 57

Der Schmeichler und Ihre Gesundheit 60

Spielanleitung 62

3 Der Säbelzahntiger

Immer in Rage 65

Der Säbelzahntiger und Ihre Freunde . . 72

Der Säbelzahntiger und Ihr Partner . . . 75

Der Säbelzahntiger als Chef 79

Der Säbelzahntiger als Angestellter . . . 82

Der Säbelzahntiger und Ihre Gesundheit 84

Spielanleitung 86

4 Der Innere Ankläger

Vollkommenheit ist gerade gut genug 89

Der Innere Ankläger und Ihre Freunde 95

Der Innere Ankläger und Ihr Partner . . 96

Der Innere Ankläger als Chef 99

Der Innere Ankläger als Angestellter . 101

Der Innere Ankläger und Ihre Gesundheit 102

Spielanleitung 104

5 **Der Streber**

Niemals gut genug 107

Der Streber und Ihre Freunde 113

Der Streber und Ihr Partner 114

Der Streber als Chef 116

Der Streber als Angestellter 117

Der Streber und Ihre Gesundheit . . . 119

Spielanleitung 122

6 **Der Sorgenmacher**

Ob das wohl gutgeht? 125

Der Sorgenmacher und Ihre Freunde . 132

Der Sorgenmacher und Ihr Partner . . 134

Der Sorgenmacher als Chef 137

Der Sorgenmacher als Angestellter . . 139

Der Sorgenmacher und Ihre Gesundheit 142

Spielanleitung 143

7 **Der Innere Betrugskünstler**

Auf dem Weg des geringsten Widerstandes 147

Der Innere Betrugskünstler und Ihre Freunde 153

Der Innere Betrugskünstler und Ihr Partner 154

Der Innere Betrugskünstler als Chef . 156

Der Innere Betrugskünstler als Angestellter 157

Der Innere Betrugskünstler und Ihre Gesundheit 159

Spielanleitung 161

8 **Der geführte Dialog**

Im Austausch mit den Streßpersönlichkeiten 165

Dialog – aber wie? 167

Den Dialog selbst führen 168

Der Bessere Ratgeber 171

Vorwort

Wir wollen in diesem Buch ein Modell zur Erläuterung der unterschiedlichen Streßtypen vorstellen. Es beruht auf einer psychodynamischen Theorie über das menschliche Verhalten, die wir nicht nur in unseren Workshops und Seminaren, sondern auch im therapeutischen Umfeld seit 1976 entwikkelt und überprüft haben.

Diese modellhafte Darstellung von Streßtypen geht von der grundlegenden Annahme aus, daß das Selbst eines Menschen aus verschiedenen Anteilen besteht. In der psychotherapeutischen Behandlung selbstzerstörerischen Verhaltens traten diese Selbst-Anteile deutlich zutage, auch dann, wenn die Klienten ihr selbstzerstörerisches Verhalten erkannt hatten. Sie konnten wider besseres Wissen offensichtlich nicht anders handeln.

Bei dem krankhaften Störungsbild der »multiplen Persönlichkeit« sind die Selbst-Anteile ausgegrenzt und nicht bewußt. Nicht so bei den Klienten mit Streßpersönlichkeiten, die ihre zerstörerischen Selbst-Anteile als normal empfinden. Aber warum lassen wir solche Teile des Selbst zu? Die Antwort auf diese Frage fanden wir in der Art und Weise, wie die Menschen mit Streß umgingen. Die meisten Menschen versuchen besonders streßgeladene Situationen zu bewältigen, indem sie ein bekanntes, vorhersehbares und deutlich erkennbares Verhaltensmuster zeigen. Da diese Verhaltensmuster Teile des Selbst sind, wird an ihnen festgehalten, selbst wenn sie den Streß nicht verringern, sondern ihn im Gegenteil noch zusätzlich erhöhen.

Auch Klienten halten verbissen an dem Teil ihres Selbst fest, der sie schlecht berät, und haben deshalb Schwierigkeiten, neue Verhaltensweisen zu entwickeln und zu trainieren. In der Folge treten bei ihnen Selbstzweifel auf, sie sind verunsichert und zeigen eine Neigung zu depressivem Verhalten. Für uns besteht eine Streßpersönlichkeit aus dieser vorhersehbaren inneren Stimme. Als wir ihr in der Therapie einen Namen gaben, konnten sich die Klienten leichter auf sie konzentrieren.

So entdeckten wir eine Streßpersönlichkeit, die wir den »Inneren Ankläger« nannten. Nach und nach ließen sich weitere unter Streß auftretende Verhaltensmuster identifizieren. Den zu unsicherem und passivem Verhalten gehörigen Streßtypus nannten wir den »Schmeichler«. Unterschwelliges, passiv-aggressives Verhalten mit plötzlichen Zornesausbrüchen sind Markenzeichen des »Säbelzahntigers«.

Bald erwies es sich aber als notwendig, das sogenannte Streßverhalten nicht nur bei einzelnen Menschen oder in Kleingruppen zu durchleuchten, sondern einen weiter gefaßten Ansatz zu wählen. Welche Verhaltensweisen zeigen alle Menschen in besonders stressigen Situationen? Welche dieser Verhaltensweisen verschlimmern den Streß, und welche bauen ihn ab? Welche Verhaltensmuster weisen wir alle auf, durch welche unterscheiden wir uns voneinander?

Schon seit langem gilt unser Interesse den Zusammenhängen zwischen Streßverhalten und den Ursachen von Krankheit. Aus diesem Grund waren wir von dem Buch der beiden Herzspezialisten M. Friedman und Ray Rosenman »Typ-A-Verhalten und Ihr Herz« sehr beeindruckt, in dem sie einen engen Zusammenhang zwischen dem sogenannten Typ-A-Verhalten und dem Entstehen von Herzkrankheiten überzeugend nachwiesen. Eine in dieser Publikation aufgeführte und unserer Ansicht nach wichtige, wenngleich häufig übersehene Erkenntnis konnten wir durch unsere Studien bestätigen. Die von den Autoren erläuterte »hurry sickness« beschreibt ein Verhalten unter extremem Zeitdruck. Nach gründlicher Auswertung unserer umfangreichen Programme können wir heute mit Recht behaupten, daß dieser Verhaltenstyp tatsächlich sehr weit verbreitet ist.

Aus dem Buch von Friedman und Rosenman ließen sich auch zwei Verhaltenstypen, die wir den »Inneren Antreiber« und den »Streber« nennen, ableiten. Darüber hinaus fanden wir bei Friedman und Rosenman die Bestätigung, daß die Streßpersönlichkeit, der wir den Namen »Säbelzahntiger« gaben, ein deutliches Typ-A-Verhalten aufweist. Die Kategorie des »Sorgenmachers« geht auf das von uns untersuchte Verhalten von Klienten zurück, die angesichts von Streßsituationen in Panik gerieten und heftige Erregungsausbrüche zeigten. So kamen die ersten sechs Streßpersönlichkeiten zu ihren Namen.

Wir haben unser Persönlichkeitsmodell der Streßtypen in zahllosen Workshops an Universitäten, Kliniken und Volkshochschulen, in kleinen und großen Städten getestet. Im Vordergrund stand der Gedanke, den Menschen zu helfen, das Phänomen Streß zu verstehen und besser damit umzugehen. Der Erfolg ließ nicht lange auf sich warten. Zunehmend wurden wir von Vertretern des Gesundheitssystems um Schulungen gebeten, Unternehmen und Verbände baten uns um Analysen, ob, und wenn ja, welche Streßfaktoren einen reibungslosen Betriebsablauf stören können. Schulen und Krankenhäuser fragten an, wie unsere Konzepte in ihre Arbeit zu integrieren seien.

Wer an unseren Programmen teilnahm, konnte jederzeit Vorschläge einbringen. Es war ja durchaus möglich, daß wir bestimmte Verhaltensmuster übersahen, die andere als bedeutend empfanden. So wurden wir bald auf einen weiteren Bereich selbstschädigenden Verhaltens aufmerksam, zu dem neben der Drogenabhängigkeit auch die permanente Unentschlossenheit sowie der Unwille, sich mit gescheiterten Beziehungen auseinanderzusetzen, zählen. All diesen Verhaltensmustern ist eine Tendenz zur Selbstverleugnung immanent, und so nannten wir diese siebte Streßpersönlichkeit den »Inneren Betrugskünstler«. Der Name verweist auf das selbstbetrügerische Verhalten der Menschen bei dem Versuch, mit Streß umzugehen. Die Art der Namensgebung war für die Entwicklung unserer Theorie genauso wichtig wie die Identifikation der Streßpersönlichkeiten.

In einem nächsten Schritt galt es nun herauszufinden, warum die Menschen an Verhaltensstrategien zur Bewältigung von Streß festhalten, auch wenn diese keineswegs erfolgversprechend sind. Die Antwort auf diese Frage lag in dem Phänomen der sogenannten »verzerrten Wahrnehmungen«. Solch eine Wahrnehmungsverzerrung ist ein Irrglaube, der sich durch ständige Wiederholung ins Unterbewußtsein eingräbt und schließlich unser Verhalten bestimmt. Verzerrten Wahrnehmungen kann man nur durch neue Wahrnehmungen beikommen. Die Klienten mußten also solche neuen Wahrnehmungen zulassen, um Probleme, Situationen oder Konflikte in einem neuen Licht betrachten zu können. Erst aus dieser Perspektive eröffneten sich neue Verhaltensmöglichkeiten. Die Klienten konnten plötzlich ohne den Einfluß der Streßpersönlichkeit ihre Probleme aus einem anderen Blickwinkel sehen. Das Modell der »neuen Perspektiven« wurde somit zu einem wichtigen Bestandteil unserer Theorie.

Um aber Verhaltensänderungen zu bewirken, mußte die Streßpersönlichkeit mit uns zusammenarbeiten. Da sie fester Bestandteil der Persönlichkeit ist, hat es keinen Zweck, sich gegen sie zu stellen. Eine Möglichkeit, sie zur Zusammenarbeit an Verhaltensänderungen zu gewinnen, sahen wir in einer Methode, die wir den »geführten Dialog« nannten. Es ist eine sehr wirksame Art der Gesprächsführung, in der die verschiedenen Teile des Selbst miteinander in Verbindung treten. Wir haben diese Form des Zwiegesprächs der Gestalttherapie von Fritz Perls entnommen und modifiziert. Im Umgang mit Streßerkrankungen hat sich der geführte Dialog mittlerweile als eine äußerst praktikable und erfolgreiche Methode erwiesen.

Bei der Entwicklung unseres Modells haben wir noch eine zweite Linie verfolgt. Neben den Streßpersönlichkeiten gibt es in uns auch einen Teil, den wir den »Besseren Ratgeber« genannt haben. Er will nur unser Bestes, ist immer erreichbar und wartet nur darauf, angesprochen zu werden. Und wir wollen, wenn wir schon die positiven Kräfte im Menschen erwähnen, auch den Humor nicht vergessen. Eine gehörige Dosis Lachen wirkt an sich schon deutlich streßmindernd, und so gehört Humor, in moderater Form, mit in unser Programm.

Die Streßpersönlichkeiten, über die Sie im folgenden lesen werden, stehen stellvertretend für normale Verhaltensmuster, die wir alle zu bestimmten Zeiten anwenden. Allerdings führen diese normalen Verhaltensweisen nicht zwangsläufig zum Streß. Wenn Sie beispielsweise auf einer neuen Arbeitsstelle eingeführt werden, wird Sie die

Energie des Strebers anspornen. Werden Sie auf diesem Weg allerdings zum Workaholic, haben Sie sich vom Streber in den Streß hineintreiben lassen.

Niemand muß der Gefangene seines selbstzerstörerischen Verhaltens sein. Der Mensch kann sein Verhalten auf mannigfaltige Weise ändern. Mit diesem Buch wollen wir unseren Beitrag zum Gelingen eines solchen Vorhabens leisten.

Einführung

Der Innere Antreiber

Wir alle kennen sie oder haben sie schon einmal gesehen: Notizen schreibend, den Telefonhörer zwischen Ohr und Schulter geklemmt, diktieren sie gleichzeitig der Sekretärin einen Brief, während sie einen Kollegen bitten, sich doch zu setzen. Es sind Menschen, die unter dem Zwang stehen, mehrere Dinge gleichzeitig tun zu müssen. Solche Menschen leiden unter einer Streßpersönlichkeit, die wir den Inneren Antreiber genannt haben. Ihre schöpferische Leistungsfähigkeit wird durch den übertriebenen Aktivismus stark eingeschränkt. Ihr Terminkalender ist ständig randvoll. Also kommen diese Menschen entweder immer zu spät oder sie brüsten sich damit, immer pünktlich zu sein. Weh denen, die solche Menschen warten lassen. Zwar sorgt der Innere Antreiber für ständigen Umtrieb, besonders effektiv ist dies aber häufig nicht. Diese Menschen mißachten auch gerne die Warnzeichen ihres Körpers. Sie ignorieren zum Beispiel ihre Müdigkeit – ein deutliches Alarmzeichen, daß sie die Streß-Klippe erreicht haben.

Der Schmeichler

Für den Schmeichler ist es ein Alptraum, »nein« sagen zu müssen. Menschen, deren Leben vom Schmeichler bestimmt wird, fühlen sich wie die Märtyrer: Immer sind sie für andere da und stehen selbst an letzter Stelle. Sie haben Schwierigkeiten, Ärger zu zeigen. Und werden Gefälligkeiten von anderen nicht erwidert, nehmen sie dies übel. Die Ansichten anderer werden vom Schmeichler immer über die eigenen gestellt. Darüber hinaus fürchtet er sich vor Autorität. Wenn Sie ein Gefühl der Hilflosigkeit empfinden und den Eindruck haben, ein wehrloses Opfer anderer zu sein, hat der Schmeichler Sie fest im Griff.

Der Säbelzahntiger

Der Säbelzahntiger repräsentiert jenen Teil der Persönlichkeit, der Ärger nur unangemessen und nicht vorhersagbar zum Ausdruck bringt. Solche Zornesausbrüche kennen Kinder von ihren Vätern oder Müttern, wenn sie ein Glas Milch umgeworfen haben. Solch ein launischer Zeitgenosse kann sich an einem Tag ganz normal benehmen, um am darauffolgenden Tag ohne ersichtlichen Grund zu einer tobenden Bestie zu werden. Dieses Verhalten legt der Säbelzahntiger vor allem an den Tag, um sich vor möglichen Beeinflussungen zu schützen. Er kann den betreffenden Menschen auch daran hindern, geliebt zu werden oder zu lieben, denn er läßt andere Mensch nie nahe genug heran. Wer ständig gereizt und enttäuscht ist und sich feindselig verhält, ist dem Säbelzahntiger erlegen.

Der Innere Ankläger

Da sagt Ihnen eine innere Stimme, daß diese eben gemachte Bemerkung doch wohl ziemlich dämlich war oder daß sie Ihre Arbeit wohl nicht besonders gut erledigt haben. Diese Stimme stammt von Ihrem Inneren Ankläger, der die Ansicht vertritt, daß vor allem Kritik anspornt. Wenn Sie etwas richtig gemacht haben, hören Sie ihn schon sagen: »Jetzt wurde es aber auch mal Zeit, daß du was richtig machst.« Wenn Sie jemand lobt, folgt sofort der Kommentar: »Nur nicht zu Kopf steigen lassen, sonst wirst du noch hochmütig.« Der Innere Ankläger untergräbt Ihr Selbstvertrauen, indem er Ihre Fehler herausstellt und Erfolge als glückliche Zufälle abwertet. Da kaum jemand seinen hohen Ansprüchen an Perfektion gerecht werden kann, neigen viele Menschen, die unter dieser Streßpersönlichkeit leiden, zu Depressionen. Und weil Depressionen das Immunsystem schwächen, sind neben Verzweiflung, Entmutigung und Selbstanklagen auch chronische Erkältungen und Viruserkrankungen an der Tagesordnung. Natürlich kann der Innere Ankläger auch ein nützliches Korrektiv sein, wenn seine Verhaltensweisen ausgeglichen sind. Übertreibt er es allerdings, zerstört er das Selbstbewußtsein.

Der Streber

Immer, wenn wir etwas erreichen wollen, greifen wir auf den Streber zurück. Gerät er allerdings außer Kontrolle, wird das Leben zu einem endlosen Treten in der Leistungsmühle. Bildung, gesellschaftlicher Status und Besitz sind seine Wertmaßstäbe. Werden seine ehrgeizigen Ziele durchkreuzt, neigt er dazu, sich zurückzuziehen, denn er braucht die ständige Anerkennung. Was auch immer Sie erreicht haben, der Streber wird nie damit zufrieden sein, und anstatt die Gegenwart zu genießen, werden Sie immer auf der Suche nach einer neuen Herausforderung sein. Aber auch für Neues wird sich der Streber nur eine Zeitlang interessieren. Nicht nur Langeweile, ständige Unruhe und nagende Unzufriedenheit sind die

Folge dieser zwanghaften Suche nach Besserem, sondern auch das Gefühl, ausgebrannt zu sein.

Der Sorgenmacher

Werden Sie Tag und Nacht von Sorgen heimgesucht? Sorgen wie »Was tue ich, wenn ich die Gehaltserhöhung nicht bekomme?«, »Habe ich auch den Herd ausgeschaltet?«, »Wo lege ich mein Geld möglichst krisensicher an?«, »Was wird nur, wenn ich nicht befördert werde?«. Es ist die ängstliche Stimme der sorgenvollen Streßpersönlichkeit, die Sie manchmal auch nachts hören, wenn Sie sich schlaflos im Bett wälzen. Sich ab und an Sorgen zu machen, kann zur Bewältigung mancher Probleme durchaus hilfreich sein. Wenn Sie aber zwanghaft grübeln und dieses Verhalten nicht abstellen können, führt der Sorgenmacher bei Ihnen die Regie. Seine Kennzeichen sind sowohl ein grundlegender Mangel an Selbstvertrauen als auch die mangelnde Fähigkeit, das eigene Leben selbst in die Hand zu nehmen. Er erwartet immer das Schlimmste, für ihn folgt eine Katastrophe auf die nächste. Die vorherrschenden Gefühle sind Angst, Furcht und Panik. Die Folgen sind Schlaflosigkeit, Selbstzweifel und Panikattacken.

Der Innere Betrugskünstler

Wenn Sie Dinge, die Sie heute erledigen könnten, auf morgen verschieben, folgen Sie der Stimme Ihres Inneren Betrugskünstlers. Unbekümmert läßt Sie diese Streßpersönlichkeit in den Tag gehen, Ihren Eingebungen ebenso wie dem Glauben folgen, es sei schon alles in Ordnung, obwohl es das nicht ist. Der Innere Betrugskünstler läßt Sie alle Probleme leugnen, häufig so lange, bis es zu spät ist. Schlechte Angewohnheiten redet er Ihnen ebenso schön, wie er mit Essen, Alkohol oder Tabak Ihre schlechten Stimmungen zu vertreiben versucht. Dieser Streßtypus hat aber auch seine angenehmen Seiten: Mit Argusaugen wacht er darüber, daß Sie sich nicht überarbeiten und Spaß am Leben haben. Raubt er Ihnen allerdings Ihre Leistungsmotivation, werden Sie ständig sowohl Ihren mangelnden Einsatz als auch fehlende Perspektiven beklagen.

Nachdem wir uns mit den grundlegenden Eigenschaften der Streßpersönlichkeiten vertraut gemacht haben, werden wir sie uns nun einmal näher anschauen. Stellen Sie sich vor, Sie laufen gedankenverloren auf einer einsamen Landstraße. Plötzlich nehmen Sie in der Ferne einen Mann in dunkler Kleidung wahr, der sich Ihnen nähert. Sie versuchen nicht nur fieberhaft, den Mann zu identifizieren, vor Ihrem geistigen Auge tauchen auch Vorstellungen von diesem Mann auf. Und diese Vorstellungen sind abhängig davon, welche Streßpersönlichkeit bei Ihnen Regie führt. Ihr Innerer Ankläger wird Ihnen unerbittlich vorwerfen, daß Sie niemals hätten alleine hier draußen herumlaufen dürfen. Ganz anders der Säbelzahntiger. Er läßt Sie zornig auffahren: »Der soll sich das gut überlegen, wenn er was von mir will.« Folgen Sie dem Inneren Antreiber, sind Sie mit den verschiedensten Dingen derart beschäftigt, daß Sie den Fremden überhaupt nicht bemerken. Wenn Sie gedenken, sich bei dem Mann dafür zu entschuldigen, daß Sie seinen Weg gekreuzt haben, dann hat der Schmeichler bei Ihnen das Sagen. Der Innere Betrugskünstler wird in dem Treffen eine gute Gelegenheit sehen, eine Zigarette zu schnorren, obwohl Sie sich gerade das Rauchen abgewöhnen wollten. Ihr Streber wird versuchen, dem Mann eine Versicherungspolice zu verkaufen. Hat aber der Sorgenmacher die Oberhand, ist die Panikattacke nicht mehr fern. Könnte der Mann nicht auch ein hinterhältiger Mörder sein? Schließlich erkennen Sie, daß es, dem Himmel sei Dank, ein Pfarrer ist, der freundlich grüßt und seiner Wege zieht.

Auf dieser Landstraße hatte also jede unserer Streßpersönlichkeiten ihre eigene Begegnung mit dem Pfarrer. Und obwohl jede Persönlichkeit anders auf ihn reagierte, gab es doch eine gemeinsame Reaktion: Der körperliche und der psychische Streß stiegen an.

Die Streßpersönlichkeiten sind zwar Bestandteile des Selbst, sie bestimmen jedoch bei weitem nicht die Persönlichkeit als Ganzes. Die besteht aus vielen einzelnen Anteilen, die wiederum jeweils unterschiedliche Eigenschaften aufweisen. Streßpersönlichkeiten legen also nicht fest, wer wir sind, haben aber sehr wohl Einfluß darauf, was wir tun. Unser Verhalten ist wiederum häufig das Ergebnis von verzerrten Wahrnehmungen, mit denen wir in unserer Kindheit versucht haben, auf stressige Ereignisse zu reagieren. Wir haben diese verzerrten Wahrnehmungen aus unserer Kindheit in die Erwachsenenwelt in dem Glauben hinübergerettet, daß sie uns helfen, auch in dieser Welt zu bestehen.

Aus diesen verzerrten Wahrnehmungen haben sich später die jeweiligen Streßpersönlichkeiten entwickelt, die ein ganz eigenständiges Leben zu führen scheinen: Sie haben eigene Einstellungen und Gefühle, und sie halten bisweilen an Regeln fest, die im Widerspruch zu Ihrem Ziel stehen, die vielen Streßsituationen des Alltags in den Griff zu bekommen. Wie häufig die Streßpersönlicheiten auftreten, ist von Mensch zu Mensch unterschiedlich; wie intensiv sie sich bemerkbar machen, kann von Situation zu Situation abhängig sein. Bei einigen Menschen können diese Streßtypen sehr ausgeprägt auftreten, bei anderen tauchen sie nur während der Arbeit auf, sind privat jedoch kaum spürbar. Grundsätzlich aber gilt: Sie sind immer und überall präsent, und nur wer sie unter Kontrolle hat, wird körperlich und seelisch gesund bleiben.

Wer die Kontrolle verliert, hat häufig mit unangenehmen Konsequenzen zu kämpfen. Ein Beispiel: Sie sind Kettenraucher und wollen sich diese lästige Angewohnheit abgewöhnen. Ein Teil in Ihnen, in diesem Fall der Innere Betrugskünstler, hat jedoch seine eigenen Vorstellungen darüber und untergräbt ständig Ihr Vorhaben mit seinem selbstzerstörerischen Verhalten. Treibt er das Spiel nur lange genug, tauchen irgendwann erste ernstzunehmende gesundheitliche Probleme auf. Darüber hinaus bekommen Sie vielleicht Schwierigkeiten an der Arbeitsstelle, Ihre sozialen Kontakte beginnen unter Ihrem Verhalten zu leiden. Sie sind dann an einem Punkt angelangt, an dem der Streß überhandnimmt. Wir wollen diesen Punkt im folgenden die Streß-Klippe nennen.

Diese Streß-Klippen sehen bei jeder Streßpersönlichkeit anders aus. Die Streß-Klippe des Sorgenmachers hat man beispielsweise erreicht, wenn man Nacht für Nacht grübelnd wach liegt.

An der Streß-Klippe des Säbelzahntigers steht, wer nach einer schlechten Beurteilung durch seinen Vorgesetzten den restlichen Tag die Kollegen anmault, auf der Heimfahrt andere Verkehrsteilnehmer anschreit und zu Hause die Kinder wegen kleinster Übertretungen bestraft.

Die Streß-Klippe des Inneren Antreibers ist spätestens dann erreicht, wenn man viele Projekte gleichzeitig bearbeitet und sich ständig verängstigt und unter Druck fühlt. Wer immer wieder zusätzliche Arbeit annimmt und sich über zusätzliche Belastungen, beispielsweise die ehrenamtliche Tätigkeit in Vereinen, ärgert, ist an der Streß-Klippe des Schmeichlers angelangt.

Ein altes Sprichwort besagt, daß es keinen Wetterhahn braucht, um zu wissen, woher der Wind weht. Ebensowenig braucht es einen Arzt oder Therapeuten, um festzustellen, daß man unter Streß leidet. Man muß nur lernen, die Signale zu verstehen, die Geist und Körper aussenden. Wenn sich Teile Ihres Selbst gegen das eigene Wohlbefinden wenden, wird das natürliche Gleichgewicht in Ihrem Körper gestört. Viele Seminarteilnehmer konnten uns ziemlich genau beschreiben, was sie alles anstellten, um sich an den Rand des Zusammenbruchs zu manövrieren. Sie waren aber außerstande zu erkennen, warum Sie in bestimmten Lebensphasen müde, häufig erkältet oder ständig niedergeschlagen waren.

Um alle Anzeichen von Streß leichter zu identifizieren, haben wir eine Streß-Skala entwickelt. An ihrem einen Ende sind die Zustände persönlichen Unbehagens aufgeführt, am gegenüberliegenden Ende verschiedene psychosomatische Erkrankungen. Je intensiver das persönliche Unbehagen wird, desto häufiger treten psychosomatische Erkrankungen wie Magengeschwüre, Bluthochdruck oder Migräne auf.

Streß-Skala

Persönliches Unbehagen
⟶ psychosomatische Erkrankung

Angst → Erschöpfungssyndrom
→ Bluthochdruck → Herzinfarkt

Aus welchem Grund aber treten solche mit Streß in Verbindung gebrachten Erkrankungen überhaupt auf? Wir sind der Überzeugung, daß die verzerrte Wahrnehmung ein streßbedingtes Verhalten auslöst. Etwas einfacher formuliert: Sie entscheiden sich für einen Lebensstil, der Ihre Gesundheit ruinieren kann. So werden beispielsweise viele Menschen zu Workaholics und nehmen sich keine Zeit mehr für Sport oder Ruhephasen. Wer sich nur noch unter Hochdruck seiner Arbeit widmet und Erschöpfungszustände oder Kopfschmerzen als natürliche Warnsignale ignoriert, wird auf Dauer an den Folgen eines solchen Verhaltens erkranken.

Der Zusammenhang zwischen Lebensstil und streßbedingten Erkrankungen ist bereits hinlänglich untersucht worden. So verweisen auch die wissenschaftlichen Erkenntnisse über den Zusammenhang zwischen Lebensstil und dem sogenannten Burn-out-Syndrom, dem Gefühl, ausgebrannt zu sein, auf einen Zusammenhang zwischen bestimmten Persönlichkeitsvariablen und der Entstehung von Krankheiten.

Als ein entscheidender Faktor bei der Entstehung vieler Erkrankungen hat sich neben der Intensität auch die Einwirkungsdauer des Stresses herausgestellt. Weltweit haben vor allem Krankheiten zugenommen, die auf einer Schwäche oder einer Überreaktion des Immunsystems beruhen. Und Streß ist bekanntlich ein Faktor, der auf das Immunsystem des Menschen einwirken kann. Wer mehr Verantwortung für sein körperliches und seelisches Wohlergehen zu übernehmen gewillt ist, sollte diese Zusammenhänge in seiner Lebensführung berücksichtigen.

Viele Forscher sind der Überzeugung, daß Streß ursächlich durch die äußeren Einflüsse der Umwelt ausgelöst wird, die es in den Griff zu bekommen gilt, um auch den Streß zu kontrollieren. Aber weder ist eine streßfreie Umwelt möglich, noch ist ein solcher Zustand unbedingt wünschenswert. Wir sind vielmehr der Ansicht, daß man den richtigen Umgang mit Streß erlernen sollte. Ein erster Schritt in diese Richtung ist es, zu verstehen, warum man sich beispielsweise verletzt, verängstigt oder niedergeschlagen fühlt.

Die folgenden Kapitel sind nach einem einfachen Muster aufgebaut. Zunächst wird die Wirkung der jeweiligen Streßpersönlichkeit auf die Menschen, mit denen Sie zu tun haben (die Freunde, den Partner, den Chef, die Angestellten), vorgestellt. Anschließend werden die Auswirkungen auf die Gesundheit beschrieben. Hierfür haben wir nicht nur Hunderte von Fragebögen ausgewertet und Interviews geführt, sondern auch systematisch die in der Literatur zusammengetragenen Erkenntnisse über psychosomatische Krankheiten mit einbezogen. Am Ende eines jeden Kapitels finden Sie Vorschläge, wie selbstzerstörerisches Verhalten in streßabbauende Verhaltensweisen überführt werden kann.

In diesem Teil finden Sie auch eine »Spielanleitung«, aus der Sie ableiten können, wie die jeweilige Streßpersönlichkeit vorgeht, auf welche Weise sie alle Kontrollversuche zu sabotieren versucht, und was sich erfinderisch dagegen tun läßt.

Ist die dem Streßverhalten zugrundeliegende verzerrte Wahrnehmung erst einmal aufgedeckt, lassen sich daraus sowohl mögliche Hindernisse als auch Verbesserungen des nun folgenden Verhaltens ableiten. Warum ein bestimmtes Verhalten zu Streß führt, wird aus der Analyse des Hindernisses ersichtlich. Von da an führt ein direkter Weg zu einer neuen Wahrnehmung, die es ermöglicht, mit einem Problem oder einem Konflikt kreativ umzugehen. Die Sichtweise ist nun frei von den Einflüssen der jeweiligen Streßpersönlichkeit. Nun wird in einem ersten Zug das Streßverhalten verändert, wobei den vielen Fallgruben auf dem Weg der Veränderung besondere Bedeutung zukommt. Alle Streßpersönlichkeiten sind äußerst gerissen, wenn es darum geht, alte Verhaltensmuster beizubehalten und neue zu verhindern. Aber dagegen gibt es schlaue Gegenmanöver, die das neue, streßabbauende Verhalten stützen und fördern.

Die von uns aufgeführten verzerrten Wahrnehmungen decken natürlich nicht die ganze Bandbreite der Möglichkeiten ab, hat doch jeder Mensch eigene Wahrnehmungsverzerrungen in seinem Leben. Dennoch lassen sich anhand des folgenden Modells individuelle Lösungen finden.

Die einzelnen Elemente des Spielplans

Verzerrte Wahrnehmungen: **Das sind die zentralen Glaubenssätze der jeweiligen Streßpersönlichkeit. Dem Streßverhalten liegen diese Glaubenssätze zugrunde.**

Hindernis: Mit dem automatisch ablaufenden Streßverhalten haben Sie schlechte Karten, denn Sie sind den Verwüstungen ausufernden Stresses beinahe hilflos ausgesetzt.

Ergebnis: Als Folge dieses Verhaltens kommt es zu psychischen oder körperlichen Anpassungsstörungen, deren Auswirkungen sich in gestörten Beziehungen zu Ihren Mitmenschen und in einer angegriffenen Gesundheit manifestieren.

Die neue Wahrnehmung: Durch sie wird eine Streßsituation in neuem Lichte gesehen. Sie stellt eine Art »Aha-Erlebnis« dar. Die neue Sicht der Dinge ist frei von den Einflüssen der Streßpersönlichkeit.

Ihr erster Zug: Durch ihn werden die im Hindernis erkannten Streßverhaltensweisen Schritt für Schritt abgebaut und verändert.

Mögliche Fallen: Auf dem Weg der Verhaltensveränderungen sind jede Menge Fallstricke ausgelegt, die sich als bekannte, eingeführte und bequeme Verhaltensweisen tarnen. Da die Streßpersönlichkeiten dazu tendieren, sich Veränderungen zu widersetzen, sind diese Fallstricke immer mit einzukalkulieren.

Ihr Gegenzug: Mit ihm tricksen Sie die Fallen aus. Ihr erster Zug wird durch den Gegenzug ergänzt und in Handlungen umgesetzt.

Ausgetretene Pfade verlassen

Im Grunde sind die hier vorgestellten Streßpersönlichkeiten nichts anderes als gewohnheitsmäßige Verhaltensweisen. Treten stressige Situationen auf, reagieren diese Teile unseres Selbst wiederholt mit denselben Verhaltensmustern. Da die Streßpersönlichkeiten uns das ganze Leben begleiten, sollten sie zumindest zur Kooperation gezwungen werden. Dazu müssen sie sich zurückziehen. So gilt es beispielsweise, das fast schon automatische »Ja« zu vermeiden, um den Schmeichler zum Rückzug zu bewegen. Bevor eine Bitte erfüllt wird, sollte zumindest Zeit für Überlegung und Entscheidung sein. In der Praxis bedeutet dies, Verzögerungstaktiken wie »Lassen Sie mich mal in meinen Kalender schauen« anzuwenden. Entscheidend ist, die automatisch ablaufende Verhaltenskette zu durchbrechen und an ihre Stelle neue und produktive Verhaltensmuster zu setzen. Solche neuen Verhaltensmuster finden Sie am Ende eines jeden Kapitels in einer Übersicht zusammengestellt, und wir empfehlen sehr, sie auch anzuwenden.

Die Kunst des geführten Dialogs stellen wir Ihnen im letzten Kapitel vor. Wir haben diese Technik aus der Gestalttherapie entwickelt. Mit ihrer Hilfe können Sie ohne Umwege mit Ihrer Streßpersönlichkeit in Kontakt treten. In unseren Seminaren hat sich der geführte Dialog als ein effektives Werkzeug erwiesen, dessen Gebrauch wir Ihnen ebenfalls sehr ans Herz legen möchten.

Sie können Ihr verlorenes Gleichgewicht auch durch das Zwiegespräch mit Ihrem »Besseren Ratgeber« wiederfinden. Der Bessere Ratgeber ist ein Teil Ihrer selbst, der sich mit den Streßpersönlichkeiten auseinandersetzen kann. Er ist so etwas wie Ihre »bessere Hälfte«. Obwohl er in jedem von uns steckt, scheinen wir ihn häufig zu überhören. Es lohnt sich unserer Ansicht nach, mit diesem Teil unseres Selbst Kontakt aufzunehmen und seinen Beitrag zur Streßbewältigung ernst zu nehmen.

Wir werden Ihnen in diesem Buch verschiedene Bestandteile Ihres Selbst vorstellen. Von einigen werden Sie überrascht sein, andere werden Sie vielleicht bereits kennen. Die Begegnung mit ihnen ist unerläßlich und wird Ihr Leben bereichern.

1

Der Innere Antreiber

Immer in Eile

Sie werfen einen raschen Blick auf die Uhr. Bis Sie zur Arbeit aufbrechen müssen, sind es noch 10 Minuten. Das reicht, um die Wäsche aus dem Trockner zu holen. Während Sie das tun, sagt Ihnen eine bekannte Stimme: »Warum legst du sie nicht gleich zusammen, wenn sie noch warm ist, damit sie nicht knittert? Das spart dir später Zeit.« »Prima Idee«, finden Sie. Erneut werfen Sie einen raschen Blick auf die Uhr. Noch zwei Minuten, bis Sie aufbrechen müssen. Als Sie die Schranktür öffnen, um die Wäsche wegzuräumen, trifft Sie der Schlag. Ihr Innerer Antreiber ruft Sie erneut zur Räson: »In diesem Schrank ist alles durcheinander. Dabei kannst du in nur einer Minute hier für Ordnung sorgen.« Mit äußerster Kraft reißen Sie sich nach 10 Minuten von dieser Aufgabe los. Wenn Sie sich nun nicht wirklich beeilen, kommen Sie zu spät zur Arbeit. Ihr täglicher Kampf gegen die Uhr hat begonnen.

Auf dem Weg zum Büro stört Sie jede rote Ampel. Die bekannte Stimme schlägt Ihnen vor, die Abkürzung zu nehmen. Also rasen Sie durch die kleinen Seitenstraßen, um die Gleise am Gelände des alten Bahnhofs zu überqueren. Aber der Bahnübergang ist durch einen nicht enden wollenden Güterzug versperrt. Die Hände verkrampft am Lenkrad, steigt in Ihnen der Ärger über sich selbst hoch. »Verdammt! Schon wieder ein Tag, an dem ich zu spät komme.«

Aber wem gehört diese Ihnen so bekannte Stimme? Es ist Ihr Innerer Antreiber. Wenngleich dieser Streßtypus immer mit der Zeit kämpft, hat er kein Zeitgefühl. Der Innere Antreiber hat keine Vorstellung davon, wie lange man braucht, um eine Aufgabe zu erledigen, und bringt einen daher immer in Schwierigkeiten mit dem Zeitplan. Er wird Sie davon überzeugen, daß Sie um so mehr erledigt bekommen, je mehr Sie sich anstrengen – selbst wenn Sie sich dabei zunehmend erschöpft fühlen. Jede selbstauferlegte Aufgabe ist absolut notwendig, davon ist der Innere Antreiber überzeugt. Er hat kein Mitleid mit Ihnen, wenn die Liste Ihrer unerledigten Dinge beständig anwächst, Sie grundsätzlich zu spät kommen und sich ständig gehetzt fühlen.

Überall trifft man auf Menschen, die sich von Ihrem Inneren Antreiber ihr Leben diktieren lassen. Da ist beispielsweise der Arbeitskollege, der gleichzeitig Kaffee trinkt, Zeitung liest und Konversation treibt. Oder der Chef, der, während Sie sprechen, ständig nervös auf seine Uhr und dann zum Fenster hinausschaut und Ihnen kaum zuhört. Der Grundstein einer solchen Verhaltensweise wird häufig bereits im Elternhaus gelegt.

Beobachten wir nun eine beliebige Familie, deren Verhalten von einem Inneren Antreiber gesteuert wird, beim Abendessen, um die Auswirkungen dieses Streßtypus noch näher kennenzulernen.

Um den Tisch sitzen Mutter, Vater, die ältere Schwester Anna und Boris, dem der Innere Antreiber im Nacken sitzt. Unser erster Eindruck: Es ist äußerst schwierig, überhaupt zu Wort zu kommen, da jeder zuerst sprechen will. Als Anna in ihrer Geschichte gerade eine Atempause macht, fällt Mutter ihr ins Wort: »Da wir gerade dabei sind, Heinrich, das erinnert mich an…« Nun erzählt Mutter drauflos. Da sich zum wiederholten Male niemand für Annas Angelegenheiten interessiert, verstummt sie. In der Familie hat sie den Ruf, »die Ruhige« zu sein. Boris ist das genaue Gegenteil. Er hört niemals auf zu sprechen und zieht die Aufmerksamkeit seiner Eltern auf sich, indem er so schnell wie möglich spricht. Weder zwischen den Sätzen noch zwischen den ständig wechselnden Themen legt er eine Pause ein. Er kommt immer schnell zur Sache und nimmt die Pointen vorweg. Er ist zwar schnell, springt aber von Thema zu Thema und beendet kaum einen Satz oder einen Gedanken.

In der Schule hat Boris Probleme. Der Lehrer ist besorgt, weil er kaum auf seine Anweisungen hört und auch die Hausaufgaben selten zu Ende bringt. Da Boris' Eltern der Ansicht sind, daß er intelligent ist, können sie sich gar nicht vorstellen, wo die Schulprobleme herrühren. Das Problem liegt in Boris' Art, sich zu verständigen: Seine Eltern kann er mit seinem Verhalten auf sich aufmerksam machen, außerhalb der Familie hat er damit keinen Erfolg.

Welche Folgen der Druck des Inneren Antreibers hat, wird deutlich, wenn Boris erwachsen ist. Er hat sich angewöhnt, seine Ideen, Gedanken und Handlungen nie zu Ende zu führen. Sein Denken ist oberflächlich, er bringt kaum die Energie auf, einen Gedanken wirklich zu Ende zu denken. Jedem neuen beiläufigen Einfall jagt er nach. Und dieses zerfahrene Denken hindert ihn daran, konzentriert zu handeln. Halb angefangene Projekte machen ihm immer wieder zu schaffen.

Inzwischen hat er selbst Kinder. Wenn sie gemeinsam beim Abendessen sitzen, beendet er die Sätze für sie und bremst ihren Einfallsreichtum. Da er ständig das Gefühl hat, unter Zeitdruck zu stehen, kann er seinen Kindern nicht in Ruhe zuhören. So setzt sich diese Form der Verständigung in der Familie fort.

Ein Sieg für den Inneren Antreiber, der nun schon in der zweiten Generation präsent ist. Mit zunehmendem Alter beginnen die Kinder allerdings, Boris kritisch zu betrachten. Er hat sein Leben immer als Wettrennen angesehen, ohne sich je zu fragen, wozu solch ein Rennen überhaupt gut ist, wovor er wegläuft und wo er hin will. Und nun scheint er bei diesem Wettrennen auch noch zu verlieren.

In unseren Workshops haben wir festgestellt, daß der Innere Antreiber der am häufigsten anzutreffende Streßtypus ist. Viele Redewendungen, wie »Bei Zeit auf die Zäune, so trocknen die Windeln«, »Hier muß man klotzen, nicht kleckern« oder »Wer rastet, der rostet«, scheinen sich tief in das Bewußtsein dieser Menschen eingegraben zu haben. Dahinter steht die Vorstellung, daß ein vitaler Mensch in allen Lebenslagen ständig beschäftigt sein muß. Solche Menschen nehmen fälschlicherweise an, ihr Selbstwertgefühl und ihre Anerkennung als Mensch hingen davon ab, wieviel sie arbeiteten.

Dazu ein Fallbeispiel: Der Förster Karl erzählte in einem unserer Seminare, sein Vater habe ihn in dem Glauben großgezogen, er müsse jeden Tag so viel Aufgaben wie möglich bewältigen. »So waren die Wochenenden lediglich verlängerte Arbeitstage, dann waren eben der Garten und die Garage dran. Samstagmorgen habe ich mir zusammengestellt, was alles zu tun war. Vater hat immer gesagt: ›Was du heute kannst besorgen, das verschiebe nicht auf morgen.‹ Also habe ich gleich morgens angefangen. Dann ging prompt etwas schief, und schon lief mir die Zeit davon. Dann habe ich noch schneller gearbeitet, es kam wieder etwas dazwischen, und am Abend war ich ein nervöses Wrack. Jahrelang habe ich mich vor den Samstagen gefürchtet.«

Karl befand sich fest im Griff eines Inneren Antreibers. Der befahl ihm, seine Aufgaben bis zum Samstagabend gewissenhaft zu erledigen, und setzte ihn furchtbar unter Druck.

Natürlich steht nicht automatisch jeder, der viel arbeitet, unter der Fuchtel seines Inneren Antreibers. Nur wer Angst hat, zu versagen, oder glaubt, sich durch ständige Beschäftigung Sicherheit verschaffen zu müssen, läuft Gefahr zu seinem Sklaven zu werden. Da viele Institutionen, angefangen bei der Familie über die Schule bis zur Kirche, die Verhaltensweisen des Inneren Antreibers zumindest gutheißen, hat er häufig leichtes Spiel. So glaubt Karl tatsächlich, daß seine Anerkennung als Mensch davon abhängt, wieviel er schuftet. Führt der Innere Antreiber den Menschen allerdings an die Streß-Klippe, tauchen mit Sicherheit Probleme auf. Einige werden unerheblich sein, andere dagegen schwerwiegend, manche haben möglicherweise verhängnisvolle Folgen.

Finden Sie heraus, welche charakteristischen Eigenschaften Ihren Inneren Antreiber auszeichnen.

Anhand der Antworten auf die folgenden Fragen können Sie herausfinden, welche Eigenschaften Ihren Inneren Antreiber auszeichnen. Sie haben jeweils fünf Auswahlmöglichkeiten. Die entsprechende Ziffer sollten Sie auf der Linie eintragen, die neben der jeweiligen Frage steht. Am Schluß zählen Sie die Zahlen zusammen und schreiben den Wert auf die unter den Fragen stehende Linie. Fragen, die Sie mit 6 oder 8 Punkten versehen, sollten Sie besonders gewissenhaft prüfen. Wenn Sie mehr als 48 Punkte erreichen, stehen Sie deutlich unter dem Einfluß Ihres Inneren Antreibers.

(Nahezu immer=8) (Häufig=6)
(Manchmal=4) (Gelegentlich=2) (Nie=1)

1. Haben Sie Schwierigkeiten, Dinge zu einem Abschluß zu bringen? ......
2. Haben Sie Mühe, sich auf nur eine Aufgabe zu konzentrieren? ......
3. Halten Sie mehrere Vorhaben gleichzeitig in der Schwebe? ......
4. Ist Ihr Zeitplan so eng, daß Sie oft zu spät kommen? ......
5. Empfinden Sie Angst, Schuldgefühle, oder sind Sie unzufrieden, wenn Sie nichts Sinnvolles tun? ......
6. Listen Sie zu erledigende Aufgaben auf, und haben Sie Schuldgefühle, wenn Sie nicht alles schaffen? ......
7. Ist es Ihnen wichtiger, viel und schnell zu arbeiten als schöpferisch zu sein? ......
8. Rechnen Freunde und Familienmitglieder mit Ihrer Unpünktlichkeit? ......
9. Sie gehen mit einem Freund oder einer Freundin essen. Beschäftigen Sie sich dabei auch mit anderen Dingen? ......
10. Steht »Zeit für sich zu haben« für Sie an letzter Stelle? ......
11. Sind Sie oft so zerstreut, daß Sie einem wichtigen Gespräch nicht folgen können? ......
12. Mangelt es Ihnen an wärmender Zuneigung, weil Sie keine Zeit haben, Freundschaften zu pflegen? ......

Gesamt

____

0 48 96

Der Innere Antreiber und Ihre Freunde

Wenn sich Ihr Innerer Antreiber bei einem Zusammensein mit Freunden durchsetzt, wird sich Ihr Verhalten merklich ändern. Sie reden häufig unzusammenhängendes Zeug, und Ihre Freunde rätseln, was Sie nun schon wieder damit gemeint haben könnten. Immer wieder werden Sie hastig irgendwohin eilen. Man wird sich Gedanken machen, wo Sie schon wieder sein mögen. Und eines schönen Tages sind Ihre Freunde dann aus Ihrem Leben verschwunden, aber Sie sind viel zu beschäftigt, um das zu bemerken.

Der Innere Antreiber hat eine sehr zwiespältige Ansicht darüber, wie wichtig Beziehungen sind. Sowohl Sie als auch Ihre Freunde finden das enttäuschend. Unschlüssig werden Sie Verabredungen treffen, die Sie in letzter Minute wieder absagen, da Ihr Innerer Antreiber beschlossen hat, daß Sie diese Woche doch keine Zeit mehr haben. Da Ihre Freunde Sie für notorisch unzuverlässig halten, werden sie ihre Enttäuschung irgendwann nicht mehr verbergen, und dann wird es keine Verabredungen mehr geben.

Der Polizist Jochen gab uns einen Einblick, wie sich der Innere Antreiber auf seine Freundschaften ausgewirkt hat. »Jedesmal, wenn meine Freunde mich zum Angeln mitnehmen wollten, erfand ich tausend Ausreden, um an diesem Wochenende nicht mitgehen zu müssen. So gab ich beispielsweise an, arbeiten zu müssen, um zusätzlich Geld zu verdienen oder aber eine Fortbildungsveranstaltung besuchen zu müssen. Am Ende bin ich dann wirklich nie mitgefahren. Ob Sie es glauben oder nicht: Seit drei Monaten versuche ich nun schon, Angeln zu gehen. Ich dachte immer, es läge an meinem Beruf, daß ich es nicht schaffe, bis mir durch die Workshops klar wurde, daß mein Innerer Antreiber schuld daran ist.«

Um diesem Verhalten entgegenzuwirken wäre es als Einstieg also sinnvoll, feste Verabredungen mit Freunden zu treffen. So könnte ein Mittagessen Ihren Tag nicht nur um eine entspannende Pause bereichern, es wäre auch eine Möglichkeit, wieder einmal einen Freund oder eine Freundin zu sehen. Aber Achtung: Wenn sich Ihr Innerer Antreiber dazugesellt, werden Sie ein solches Mittagessen eher als eine langweilige und unnötige Unterbrechung eines mit Aufgaben total angefüllten Tages erleben.

Mit ihm im Nacken werden Sie bis zur letzten Minute arbeiten, um dann mit dem Auto quer durch die Stadt zum Restaurant zu rasen. Außer Atem und voller Entschuldigungen erreichen Sie dann, 10 Minuten zu spät, den bestellten Tisch. Übrigens: Für den Inneren Antreiber sind diese 10 Minuten Verspätung durchaus akzeptabel. Mittlerweile rebelliert Ihr Magen, Sie sind nervös und durcheinander. Ihr Freund spricht Ihnen zu langsam, und Sie versuchen, seine Sätze zu beenden. Wenn er verärgert aufhört weiterzureden, entschuldigen Sie sich für Ihr unmögliches Verhalten, aber schon beim nächsten Gesprächsthema erinnert Sie Ihr Innerer Antreiber an den folgenden Termin um 13 Uhr. Eigentlich müßten Sie an zwei Orten gleichzeitig sein, und Sie werden sich erneut verspäten – ein Ihnen durchaus bekanntes Gefühl. Also unterbrechen Sie Ihren Freund mitten im Satz, entschuldigen sich noch einmal, daß Sie unbedingt gehen müßten und daß es schön wäre, mehr Zeit zu haben, Sie jetzt aber die Rechnung bräuchten. Während Ihr Freund aus seiner Enttäuschung keinen Hehl macht, stellen Sie entsetzt fest, daß Sie Ihre Geldbörse im Auto vergessen haben. Und jetzt nur ja keinen neuen Termin für ein weiteres Treffen vereinbaren! Wenn Sie zusammen das Lokal verlassen, sind Sie beide froh darüber, die quälende Situation hinter sich zu haben.

Wahrscheinlich wird es ein nächstes Mal nicht geben. Ihr Freund oder Ihre Freundin wird sich einen anderen, angenehmeren und aufmerksameren Gesprächspartner aussuchen, und Sie sind um eine Bekanntschaft ärmer.

Es gibt noch einen Vorschlag Ihres Inneren Antreibers, auf den Sie in keinem Fall hereinfallen sollten: Es wäre doch wesentlich besser, viele Freunde auf einmal zu treffen als nur einen. Besonders beliebt ist es, allen seinen freundschaftlichen Verpflichtungen sozusagen in einem Aufwasch nachzukommen. Sie organisieren einmal im Jahr eine große Party, zu der Sie alle einladen. Das gibt Ihnen die Chance, mit jedem fünf Minuten zu reden, um so die Ereignisse der letzten 12 Monate im Zeitraffer zu erfahren. Aber die Rechnung geht nicht auf. Viel Geld, ein wenig Amüsement und viele Leute ersetzen die eingesparte Zeit nicht. Viele einzelne Begegnungen mit Freunden und Bekannten lassen sich nicht einfach durch eine große Party ersetzen. Wer seine Freundschaften pflegen oder neue schließen will, muß dafür ein gewisses Maß an Zeit aufwenden.

Wenn Sie viele persönliche Beziehungen haben, sollten Sie sich darüber hinaus fragen, auf wen Sie im Ernstfall wirklich zählen können. Oft verliert man in einem arbeitsreichen Alltag das Gefühl dafür, wie oberflächlich viele Beziehungen sind. Wer schon einmal längere Zeit krank war, wird festgestellt haben, was wirkliche Freunde wert sind.

Freunde fühlen sich füreinander verantwortlich, und sie kümmern sich umeinander. Dafür muß man sich aber die entsprechende Zeit nehmen. Solange der Innere Antreiber Ihren Terminkalender führt, werden Sie vergeblich auf die Zeit warten, in der wirkliche Freundschaften erst entstehen können.

Der Innere Antreiber und Ihr Partner

Der Innere Antreiber hat es sich auch zur Aufgabe gemacht, Ihr Liebesleben auf heimtückische Weise zu torpedieren. Für eine ernsthafte Beziehung sind Sie viel zu beschäftigt. Und sollten Sie tatsächlich einmal Zeit für ein Rendezvous haben, wird Ihr Innerer Antreiber ein weiteres Treffen schon zu verhindern wissen. Wenn Sie bereits verheiratet sind oder eine Beziehung haben und Ihr Partner schlägt Ihnen vor, doch wieder einmal einen ruhigeren Abend zu verbringen oder in die Oper zu gehen, empfinden Sie dies als langweilige Zeitverschwendung. Sie werden versuchen, derartige Anliegen im Keim zu ersticken, weil in Ihnen schon bei dem Gedanken an das lange Stillsitzen eine tiefsitzende Angst aufsteigt.

Für Ihren Lebenspartner ist es ermüdend und

enttäuschend zugleich, ständig von Ihrem Inneren Antreiber zu hören, daß Sie eigentlich keine Zeit haben. Und wahrscheinlich hat sich so oder in ähnlicher Form auch bei Ihnen schon einmal folgendes abgespielt: Endlich brechen Sie mit Ihrem Lebenspartner ins langersehnte Wochenende auf. Als Sie das kleine Häuschen in den Bergen erreicht haben, verstauen Sie Ihre Skiausrüstung und geben sich den Erinnerungen hin, als Sie beide das erste Mal... Während Ihr Partner noch Kissen vor dem brennenden Kamin plaziert, fühlen Sie sich plötzlich irgendwie eingesperrt und beginnen zu überlegen, ob Sie nicht a) noch etwas Holz holen, b) die Rodelbahn ausprobieren oder c) die Schneeverhältnisse an der Piste überprüfen sollten. Mit einem tiefen Seufzer erinnert Ihr Partner Sie daran, daß es eigentlich ein ruhiger Abend vor dem Kamin werden sollte, mit einem romantischen Abendessen bei Kerzenschein und einer guten Flasche Wein...

Aber die Vorstellung, »nichts zu tun«, die Zeit sinnlos zu vergeuden, versetzt Ihren Inneren Antreiber in Panik. Für ihn bedeutet zu überleben, ständig beschäftigt zu sein. Wenn Sie sich aber »gehen lassen«, sieht er darin eine ernsthafte Bedrohung Ihrer Existenz. So werden Sie zwischen den Ansprüchen Ihres Partners und den Befürchtungen des Inneren Antreibers zerrieben. Ihnen steht eine anstrengende Zeit bevor, wenn Sie die Partnerschaft pflegen und erhalten wollen.

Auch beim Sex vermag der Innere Antreiber sein Unwesen zu treiben, denn wehe, wenn er Sie dabei an noch zu lösende Probleme erinnert und Sie ablenkt. Von Ihrem Liebesspiel wird nichts mehr übrigbleiben, und Ihr Partner wird sich enttäuscht zurückziehen.

In einem unserer Seminare hat Alex den Ablauf der Geschehnisse wunderbar beschrieben: »Vor etwa sechs Monaten steckten Sarah und ich in einer tiefen Beziehungskrise. Als ich wieder einmal völlig abwesend war, während wir miteinander schliefen, wurde sie sehr wütend, stieß mich zurück und fragte, wo ich denn eigentlich mit meinen Gedanken sei. Ich wußte nicht, was sie meinte, aber sie fuhr fort, mir vorzuwerfen, ich würde nur noch mechanisch mit ihr schlafen, und sie fände es eklig, mit einem Roboter zusammenzusein. Sie hatte ja recht. Zu dieser Zeit lernte ich gerade für mein Juraexamen. Ich war nervös, aufgeregt, überarbeitet, und wenn ich ins Bett ging, brummte mein Schädel. Da es so viele offensichtlich dringende Probleme gab, ließ mich mein Innerer Antreiber einfach nicht mit Sarah schlafen. Erst durch ihre massiven Proteste gelang es mir zu sehen, was mir wirklich wichtig war.«

Streß wirkt allgemein entkräftend, und davon ist die Sexualität natürlich nicht ausgenommen. Ist der Streß zu groß, läßt auch das Interesse an Sex nach. Entweder findet man keine Zeit, oder man sinkt abends todmüde in die Kissen – dem Inneren Antreiber gelingt es allzu häufig, ein lustvolles Liebesleben zu verhindern.

Sehr häufig fühlt sich Ihr Partner ungeliebt und

unattraktiv, und das ist nur zu verständlich, wenn Ihr Interesse mitten in einer leidenschaftlichen Umarmung plötzlich versiegt. Vertreiben Sie Ihren Inneren Antreiber aus dem Bett, indem Sie mit Ihrem Partner darüber reden, was mit Ihnen geschieht, warum Sie gedanklich abschweifen.

Gefühle erachtet der Innere Antreiber aber als nutzlos, daher wird es Ihnen schwerfallen, über sie zu sprechen. Je mehr Sie beschäftigt sind, desto weniger Zeit »vergeuden« Sie mit Gefühlen. Der Innere Antreiber verhindert auch, daß Sie sich mit den Gefühlen Ihres Partners auseinandersetzen, und das ist noch schlimmer. Wohin es führen kann, wenn sich der Innere Antreiber einmischt, wollen wir an dem Zwiegespräch zwischen Martina und Georg demonstrieren. Georg hatte um eine Gehaltserhöhung gebeten, die ihm verweigert wurde. Nun sitzen beide am Küchentisch und versuchen, über Georgs Gefühle angesichts dieser Situation zu reden.

»Wie fühlst du dich?« fragt Martina und zündet sich eine Zigarette an.

»Schrecklich. Ich bin doch schon so lange in der Firma. Ich habe denen gesagt ...«

Martina unterbricht ihn: »Entschuldige, nur ganz kurz, ich muß gerade mal mein Scheckbuch holen und prüfen, ob auch alle Schecks richtig eingelöst worden sind.«

Martina kommt zurück und legt alle Belege vor sich auf den Tisch. »Also, du hast dich schrecklich gefühlt, oder?«

»Ja«, sagt Georg. »Ich wurde richtig wütend und hab' denen gesagt, was für ein elender Laden das ist.«

»Ach, da fällt mir ein, daß ich dir ja unbedingt meinen neuen Tennisdress zeigen muß ... Aber erzähl ruhig weiter.«

»Ich habe denen gesagt, wenn sie mich jetzt wieder nicht berücksichtigen ...«

Martina fällt ihm wieder ins Wort: »Oh Gott, ich hab' ganz vergessen, mein Kleid aus der Reinigung abzuholen. Dabei brauche ich es doch für die morgige Besprechung. Was soll ich jetzt bloß machen?«

Doch Georg gibt keine Antwort mehr, er hat das Gespräch beendet, zieht sich zurück, weil Martina nicht die Geduld aufbringt, ihm einmal zuzuhören. Bei Martina hat der Innere Antreiber die Regie übernommen, und der will eine Konfrontation mit den wichtigen Fragen dieses Gespräches auf jeden Fall verhindern, will keine Emotionen hochkommen lassen, weshalb er ständig das Thema wechselt. Martina könnte ja bei dem Gedanken nervös werden, daß Georg tatsächlich kündigen will. Früher oder später jedoch wird die Beziehung der beiden darunter leiden, und Martina wird sich bei Georg beklagen, warum er nicht mehr mit ihr spricht. Dabei müßte sie sich bei ihrem Inneren Antreiber beschweren.

Eine Liebesbeziehung setzt nicht nur gegenseitige Aufmerksamkeit voraus, sondern auch, daß man die gemeinsam verbrachte Zeit wirklich gerne zusammen ist. Der Drang des Inneren Antreibers zu oberflächlichen Gesprächen stört daher jede Beziehung, ebenso wie seine Angst vor Nähe. Schließlich teilen Sie Ihrem Partner nur noch Belanglosigkeiten oder Informationen zur Organisation des Tagesablaufs mit. Für die Aufrechterhaltung einer Liebesbeziehung reicht das nicht aus. Die Gespräche in einer intakten Beziehung sehen ganz anders aus. Sie lassen sich nicht vorausplanen, brauchen Zeit und Entfaltungsmöglichkeiten. Gefühle und Phantasien nehmen in solchen Gepräچen einen großen Raum ein, ebenso wie das, was beide Partner bedrückt oder erfreut. Die Verhaltensmuster des Inneren Antreibers sind für den Aufbau oder Erhalt einer Liebesbeziehung also nicht sonderlich förderlich.

Der Innere Antreiber als Chef

Ein Chef, der von einem ausgeprägten Inneren Antreiber dominiert wird, behauptet seinen Angestellten gegenüber, seine Tür stehe immer offen für sie. Das mag zwar zutreffen, aber er ist nie in seinem Büro anzutreffen. Vorgesetzte mit Innerem Antreiber sind in der Regel äußerst umtriebig, selten ansprechbar, und es ist ziemlich frustrierend, für sie zu arbeiten. Sie hinterlassen den Eindruck, viel zu beschäftigt zu sein, und ihre Mitarbeiter stehen unter dem permanenten Druck, alles bereits gestern erledigt haben zu müssen und ihr Anliegen in kürzester Zeit vorzutragen.

Welche Probleme ein Chef mit Innerem Antreiber macht, schildert Laura, die Assistentin eines Geschäftsführers: »Die Treffen mit meinem Chef sind furchtbar. Nie stellt er sein Telefon um, und sowie wir anfangen, beantwortet er Anrufe. Nach zwanzig Minuten weiß er natürlich nicht mehr, wo wir aufgehört haben oder worüber wir überhaupt gesprochen haben. Ich beeile mich ja schon, da ich weiß, wie sehr er beschäftigt ist. Nach jeder Besprechung bleiben Fragen offen. Zur Klärung bleibt keine Zeit, denn er hat dann schon wieder den nächsten Termin.«

Häufig mangelt es Abteilungen an Führung, weil der Abteilungsleiter für Besprechungen keine Zeit findet. Das kann sich auch auf die Arbeitsmoral auswirken: Wichtige Entscheidungen werden verzögert, oft müssen die Angestellten aus Mangel an Unterstützung ihre Arbeit unbefriedigt und verärgert zur Seite legen. Aber gerade als Abteilungsleiter verlangt man von Ihnen ein gutes Augenmaß dafür, wieviel an einem Tag geleistet werden kann. Ihr Innerer Antreiber wird dagegen mehr Arbeit einfordern als mit vertretbarem Aufwand noch machbar ist.

Auf welche Weise der Innere Antreiber die Einstellung zur Arbeit beeinflußt, erzählt die Abteilungsleiterin Ada:

»Damit ich alles bewältigen konnte, habe ich viele Überstunden gemacht und noch Arbeit mit nach Hause mitgenommen. Nach und nach bekam ich Angst, fühlte mich unter Druck und ärgerte mich auch über meine Mitarbeiter. Dann bekam ich aus heiterem Himmel Kopfschmerzen, oder ich war so müde, daß ich unmöglich weiterarbeiten konnte. Nach diesen Warnsignalen zu schließen, hatte zu dieser Zeit wohl der Innere Antreiber bei mir die Führung übernommen.«

Als Abteilungsleiter oder Chef sollten Sie versuchen, nicht noch zusätzlichen Streß aufzubauen, sondern sowohl sich als auch den Angestellten realistische Ziele zu stecken. Ihre Erwartungen werden allerdings nur dann angemessen sein, wenn Sie den Inneren Antreiber kontrollieren können. Ada schildert, was in ihr vorging, als sie die Kontrolle verloren hatte:

»Meine Mitarbeiter hatten gefälligst genausoviel zu arbeiten wie ich selbst. Daß ich das von ihnen nicht erwarten konnte, wußte ich zwar, aber trotzdem ärgerte ich mich, wenn sie pünktlich nach Hause gingen, obwohl noch so viel Arbeit zu erledigen war. Ich schaffte es nicht, an sie andere Maßstäbe anzulegen als an mich.«

Der Innere Antreiber ist sicher kein guter Geschäftsführer, soviel mußte Ada lernen. Immer noch kann sie zwischen der Qualität einer Arbeit und der Arbeitsmenge nicht unterscheiden, vermag nicht zu erkennen, daß, wer länger arbeitet, deswegen nicht besser arbeitet. Den Inneren Antreiber aber interessiert nur, daß man beschäftigt ist. Ob man die gesteckten Ziele erreicht oder nicht, spielt keine Rolle. In jedem Fall stehen die erzielten Ergebnisse in keinem Verhältnis zum zusätzlich eingesetzten Zeitaufwand.

Tim arbeitet für solch einen Chef:

»Er ist ein echtes Arbeitstier, mein Chef. Nur äußerst widerwillig genehmigt er seinen Angestellten Arbeitspausen. Immer zur Ferienzeit scheint er in Arbeit zu ertrinken und gibt einem dann das Gefühl, wie eine Ratte das sinkende Schiff zu verlassen. Aber ich brauche diese Zeit mit Freunden und der Familie, um mich von meiner schweren Arbeit zu erholen. Oft habe ich Verbesserungsvorschläge, aber mein Chef hat ja keine Zeit, mich anzuhören.«

Es reicht dem Inneren Antreiber häufig nicht, den Mitarbeitern den Urlaub zu streichen, er fordert darüber hinaus auch noch zu Einsparungen auf. Da sich Produkte und Dienstleistungen heute häufig nur noch durch einen unterschiedlich hohen Qualitätsstandard voneinander unterscheiden, ist diese Tendenz nicht ungefährlich. Wo die Liebe zum Detail keine Rolle mehr spielt, wo gepfuscht und gehudelt wird, um die Fülle der Arbeit zu erledigen, bleiben nicht nur verärgerte und enttäuschte Kunden zurück, auch die Mitarbeiter sind mit dieser nachlässigen Art der Arbeit häufig unzufrieden.

Immer wieder wird hektische Betriebsamkeit mit Erfolg verwechselt. Wer nicht ständig umtriebig ist, gilt in unserer Gesellschaft als Versager, und so nehmen viele Menschen die gesundheitlichen Beeinträchtigungen als Folgen ihres Verhaltens in Kauf.

Kurze Pausen während der Arbeit sind ebenso wichtig wie die sinnvoll genutzte Freizeit nach

Feierabend. Wie erfolgreich man auch ohne den Inneren Antreiber sein kann, haben wir erst kürzlich erfahren. Wir hatten uns mit dem Geschäftsführer eines Verlages verabredet. Er begrüßte uns freundlich in seinem luxuriös ausgestattetem Büro, entschuldigte sich für seine fünfminütige Verspätung und forderte uns auf, es sich bequem zu machen. Er bat seine Sekretärin, keine Anrufe mehr durchzustellen, und widmete uns dann seine volle Aufmerksamkeit. Sein ruhiges und ausgeglichenes Wesen beeindruckte uns. Während unserer Präsentation wich er nie vom Thema ab, hörte konzentriert zu und unterbreitete zum Schluß noch einige sinnvolle Vorschläge. Wir hatten sogar Zeit zur Klärung zusätzlicher Fragen, bevor seine Sekretärin ihn bat, einige uns betreffende Telefonate zu erledigen. Er bedankte sich schließlich für unser Kommen, geleitete uns hinaus und versprach, sich baldmöglichst wieder mit uns in Verbindung zu setzen. Bereits eine Woche später erhielten wir einen handschriftlichen Brief mit allen Informationen, die wir noch benötigten.

Ein offensichtlich äußerst erfolgreicher Mann – ohne ein sichtbares Anzeichen des Inneren Antreibers. Wir sind mittlerweile davon überzeugt, daß er genau aus diesem Grund seine verantwortungsvolle Position bekleidet. Wenn Sie also glauben, Sie bräuchten den Inneren Antreiber, um Karriere zu machen, sollten Sie diese Haltung noch einmal gründlich überdenken. Vielleicht schaffen Sie es viel besser ohne ihn.

Der Innere Antreiber als Angestellter

Angenommen, Sie müssen einen Auftrag zu einem festgelegten Termin erledigt haben. Verlieren Sie grundsätzlich den Überblick, was Sie nun zuerst zu tun haben und was jetzt wichtig ist? Und fühlen Sie sich nach jeder Erledigung einer neuen Aufgabe reif für die Nervenheilanstalt? Wenn ja, dann hat der Innere Antreiber Sie fest im Griff.

Bis zum letzten Moment lassen Sie die Aufgaben liegen, da doch so viele Menschen um Ihre Aufmerksamkeit wetteifern. Und wenn Ihnen die Zeit unter den Nägeln brennt, werden Sie vom Inneren Antreiber gehetzt. Aber da für ihn alles gleichermaßen wichtig ist, eilen Sie von einem Notfall zum nächsten und versuchen, das Desaster aufzuhalten. Qualvoll sitzen Ihnen die Termine im Nacken und stressen Sie unerbittlich.

Mit Terminen hat auch der Versicherungsvertreter Daniel seine Schwierigkeiten:

»Ich kann mich einfach nicht mehr konzentrieren. Kurz vor einem Abgabetermin habe ich das Gefühl, mein Gehirn hört schlagartig auf zu arbeiten. Da es mir immer so geht, setze ich mir im Geiste schon eigene Termine. Also, wenn ich am Freitagabend einen Bericht abliefern muß, stelle ich mir vor, ich müsse ihn bereits am Mittwochabend abgeben. Und auf diesen Termin schufte ich dann wie besessen hin. Schaffe ich es nicht bis Mittwoch, ist das genauso schlimm, als hätte ich den Freitagstermin nicht geschafft. In dieser Zeit geht es mir sehr schlecht, ich habe Kopfschmerzen und knirsche mit den Zähnen.«

Abgabetermine erzeugen an sich schon einen unangenehmen Zeitdruck. Der Innere Antreiber sorgt für zusätzlichen Druck, indem er Ihnen vorgaukelt, Sie könnten mit einem künstlich vorgezogenen Abgabetermin Zeit sparen. Es gibt aber keine zusätzliche Zeit, sondern einfach nur »Zeit«. Und wie Sie mit dieser Zeit umgehen, wird erheblichen Einfluß darauf haben, unter wieviel Streß Sie leiden. Ein mehrgängiges Essen für ein Dutzend Freunde für dasselbe Wochenende zu planen, an dem auch die Jahressteuerbilanz fällig ist, wird Sie überfordern. Auch wenn Ihr Innerer Antreiber Ihnen einflüstert, Sie könnten unter Zeitdruck ganz normal arbeiten: Vergessen Sie es. Solange Sie Ihre Aufgabe nicht sorgfältig zum Abschluß gebracht haben, sollten Sie keine neuen Herausforderungen mehr annehmen. Darüber hinaus stellt ein von außen gesteckter Termin meist nur eine verhandelbare Übereinkunft dar. Fragen Sie sich also ruhig einmal, hinter was Sie eigentlich herrennen, wenn Sie das Gefühl haben, einen solchen Termin zu versäumen.

Egal ob ein umfangreicher Auftrag erfolgreich erledigt werden muß oder ob Sie Ihr Segelboot mit einem neuen Anstrich versehen wollen, es gehört zu den befriedigendsten Erlebnissen im Leben, in einer Aufgabe voll und ganz aufzugehen. Widmen Sie deshalb all Ihre Aufmerksamkeit immer nur einer Tätigkeit. Aber seien Sie sicher: Der Innere Antreiber wird versuchen, durch Ablenkungen jeglicher Art Ihre Konzentration zu stören. Die Folge wird sein, daß die Qualität Ihrer Arbeit nachläßt. Und dann kommt Streß auf, denn Ihr Ziel ist es ja, gute Arbeit zu leisten. Mit Freude die Arbeit um ihrer selbst willen zu erledigen, ist allerdings nur möglich, wenn Konzentration und Zeit nicht als unnötige Luxusartikel angesehen werden. Mit einer Einstellung, die Quantität vor Qualität setzt, wird man in der Regel nicht sehr weit kommen. Davon konnte auch Harald berichten:

»Ich habe meinen jüngeren Kollegen all mein Wissen vermittelt. Was geschah? Ein paar Jahre später sind sie an mir vorbeigezogen. Das verstehe ich nicht, wo ich mich doch so für die Firma ins Zeug gelegt habe. Durch den Außendienst habe ich sogar Bluthochdruck bekommen. Für meine viele Arbeit wird mir wirklich nicht gedankt.«

Auf die Qualität seiner Arbeit hat Harald nie besonders geachtet, denn sein Ziel war Quantität. 25 Jahre lang hat er sich so für seinen Arbeitgeber aufgerieben. Viele Firmen sind auf solche Arbeitstiere wie Harald auch angewiesen, aber in das höhere Management steigen sie nur selten auf. Harald fühlt sich nun nach all den Jahren übergangen, ist unzufrieden und leidet unter Bluthochdruck – Folgen eines Fehlverhaltens, das hätte vermieden werden können.

Es ist wahrlich nicht leicht, den Inneren Antreiber unter Kontrolle zu bringen, denn er ist Ihr ständiger

Begleiter, und Sie werden ihn vermissen. Aber er ist lediglich Ihr Begleiter, nicht Ihr Freund, und wenn Sie den ersten kleinen Schritt wagen, werden Sie bald merken, daß sich der Erfolg einstellt.

Zunächst wird sich die Qualität Ihrer Freizeit ändern. Je langsamer Sie werden, desto mehr werden Sie all die vielen kleinen Schätze links und rechts des Weges wahrnehmen, die Sie bisher übersehen haben, weil der innere Antreiber Sie durchs Leben gejagt hat. Auf Ihrer Arbeitsstelle wird der Druck, den Sie zuvor permanent verspürten, langsam nachlassen, die Qualität Ihrer Arbeit wird steigen, und Sie werden Ihre Kollegen plötzlich ganz anders wahrnehmen, mit ihnen sogar hier und da ein persönliches Gespräch führen. Und vielleicht beschließen Sie dann, angeregt durch diese neuen Erfahrungen, das selbstzerstörerische Verhalten des Inneren Antreibers weiter einzudämmen. Das erfordert zwar harte, konzentrierte Arbeit an sich selbst, doch belohnt werden Sie dafür mit einem ganz neuen Lebensgefühl.

Der Innere Antreiber und Ihre Gesundheit

Die meisten Menschen, die ihr Leben vom Inneren Antreiber bestimmen lassen, senken ihr Lebenstempo erst, wenn sie ernsthaft erkranken. Und in unseren Seminaren machten viele Teilnehmer die Erkenntnis, daß nicht nur Erkrankungen wie Bluthochdruck oder Herzinfarkt in ihrer Familie häufig vorgekommen waren, sondern auch das typische Verhalten des Inneren Antreibers. So wurde sich die unter Bluthochdruck leidende Lehrerin Edna beispielsweise bewußt, daß sowohl ihr Großvater als auch ihre Großmutter, die beide am Herzinfarkt gestorben waren, auch Vorbilder selbstzerstörerischen Verhaltens gewesen waren.

Kann man sich vor dieser Art der Vererbung schützen? Vor allem sollten Sie auf die Warnzeichen Ihres Körpers achten, denn sie zeigen an, welchen gesundheitlichen Tribut Sie Ihrer Streßpersönlichkeit zollen. Wir haben diese Warnsignale die »Streß-Klippe« genannt, und Sie sollten auf diesen Streß-Klippen auf keinen Fall so lange stehen, bis der Herzinfarkt Sie niedergestreckt hat.

Eine Reihe solcher Warnzeichen weisen darauf hin, daß Sie begonnen haben, die Streß-Klippen zu erklimmen. Zu ihnen gehören neben Konzentrationsverlust auch die Unfähigkeit, Aufgaben zu beenden. Auch wer zunehmend weniger Zeit zu Hause mit seiner Familie oder dem Partner verbringt, ist durch den Inneren Antreiber gefährdet. Die Streß-Leiter beginnt auf der untersten Stufe mit dem persönlichen Unbehagen, das auf den täglichen Druck des Inneren Antreibers hin spürbar wird. Dieses Unbehagen äußert sich in chronischen Angstzuständen, Konzentrationsmängeln, Sprach- und Denkstörungen sowie manisch-depressiven Phasen. Erfährt der Innere Antreiber zu diesem Zeitpunkt kein Korrektiv, wird er Sie auf dieser Streß-Leiter immer weiter nach oben jagen. Jahr für Jahr wird er Ihren Körper dazu treiben, sich ständig zu überarbeiten, bis Sie in dieser Tretmühle ausgebrannt und körperlich erledigt zurückbleiben.

Wie so etwas aussieht, hat uns Paul sehr lebendig geschildert. Er wurde mit einem extrem hohen Blutdruck von seinem Arzt an uns überwiesen und stand vor dem Problem, aus diesem Grund wahrscheinlich kündigen zu müssen. Er war ein drahtiger, schlanker Mann so um die 50, der ruhig und gesammelt wirkte, ohne äußere Anzeichen von Streß. Dennoch gab er an, als Folge seines Bluthochdrucks unter Schlafstörungen, dauerhafter Müdigkeit und Energieverlust zu leiden. Der Arzt hatte ihn vor einem Herzinfarkt oder einem Schlaganfall gewarnt und ihm geraten, kürzer zu treten.

»Jahrelang«, erzählte Paul, »hatte ich zwei oder auch drei Jobs nebeneinander. Ich konnte noch so fertig nach Hause kommen, nach einer Viertelstunde und etwas zu essen ging es weiter. Ich hatte da so meine eigene Methode entwickelt. Um wach zu bleiben stellte ich mir immer vor, ich würde in den Boxring steigen, und das gab mir plötzlich wieder Kraft, und ich vergaß die Müdigkeit. Aber um Mitternacht ließ die Wirkung dieser Vorstellung nach, und ich fiel erschöpft und völlig ausgelaugt ins Bett.«

Wie ein Zehnkämpfer vor der Olympiade mußte sich Paul mental dopen, so unnachgiebig hatte ihn sein Innerer Antreiber im Griff. Auch sein Körper stand durch dieses mentale Doping ständig unter Streß, denn das Bild, in den Boxring zu steigen, setzte eine bekannte körperliche Reaktionskette in Gang: Der Adrenalinspiegel im Blut steigt an, und in der Folge beschleunigt sich nicht nur der Herzschlag, sondern auch der Blutdruck, um die Muskulatur in Armen und Beinen besser mit Blut zu versorgen. Damit wird der Körper auf eine Kampf- oder Fluchtreaktion vorbereitet. In Pauls Fall mußte sein Körper mit den zusätzlichen Anforderungen seines Zweitjobs kämpfen. Am Ende eines monatelangen Gewöhnungsprozesses wurde Paul von seinem »Energiekick« abhängig. Sein Herz-Kreislauf-System war jahrelang dauerhaft überlastet, sein Körper gefangen in einem ständigen Streß-Kreislauf. Es war ein Pakt mit dem Teufel, dem Inneren Antreiber.

An Pauls Beispiel lassen sich die körperlichen Langzeitfolgen studieren, die durch das Verhalten des Inneren Antreibers ausgelöst werden. Systematisch hatte Paul in jungen Jahren seine nächtliche Erschöpfung verdrängt und sich seine tägliche Energiedosis aus einem unerschöpflich scheinenden Reservoir geholt. So ging es auf der Streß-Leiter immer eine Sprosse höher, vom persönlichen Unbehagen – er fühlte sich »jede Nacht erledigt« – bis zur psychosomatischen Erkrankung an Bluthochdruck. Aber auch der Bluthochdruck ist nur ein Vorbote weitaus ernsterer Erkrankungen, die auftreten werden, wenn Paul es nicht schaffen sollte, an dieser Stelle umzukehren.

Spielanleitung für den Inneren Antreiber

Verzerrte Wahrnehmung: **Es gibt einen engen Zusammenhang zwischen Ihrer Selbstachtung und der geleisteten Arbeitsmenge. Sie fühlen sich also um so wichtiger, je umtriebiger Sie sind.**

Hindernis: Sie können über Ihre Zeit nicht sinnvoll verfügen.

Ergebnis: Sie wollen in zu wenig Zeit zu viele Dinge erledigen, und Ihr Terminplan ist so voll, daß alles Unerwartete Sie völlig aus dem Konzept bringt. Zunehmend werden Sie hektisch, sind unzufrieden und fühlen sich getrieben. Sie finden keine Zeit mehr, sich konzentriert, gesammelt und nachhaltig einer Sache zu widmen.

Ihre neue Wahrnehmung: Ständig beschäftigt zu sein, heißt, keine Zeit mehr zu haben, um sich konzentriert, gesammelt und nachhaltig einer Sache zu widmen.

Ihr erster Zug: In Ihrem Terminkalender Platz schaffen für überraschende Zwischenfälle. Werden solche Zwischenfälle zu täglichen Verpflichtungen, müssen sie eingeplant werden. Kürzen Sie die Liste Ihrer täglichen Vorhaben um ein Viertel.

Mögliche Fallen: Da es dem Inneren Antreiber widerstrebt, Zeit zu vergeuden, wird er Sie auffordern, zusätzliche Zeit bereitzustellen. Sie werden dann noch schneller arbeiten, dadurch wird Ihre Produktivität aber sinken.

Gegenzug: Jeden Morgen werden Zeit und Aufgaben mit Prioritäten versehen. Wichtige Dinge werden in eine Reihenfolge gebracht. Ab einer bestimmten Tageszeit werden keine neuen Aufgaben mehr erledigt, sondern lediglich bereits begonnene zu Ende gebracht.

Verzerrte Wahrnehmung: **»Wenn ich erst einmal mit allem fertig bin, dann habe ich Zeit für dich, mein Liebling.«**

Hindernis: Für die Liebe sind Sie viel zu beschäftigt.

Ergebnis: Auch im Bett wird Sie Ihr Innerer Antreiber durcheinanderbringen. Er wird Sie ständig daran erinnern, was noch alles zu tun ist. Ihr Sexleben wird dies nicht sonderlich fördern. Die Stimme des Inneren Antreibers zerstört jede Leidenschaft.

Ihre neue Wahrnehmung: Es gibt kein »Später« für die Liebe, wenn der Innere Antreiber seine Finger im Spiel hat.

Ihr erster Zug: Wenn Ihr Partner den Eindruck gewinnt, Sie seien verwirrt, sollte er Sie darauf ansprechen können. Ermutigen Sie ihn dazu. Er sollte wissen, daß er zusammen mit dem Inneren Antreiber um Ihre Aufmerksamkeit wetteifert. Gemeinsam mit Ihrem Partner sollten Sie es schaffen, sich auf das Liebesspiel zu konzentrieren.

Mögliche Fallen: Der Innere Antreiber wird Ihnen vorschlagen, die Liebe zeitlich zu begrenzen oder in einen festen Terminrahmen zu schnüren.

Ihr Gegenzug: Wenn Ihnen und Ihrem Partner danach ist, wird ein Abend nur für die Liebe reserviert. Falls nötig, inszenieren Sie diesen Abend. Und bedenken Sie: Sie kämpfen gegen einen sehr hartnäckigen Gegner in sich selbst.

Beginnen Sie nun selbst, indem Sie ein Hindernis beschreiben. Gehen Sie dann der Frage nach, zu welchen Folgen dieses Hindernis führte. Was wird Ihr erster Zug sein? Wo hat der Innere Antreiber Fallstricke ausgelegt? Sie werden ihn mit einfallsreichen Gegenmanövern schon austricksen.

Verzerrte Wahrnehmung:

Hindernis:

Ergebnis:

Ihre neue Wahrnehmung:

Ihr erster Zug:

Mögliche Fallen:

Ihr Gegenzug:

Während Sie die Spielanleitung mit Leben zu füllen versuchen, können natürlich Probleme auftauchen, die Sie zu einem Zwiegespräch mit Ihrem Inneren Antreiber nutzen sollten, um sie dann Zug um Zug auszuräumen.

Zwingen Sie den Inneren Antreiber durch Ihr neues Verhalten zum Rückzug!

- Was auch immer Sie tun – tun Sie es langsamer.
- Was Sie begonnen haben, führen Sie auch zu Ende.
- Denken Sie nicht mehr an all die noch zu erledigenden Dinge.
- Auch Sie haben Grenzen, deshalb teilen Sie sich die Arbeit entsprechend ein.
- Nicht die Menge erledigter Aufgaben zählt, sondern die Lebensqualität.
- Akzeptieren Sie, daß Unterbrechungen zu einem normalen Arbeitstag gehören und mit eingeplant werden müssen.
- Streichen Sie etwa ein Viertel bis ein Drittel Ihres täglichen Pensums.
- Eine Viertelstunde täglich sollte nicht verplant werden, sondern allein Ihnen vorbehalten sein.
- Kurze Pausen zwischendurch sind ebenso wichtig, wie sich Zeit für ein ruhiges Mittagessen zu nehmen.

2

Der Schmeichler

Nicht »nein« sagen können

Endlich einmal zwei Stunden für sich allein. Die Kinder sind zu einer Geburtstagsfeier, und Sie haben es sich, voller Erwartung auf den neuen Roman, auf der Couch gemütlich gemacht. Doch kaum sind Sie am Ende der zweiten Seite angekommen, klingelt es an der Tür. Leise stöhnen Sie auf und fragen sich, wer denn das nun wieder sein könnte, und beschließen, nicht aufzumachen. Doch in diesem Moment meldet sich Ihr Schmeichler zu Wort: »Vielleicht ist es jemand, der deine Hilfe braucht.« Das Buch fliegt in die Ecke, und sie hasten zur Haustür, wo Sie mit einem freundlichen »Oh, hallo« Ihren Nachbarn Helmut begrüßen, dessen Gesicht sich bei Ihrem Anblick aufhellt.

»Gott sei Dank, daß du da bist. Ich dachte schon, es wäre keiner zu Hause, weil alle Rolläden unten sind. Würdest du mir einen Gefallen tun?«

»Noch einen?« antworten Sie.

»Na hör mal, ich war doch das letzte Mal nicht undankbar. Und was hätte ich denn tun sollen, du warst wirklich die einzige Nachbarin, die bereit war, während unseres Urlaubs unseren Wachhund zu füttern.«

Sie zaubern ein etwas gequältes Lächeln auf ihre Lippen: »Schon in Ordnung. Die Narbe auf der Hand ist schon fast verheilt.«

Ungerührt fährt Helmut fort: »Wie dem auch sei, bis um 16 Uhr muß ich mein Auto aus der Reparaturwerkstatt abholen. Könntest du mich hinfahren?«

Unschlüssig, von einem Fuß auf den anderen tretend, suchen Sie nach einer Entschuldigung: »Könntest du nicht meine Nachbarin fragen. Die hat einen nagelneuen kleinen Sportflitzer und fährt dich sicher gerne hin.«

»Sie kann nicht, weil Sie zwischen drei und vier Uhr meditiert – jeden Tag.«

Allmählich spüren Sie, wie Beklemmung in Ihnen aufsteigt, aber Sie machen noch einen Versuch: »Na ja, ich hatte gerade meinen neuen Roman angefangen und ...«

»Na prima, dann hast du ja gerade sowieso nichts anderes zu tun«, sagt Helmut. »Ich hole nur noch schnell Rex und bin gleich wieder da.«

»Der Hund soll auch mit?«

»Auf dem Weg zur Werkstatt kann ich den Hund gleich zum Tierarzt bringen. Keine Sorge, ich pass' schon auf, daß er nicht auf den Rücksitz sabbert.«

Zögerlich fragen Sie: »Er wird mich doch nicht etwa wieder beißen?«

Helmut lächelt: »Nein, nein, nur wenn du in

Panik gerätst. Bin gleich wieder da. Du bist ein echter Kumpel. Vielen Dank noch mal.«

Wenn Sie häufiger solche Situationen erleben, als Sie sich selbst zugestehen wollen, sitzt Ihnen vielleicht ein Schmeichler im Nacken. Dieser Schmeichler ist jener furchtsame und kleinmütige Teil Ihres Selbst, der Sie daran hindert, Ihre Interessen durchzusetzen. Das Wort »nein« ist aus Ihrem Wortschatz gestrichen, wenn der Schmeichler um Sie herumschleicht. Er souffliert Ihnen, daß »nein« eine Beleidigung für die Menschen sei, und flößt Ihnen solche Schuldgefühle ein, daß Sie nach jedem Versuch, sich durchzusetzen, sofort wieder einen Rückzieher machen. Sie sind eine zweite Mutter Teresa, die anderen Menschen selbstlos hilft, ohne je selbst um Hilfe zu bitten. Sie ärgern sich zwar über die anderen, die immer wieder auf Sie zurückkommen, und dennoch rollen Sie ihnen immer wieder den roten Teppich aus.

Während Ihre Freundin mitten im Feierabendverkehr in der zweiten Reihe parkt, verwickelt Ihr Schmeichler Sie in ein ausuferndes Gespräch mit dem Angestellten des Lebensmittelmarktes. Ihr Schmeichler hat Angst, durch ein knappes »Jetzt muß ich aber dringend los!« dessen Gefühle zu verletzten. Die wütenden Blicke Ihrer Freundin veranlassen den Schmeichler in Ihnen, ihr zur Besänftigung eine Flasche Champagner zu schenken. Dabei ist es ihm völlig gleichgültig, ob Ihr Konto zur Zeit überzogen ist oder nicht: Er will unter allen Umständen gefallen.

Selbstverständlich läßt Ihr Schmeichler die Arbeitskollegin, deren Computer defekt ist, an Ihren PC-Arbeitsplatz, auch wenn Sie deswegen terminlich in Schwierigkeiten kommen. Und wenn Sie zum Essen eingeladen werden, fordert Ihr Schmeichler Sie dennoch zum Bezahlen auf. Auch das einer Freundin ausgeliehene Buch wird von Ihrem Schmeichler lieber neu gekauft als zurückgefordert. Ohne Rücksicht auf Verluste macht der Schmeichler Zugeständnisse, die Bedürfnisse aller anderen Menschen rangieren immer vor Ihren eigenen.

Der Schmeichler hat Sie davon überzeugt, daß Sie nur gemocht werden, wenn Sie versuchen, ständig allen zu gefallen. Sein Wahlspruch lautet: »Nur nicht die Pläne anderer durchkreuzen«, und so stimmen Sie eben allen Argumenten anderer zu. Sie werden zum Ja-Sager, der immer weiß, was der andere gerade meint und wie er sich fühlt. Vor lauter Angst, zurückgewiesen zu werden, versuchen Sie, sich so lange allen anderen Menschen anzudienen, bis Sie nur noch ein Schatten Ihrer selbst sind und als Person aufhören zu existieren.

Bei Menschen, die sich von Kindheit an einschmeicheln, ist der Schmeichler fester Bestandteil der Persönlichkeit. Der kleine Schmeichler will nur wissen, was er für eine Person sein soll, wenn er groß wird. Nobelpreisträger, Staranwalt, Preisboxer oder Modell: Alles kein Problem, der Schmeichler erledigt das für Sie.

»Paß dich an und mach deinen Eltern keinen

Ärger.« Diese eine Lektion lernt er früh. Je weniger man sie behelligt, desto besser ist man dran. Also versucht das Kind, die Zuwendung der Eltern gegen ein möglichst angepaßtes Verhalten einzutauschen. Und sehr bald werden Liebe und Sicherheit automatisch mit »Bloß nicht auffallen« verknüpft. Ein typisches Beispiel dafür ist Ronald.

Um ein Uhr nachts, eine Stunde später als versprochen, kommt der Jugendliche von einer Party nach Hause. Sein Vater empfängt ihn kühl, unfreundlich, nimmt ihm die Autoschlüssel ab und erteilt eine Woche Hausarrest. In den folgenden Tagen ist Ronald ein Musterknabe, der seinem Vater die Zeitung und die Hausschuhe bringt, über seine Witze lacht und mit ihm fernsieht. Allmählich stellen sich so wieder die alten Verhältnisse ein, das Kind in ihm fühlt sich wieder geliebt und angenommen. Ab und an machen die meisten Kinder mit ihren Eltern solche Erfahrungen, werden solche Verhaltensweisen aber zur Gewohnheit, bekommt der Schmeichler starken Rückhalt und ist irgendwann nur noch schwer zu erschüttern. Für diese Kinder wird das Verhalten des Schmeichlers lebenswichtig. Sie tauschen die Zuneigung ihrer Eltern gegen ihre Bedürfnisse ein.

So paradox es klingen mag, die Erwachsenen, die als Kinder ständig diesen Tausch vornehmen mußten, haben das Gefühl, diesen Persönlichkeitsanteil immer noch zu brauchen. Welch ein Trugschluß, denn die Eltern hatten an ihr Kind bestimmte Erwartungen. Diese Erwartungen haben aber nichts mehr mit denen gemein, die man an den Erwachsenen stellt. Im Gegensatz zur Kindheit ist man als Erwachsener nicht mehr von dem Wohlmeinen anderer abhängig. Nur zu verständlich, daß dieses abhängige Verhalten den Betreffenden wütend macht, wütend auf sich selbst und auf die, denen er zu gefallen sucht. Daher sollten Menschen, die vom Schmeichler dominiert werden, zunächst einmal Verantwortung für sich und Ihre Handlungen übernehmen, indem sie zuerst sich selbst einen Gefallen tun.

Der Schmeichler hat eine verzerrte Wahrnehmung der Wirklichkeit, die Ihnen vorgaukelt, nicht überleben zu können, wenn Sie nicht von jedem geliebt werden. Egal ob Sie einen Streit mit Ihrem Partner hatten oder von einem Mitarbeiter angegriffen werden, immer fühlen Sie sich in Ihren Grundfesten erschüttert. Dem Schmeichler ist Ihr eigenes Wohlergehen ziemlich egal, wenn es nach ihm ginge, würden Sie Ihr Leben nur für andere leben. Eine äußerst stressige Einstellung, aber der Schmeichler macht es Ihnen schwer, aus unangenehmen Situationen herauszukommen. Daher haben Sie auch ständig das Gefühl, von Kräften jenseits Ihrer Einflußmöglichkeiten mißbraucht zu werden. Der Schmeichler scheint besonders gerne Konstellationen heraufzubeschwören, in denen Sie sich als Opfer der Umstände sehen. Hierzu einige Beispiele aus unseren Seminaren.

»Immer mache ich die zusätzliche Arbeit. Die nutzen mich aus, da sie wissen, daß ich nicht nein sagen kann. Jeder packt mir noch was drauf, obwohl ich sowieso schon so beschäftigt bin.«

»Wenn meine Familie zu Hause nicht zu mir hält, werde ich wütend und bekomme einen Weinkrampf.«

»Ich komme immer weiter ins Hintertreffen, denn ich übernehme mehr, als ich tragen kann. Anerkennung aber kriegen die, die sich entweder beschweren oder sich nach vorne drängeln.«

»Auf der Arbeit habe ich ständig Wut im Bauch. Entweder auf meinen Chef, gegen den ich mich nicht wehren kann, oder auf mich selbst, weil ich den Mund nicht aufbekomme. So ganz genau habe ich das noch nicht herausbekommen.«

In diesen Aussagen wird auch der unterschwellige Ärger spürbar, den das ständige »Nicht-nein-sagen-können« hervorruft. Wann immer der Schmeichler anderen den Vortritt läßt, ärgert sich ein anderer Teil des Selbst darüber, und dieser Ärger verursacht Streß. Da Sie ja der Ansicht sind, die anderen würden Sie beeinflussen, richtet sich der Ärger auch gegen sie. Und das ist die erste Lektion: Nur Sie alleine veranlassen die anderen Menschen dazu, sich so zu verhalten, wie sie es tun.

Weder bestimmte Situationen noch Menschen lösen den Ärger in Ihnen aus – es ist in Wahrheit Ihr Schmeichler. Aus freien Stücken zu geben ist etwas ganz anderes, als sich durch Schuldgefühle dazu gezwungen zu fühlen. Den Unterschied merken Sie an Ihrem Groll beim Geben.

Finden Sie heraus, welche charakteristischen Eigenschaften Ihren Schmeichler auszeichnen.

Anhand der Antworten auf die folgenden Fragen können Sie herausfinden, welche Eigenschaften Ihren Schmeichler auszeichnen. Sie haben jeweils fünf Auswahlmöglichkeiten. Die jeweilige Ziffer sollten Sie auf der Linie eintragen, die neben der Frage steht. Am Schluß zählen Sie die Zahlen zusammen und schreiben den Wert auf die unter den Fragen stehende Linie. Fragen, die Sie mit 6 oder 8 Punkten versehen, sollten Sie besonders gewissenhaft prüfen. Wenn Sie mehr als 48 Punkte erreichen, stehen Sie deutlich unter dem Einfluß Ihres Schmeichlers.

(Nahezu immer=8) (Häufig=6) (Manchmal=4) (Gelegentlich=2) (Nie=1)

1. ...... Können Sie nicht »nein« sagen und ersticken daher in Arbeit?
2. ...... Machen Sie gegenüber Kunden unhaltbare Zusagen?
3. ...... Sind sie ein Vereinsmeier, der alle möglichen Posten übernimmt, nur weil es sonst niemand machen will?
4. ...... Werden Sie von Mitarbeitern ausgenutzt?
5. Fällt es Ihnen schwer, einen verant-

	wortungslosen Mitarbeiter oder einen Angestellten zur Rede zu stellen?
......	
6.	Wird heute von Ihnen verlangt, was Sie früher einmal aus Gefälligkeit taten?
......	
7.	Werden Sie von Schuldgefühlen geplagt, wenn Sie »nein« gesagt haben?
......	
8.	Empfinden Sie es als beleidigend, die Bitten Ihrer Freunde zurückzuweisen?
......	
9.	Haben Sie keine Zeit für Ihre Familie oder für Freunde, weil Sie so beschäftigt sind?
......	
10.	Haben Sie den Eindruck, auch die Gefühle Ihrer Lieben verantwortlich schützen zu müssen?
......	
11.	Haben Sie Angst, eine kontroverse Meinung gegenüber anderen auch zum Ausdruck zu bringen?
......	
12.	Helfen Sie Ihrem Partner gerne freiwillig bei seinen Aufgaben?
......	
	Gesamt

0 48 96

Der Schmeichler und Ihre Freunde

Für Ihre Mitmenschen sind Sie »einfach zu gut für diese Welt«. Der Schmeichler macht's möglich. Kaum jemand würde sich für andere so aufopfern, wie Sie das tun. Auf Ihre grenzenlosen Dienstleistungen ist Verlaß, von Ihnen wird selbst das Unmögliche verlangt.

An erster Stelle der Beliebtheitsskala des Schmeichlers stehen Berufe wie Psychiater, Chauffeur, Krankenschwester oder Koch. Aber auch in intensiven und intimen Beziehungen kann er sich so richtig austoben. Niemals würde der Schmeichler zulassen, in einer Beziehung nicht gebender, sondern nehmender Teil zu sein. Aufmerksamkeit und Zuwendung können unter der Vorherrschaft des Schmeichlers sogar als unangenehm empfunden werden, da man gewohnt ist, auf andere einzugehen. Was Sie von einer Beziehung erwarten, können Sie wahrscheinlich gar nicht formulieren. Wahrscheinlich fühlen Sie sich sogar schuldig, wenn Sie um irgendetwas bitten oder eine abweichende Ansicht vertreten. Wer aber seine tatsächlichen Bedürfnisse derart verleugnet, wird nicht nur zwischen sich und seinen Freunden eine Kluft entstehen lassen, er wird Beziehungen darüber hinaus einer enormen Belastung aussetzen.

Dazu ein Beispiel:

Gerade kommen Nina und Ihr Schmeichler gemeinsam mit ihrer Freundin Laura aus dem Kino. Laura möchte gerne wissen, wie Nina der

Film gefallen hat. Nina antwortet ausweichend, sie habe ihn ganz interessant gefunden. Lauras Meinung ist deutlicher: »Der war mir zu schwülstig, ich fand ihn doof.« Und obwohl Nina sich nicht ganz klar darüber ist, was Laura unter schwülstig versteht, stimmt sie Laura schnell zu, denn sie hat Angst davor, eine andere Meinung zu vertreten. Sie gibt Laura bei allem, was sie sagt, recht, und auf ihre Fragen reagiert sie ausweichend.

Hat Nina überhaupt eine Meinung über irgend etwas, fragt sich Laura? Wie mit einer Marionette hat der Schmeichler mit Nina gespielt. Ihre Ideen und Gefühle sind durch den Schmeichler so vollständig an Lauras Vorstellungen angepaßt, daß sie in diesem Moment als eigenständig denkendes Wesen faktisch nicht mehr existiert. Laura hat keine Ahnung, wer Nina wirklich ist.

Der Schmeichler hat viele Ängste. Auf keinen Fall sollen die Menschen Sie kennenlernen, wie Sie wirklich sind, denn dann würde man Sie vermutlich nicht mehr mögen. Eine solche Haltung macht vertraute Beziehungen kaum möglich, da sie weder Tiefe noch ehrliches Vertrauen zuläßt. Bevor andere Menschen sich Ihnen nähern, müssen sie schließlich wissen, wer Sie sind. Welche Qualität hat denn eine Freundschaft, wenn Sie dem Gegenüber nicht sagen können, was Sie denken und fühlen? Es verhält sich genau umgekehrt zu dem, was der Schmeichler behauptet: Nicht das Aussprechen Ihrer Gefühle und Bedürfnisse erzeugt den Streß, sondern gerade das Unausgesprochene und Unterdrückte. Welche Zerstörungen der Schmeichler in Beziehungen anrichten kann, hat uns ein Teilnehmer unserer Seminare berichtet:

»Wenn ich zurückblicke, habe ich das Gefühl, der Schmeichler hat mein ganzes Leben bestimmt. Wenn ich mit anderen zusammen bin, habe ich immer Schwierigkeiten, meine Auffassung deutlich zu machen. Sage ich aber nichts, ärgere ich mich und bin niedergeschlagen. Ich habe immer Angst davor, daß die Menschen mich angreifen und ich so die Beziehung zerstören könnte, wenn ich meine wirklichen Gefühle zeige. Heute weiß ich nicht nur, wie oberflächlich solche Freundschaften sind, sondern auch, daß es sich nicht lohnt, sie zu pflegen. Alle kennen nur meinen Schmeichler – und keiner kennt mich.«

Ihr vom Schmeichler dominiertes Verhalten führt darüber hinaus dazu, daß Ihre Aufrichtigkeit angezweifelt wird. Viele Menschen haben verständlicherweise das Gefühl, nicht zu wissen, wer sich hinter der Maske des Schmeichlers versteckt. Wer den Menschen nur erzählt, was sie hören wollen, wirkt nicht besonders ehrlich.

Wie in einer guten Ehe ist auch in einer Freundschaft Vertrauen ein wesentliches Element. Ihre Vertrauenswürdigkeit wird aber in Frage gestellt, wenn Sie Versprechen nicht einhalten oder jedermann als den besten Freund behandeln. Häufig bieten Sie Ihre Dienste an, um in der letzten Sekunde doch noch abzusagen, denn der Schmeichler ist bekannt dafür, das eine zu sagen, aber das andere zu denken und zu tun.

Wer von seinem Schmeichler dominiert wird, hat noch ein weiteres Problem: Es mangelt ihm an einem richtigen Umgang mit seinen Aggressionen. Nicht »nein« sagen zu können hat zur Folge, sich über sein Gegenüber zu ärgern. Eine Konfrontation allerdings will der Schmeichler in jedem Fall verhindern, und so richtet sich die unterdrückte Wut gegen nahe Angehörige. So hat man schließlich das Gefühl, selbst in der Beziehung zu seinen Angehörigen manipuliert zu werden. Es ist aber auch möglich, daß sich die Aggression gegen die eigene Person richtet, was auf lange Sicht nicht selten zu gesundheitlichen Beeinträchtigungen wie Bluthochdruck und Magengeschwüren führt. Trotzdem behalten solche Menschen ihr vom Schmeichler gesteuertes Verhalten bei.

Aus dieser Sackgasse gibt es für Sie nur einen Ausweg: Sie müssen erkennen, daß es mehrere alternative Verhaltensmöglichkeiten gibt. Die erste und wohl beste Möglichkeit ist ein klares und begründetes »Nein«. Dabei sollten Sie auch zum Ausdruck bringen, wie schwer es Ihnen fällt, so etwas zu sagen, weil Sie befürchten, es könnte Ihrer Freundschaft schaden. Mit solch ehrlichen und offenen Antworten eröffnen Sie Ihrem Gegenüber die Möglichkeit, sich Ihnen näher zu fühlen als je zuvor. Eine zweite Möglichkeit wäre, einen Dritten ins Spiel zu bringen, der Ihre Rolle übernimmt. Sie könnten dann gewissermaßen beratend zur Seite stehen. Jedes Problem kann auf unterschiedliche Weise gelöst werden. Wenn Sie sich dies immer vor Augen führen, wird es Ihnen gelingen, den Fallstricken des Schmeichlers zu entgehen.

Es ist weder realistisch noch wirklich wichtig, daß jedermann Sie mag oder Sie jeden mögen. Auf die Frage, warum jemand Sie nicht leiden kann, gibt es sehr viele mögliche Antworten: Vielleicht erinnern Sie ihn beispielsweise an seine Schwiegermutter, an den geschiedenen Ehegatten oder an einen hinterhältigen Versicherungsvertreter. Solche ersten Eindrücke können entscheidend sein, und es gibt nur wenig, was man dagegen tun kann. Aber gerade jene Menschen, die einen nicht mögen, scheinen den Schmeichler besonders herauszufordern. Da Sie diesen Kampf aber bereits im Vorfeld verloren haben, vermeiden Sie künstliche Gesprächssituationen oder sinnloses Herumtaktieren. Nichts schreckt die meisten Menschen mehr ab als Anbiederung.

Sie sollten Ihre Energie an Menschen binden, die Sie interessant finden und mit denen ein Austausch möglich ist. Nur wenn Sie mit einer Freundschaft auch zufrieden sind, lohnt es sich, sie fortzuführen. Wenn Sie aber mal keine Lust verspüren, den anderen zu sehen, sagen Sie bloß nicht: »Ich ruf' dich wieder an, wir sollten uns nächste Woche sehen.« Beißen Sie sich lieber auf die Zunge, und verfügen Sie selbstbestimmt und gutgelaunt über Ihre freie Zeit. Es wird Ihnen darüber hinaus auch bestimmt niemand übelnehmen, wenn Sie Verpflichtungen niederlegen, die Sie schon seit langem nicht mehr besonders reizvoll finden.

Versuchen Sie, Sie selbst zu sein, egal mit wem Sie zusammen sind. Sich ständig anzupassen ist auf Dauer ermüdend. Wer menschliche Gesellschaft grundsätzlich nur schwer erträgt und daher häufig einsam ist, sollte nach den Gründen für seinen Rückzug suchen. Vielleicht haben Sie das Gefühl, Ihr wahres Gesicht nur dann zeigen zu können, wenn Sie allein sind, während Sie in Gesellschaft immer glauben, eine Maske aufsetzen zu müssen. Doch selbst ein Schauspieler kann nicht zwölf Stunden am Tag auf der Bühne stehen.

Gute Studienobjekte sind Freunde, die vom Leben kriegen, was sie wollen. Da mag Ihr Schmeichler noch so viel soufflieren: »Gut« oder »nett« zu sein, sichert keine Belohnungen. Ihre Chancen, sie zu erhalten, sind ungleich größer, wenn Sie selbstsicher und aktiv bestimmen, was Sie wollen und mit wem Sie es wollen. Dieses selbstsichere Verhalten hat nichts mit Eigennützigkeit oder Aggression zu tun, sondern spiegelt ein gesundes Selbstbewußtsein wider. Wer mit selbstsicheren Menschen umgeht, kann viel von Ihnen lernen. Ihr Schmeichler hat in diesen Beziehungen nichts verloren. Er sollte Ihnen schmeicheln, nicht anderen.

Der Schmeichler und Ihr Partner

Wer kennt nicht diese perfekt harmonierenden Paare, die sich offensichtlich nie streiten – und sich zur Überraschung aller plötzlich scheiden lassen. Doch hat sich der Schmeichler erst einmal in eine Beziehung eingemischt, besteht die Gefahr, daß er die Beteiligten in eine tiefe Krise manövriert. Für den Schmeichler sind normale Gespräche Kämpfe, er verwechselt Ärger mit Haß, und eine widersprüchliche Ansicht ist für ihn eine offene Kriegserklärung. Gleichzeitig hat er Angst vor Auseinandersetzungen. So wächst die Distanz zwischen den Partnern. Der Schmeichler unterdrückt auch den kleinsten Hinweis auf Unzufriedenheit mit der Bemerkung, das Leben sei zu kurz, um sich aufzuregen. So werden unangenehme Situationen nach Möglichkeit vermieden oder die Wogen so schnell wie möglich geglättet.

Was dann geschieht, zeigt folgendes Beispiel:

»Du hast dich in letzter Zeit ziemlich zurückgezogen. Ich habe das Gefühl, daß vor allem unser Liebesleben ziemlich darunter gelitten hat. Geht es dir gut, oder stimmt irgend etwas nicht?«

Äußerst freundlich antwortet der Schmeichler: »Nein, nein, es geht mir sehr gut.«

»Aber mir nicht. Seit einem Monat schlafen wir nicht mehr miteinander, und gestern nacht hast du dich einfach weggedreht. Das hat mich verletzt, und ich bin verärgert.«

Schlagartig fühlt der Schmeichler sich unwohl in

seiner Haut: »Laß uns nicht streiten. Ich bin nur ein wenig müde, das ist alles. Heute abend werden wir uns lieben, und dann ist alles wieder, wie es war. Mach dir keine Sorgen.«

Zwar ist dies keine besonders zufriedenstellende Antwort, aber der Schmeichler hat Angst, mit dem Rücken an der Wand zu stehen, wenn die Unterhaltung fortgesetzt wird. Daher wählt er den nächstmöglichen Fluchtweg: »Laß uns doch einfach über was anderes reden, anstatt uns darüber zu streiten.«

Die Unstimmigkeiten der Liebenden versucht der Schmeichler mit Amors Pfeilen beizulegen. Daß Ihr Rückzug auch ein Warnzeichen für Beziehungsprobleme sein könnte, auf diese Idee bringt Sie Ihr Schmeichler nicht. Für Sie wäre es aber wichtig herauszufinden, warum Sie sich zurückgezogen haben, ob es Ihnen nun sehr auf der Seele brennt oder nicht. Das Interesse an Ihrem Partner kann aus vielen unterschiedlichen Gründen zurückgegangen sein: Eine falsche Bemerkung bei einer Party, Unstimmigkeiten über das Urlaubsziel oder Probleme mit den Kindern reichen, um Sie zu verärgern. Es spielt keine Rolle, ob es sich dabei um ein ernstes Problem oder eine leichte Unstimmigkeit handelt. Entscheidend ist in solchen Situationen, daß Sie Ihr Anliegen selbst formulieren – der Schmeichler darf gar nicht erst zu Wort kommen.

Dabei kann es auch durchaus geschehen, daß Sie einen plötzlichen Wutausbruch bekommen – ein reinigendes Gewitter: »Du erwartest immer noch von mir, daß ich jeden Abend für dich koche, obwohl ich in der Zwischenzeit zu arbeiten angefangen habe. Das macht mich wütend. Könnten wir nicht so verbleiben, daß du jeden zweiten Abend das Kochen übernimmst?« Man wird nicht immer gleich auf den Kern der Probleme stoßen. Ihn auszuloten ist aber wichtig, damit die Konflikte nicht weiterschwelen können.

Geraten Sie das nächste Mal in eine solche Situation, treten Sie dem Schmeichler mit dem festen Vorsatz entgegen, nichts niederbügeln, sondern das Problem lösen zu wollen. Einmal in diesen Prozeß eingetaucht, werden Sie nicht nur den Schmeichler daran hindern, die Gesprächsführung zu übernehmen, Sie werden auch lernen, in Zukunft mit solchen Auseinandersetzungen leichter umzugehen. Besonders in einer Partnerschaft oder Ehe muß es möglich sein, sich selbst treu zu sein, ohne Angst haben zu müssen, daß der Lebensgefährte wegen einer falschen Bemerkung gleich die Koffer packt. Versuchen Sie also, auch Ihre tiefsten Gedanken und Überzeugungen Ihrem Partner mitzuteilen.

Wenn Sie Ihre Probleme ignorieren, werden diese deshalb nicht einfach verschwinden, auch wenn Ihnen der Schmeichler dies mit seiner verzerrten Wahrnehmung suggeriert. Wie nutzlos solche falschen inneren Überzeugungen sind, schilderte uns eine Seminarteilnehmerin: »Wenn mein Mann und ich Streit bekamen, flüchtete ich mit unserem Wagen. Ich glaubte wirklich, wenn ich zurückkäme, wäre alles wieder im Lot. Aber so war es niemals.«

Seien Sie gewarnt: Der Schmeichler hat ein ganzes Arsenal an hinterhältigen und versteckten Waffen, mit denen er jeden Ansatz, sich und sein Verhalten zu verändern, zu torpedieren in der Lage ist. Oft reicht ein abschätziger Blick, ein kurzer Wechsel des Themas oder selbst ein Scherz. Gerissen vermeidet es der Schmeichler, Verantwortung zu übernehmen, indem er sie dem Gegenüber zuschiebt. Zum Beispiel, wenn Ihre Frau versucht, Sie aus der Reserve zu locken: »Manchmal weiß ich einfach nicht, womit ich bei dir dran bin. Du wirst dich doch sicher manchmal über mich ärgern, aber du sagst es mir dann nicht.« Nun kommt Ihr Schmeichler-Konter: »Weiß du, Schatz, für mich ist das kein Problem, aber wenn es für dich eins ist, stehe ich dir gerne zur Seite.« Schon hat der Schmeichler Ihre Frau geschickt in die Defensive gedrängt.

Mit Ärger hat der Schmeichler so seine Probleme. Daher versucht er häufig, Ihren Partner vor den Karren zu spannen. Haben Sie beispielsweise Ärger mit dem Nachbarn, bitten Sie Ihre Frau darum, an Ihrer Stelle mit ihm zu reden. So schlagen Sie zwei Fliegen mit einer Klappe: Sie müssen sich für den Ärger nicht verantwortlich fühlen, und in den Augen des Nachbarn sind Sie immer noch das Unschuldslamm. Andere sollen in Ihnen den »netten Jungen« oder eine »liebenswerte Person« sehen, denn darauf ist Ihr Selbstbild angewiesen. Alles, was an diesem Image kratzt, vermeiden Sie sorgfältig.

Auch das Verhältnis zu Ihren Kindern wird unter den permanenten Versuchen leiden, diesem Image gerecht zu werden. So versuchen viele Eltern, ihren Kindern schmerzhafte Erfahrungen zu ersparen. Sie behüten und beschützen ihre Kinder und wenn diese über die Stränge schlagen, sind sie bemüht, deren Verhalten zu entschuldigen. Häufig flüchtet sich auch ein Elternteil ohne das Wissen des anderen in ein solches Verhalten. Es ist allerdings kurzsichtig, die Kinder vom Unmut des Partners abzuschirmen. Man nimmt ihnen damit die Möglichkeit, an einem ernsthaften Austausch teilzuhaben und sich mit einem Elternteil auch einmal auseinanderzusetzen, da der andere Elternteil mit dem Schmeichler immer als Puffer wirkt. »Dein Vater möchte, daß du dieses Wochenende nach Hause kommst« oder »Deine Mutter meint, du hast dich ungebührlich verspätet« sind typische Bemerkungen einer solchen Kommunikationsform. Damit wird nicht nur das vielfältige Beziehungsgeflecht einer Familie gestört, das Schmeichler-Elternteil steht auch ständig gestreßt im Mittelpunkt des Geschehens. Am Beispiel von Nora wollen wir demonstrieren, wie es einer Schmeichler-Mutter ergeht, wenn ihr Sohn sie ausnutzt:

»Mein Mann hat den Eindruck, unser Sohn hätte keinerlei Pflichtgefühl. Er macht mir Vorwürfe, ich würde ihn nicht zur Erfüllung seiner Pflichten ermahnen. Gestern trat ein typisches Problem auf, das in unserer Familie immer wieder Streß verursacht. Ich wollte alle zu einem gemütlichen Abendessen zusammenbringen, doch am Ende saß ich alleine da. Ich kam also von der Arbeit und kochte das Lieblingsessen von meinem Sohn Mirko. Er meinte aber, keine Zeit zu haben, und fragte mich, ob ich ihm nicht was Schnelles zubereiten könnte. Und obwohl mein Mann brummte, wir seien hier doch kein Restaurant, tat ich meinem Sohn den Gefallen. Er kam dann runter, schnappte sich sein Sandwich, und weg war er. Darüber war ich ziemlich traurig, denn ich hatte ja den ganzen Aufwand mit seiner Extrawurst, und er hatte es nicht einmal nötig, sich zu bedanken. Also fuhr ich ihn an, daß ich doch alles aus Liebe zu ihm täte, er sich aber völlig teilnahmslos verhalte. Er würde nicht im Traum daran denken, mal mein Auto zu waschen, mir in der Küche zu helfen oder kleinere Arbeiten im Haus zu übernehmen. Zu allem würde er sich zwanzigmal bitten lassen. In diesem Moment kam mein Mann in die Küche, und Mirko hatte es plötzlich sehr eilig. Also beschwerte ich mich bei meinem Mann über ihn. Der schien mit mir einer Meinung, denn der Mülleimer, so sagte er, stehe immer noch dort, wo er ihn am Morgen hingestellt habe, damit mein Sohn ihn ausleeren sollte. Und plötzlich war mein Schmeichler da und verteidigte Mirko. Sicher seien alle Jungs in dem Alter gleich, heute morgen habe er immerhin sein Bett gemacht, und außerdem meine er es wahrscheinlich alles gar nicht so. Also sollte man auch nicht so hart mit ihm ins Gericht gehen. Das war für meinen Mann einfach zu viel. Er stürmte aus der Küche, und da saß ich nun, alleine mit Mirkos Lieblingsessen.«

Wenn Sie von anderen Menschen und vor allem von Ihren eigenen Kindern permanent manipuliert werden, wird Ihr Lebenspartner dies nur schwer ertragen können. Er wird einerseits gemeinsam mit Ihnen leiden, sich aber andererseits auch über Ihre Unfähigkeit ärgern, die Situation in den Griff zu bekommen. Kinder brauchen Grenzen, und alle Eltern müssen lernen, solche Grenzen zu stecken, auch wenn es Ihnen schwerfällt, Autorität zu beweisen. Eines ist also sicher: Den Schmeichler in den Griff zu bekommen ist besser, als sich von seinen Kindern auf dem Kopf herumtanzen zu lassen.

Aber nicht nur Kinder, sondern auch Erwachsene betrachten kleine Zugeständnisse schon bald als selbstverständlich. Da der Schmeichler um des lieben Friedens willen alles tun wird, kann auch Ihr Lebenspartner in die Versuchung geraten, Sie auszunutzen. So wählen Menschen mit einem ausgeprägten Säbelzahntiger gerne einen Partner mit einem Schmeichler, denn der Schmeichler wird auch den leisesten Ärger widerstandslos hinnehmen. Nur selten lehnt sich der Schmeichler auf, auch wenn der Säbelzahntiger noch so demütigend zuschlägt. Der Schmeichler hat immer eine Entschuldigung, beispielsweise: »Ich bleibe bei ihr um der Kinder willen« oder »Mein Mann sagt, ich könne ja gehen, wenn mir nicht gefällt, wie er mich behandelt«. Dazu kommt häufig die Angst, alles nur noch zu verschlimmern, wenn man das Verhalten des Partners hinterfragt. Frieda hat es erlebt:

»Wenn mein Mann abends nach der Arbeit

schlechter Laune war, gab es wegen jeder Kleinigkeit Streit. Entweder war das Essen zu kalt, oder ich hab' was Falsches gesagt. Dann hat er mich vor den Kindern am Tisch angefahren. Ich hab' versucht, den Streit beizulegen und ihn zu beruhigen, aber das hat ihn nur noch mehr auf die Palme gebracht, und er hat mich und die Kinder geprügelt. Mir schien, je ausgleichender ich wurde, desto übellauniger wurde er. Irgendwann, im letzten Monat, war es dann genug, und ich hab' zurückgeschlagen. Ich war entsetzt, aber auch wütend, daß ich die Kontrolle verloren hab'. Auch er war völlig fassungslos und meinte, ich sei wohl verrückt geworden. Vielleicht war es tatsächlich so, aber ich konnte es einfach nicht mehr ertragen. Und was tat er? Er schmollte und hat tagelang kein Wort mit mir gesprochen. Ich bat ihn um Verzeihung, aber er hat noch eine Ewigkeit nicht mit mir gesprochen, bis er mit der Sache fertig war. Jetzt lass' ich mir mehr denn je gefallen, und ich glaube, er kann irgendwie Macht über mich ausüben.« Doch es ist nicht Friedas Mann, der Macht über sie ausübt, sondern ihr Schmeichler.

Wenn der Schmeichler Ihr Leben bestimmt und Sie mit einem Partner zusammenleben, der von einem Säbelzahntiger regiert wird, haben Sie ein ernstes Problem. Sich gegen Ihren Partner aufzulehnen, wird Ihnen Angst machen. Sie werden aber lernen müssen, mit dieser Angst umzugehen. Doch spielen Sie nicht mit dem Feuer: Lassen Sie Ihren Partner ruhig und bestimmt wissen, daß Sie sein dominantes Verhalten nicht länger dulden werden. Ist Ihr Partner gewalttätig und schlägt Sie, sollten Sie sich fragen, warum Sie sich so etwas gefallen lassen. Haben Sie vielleicht den Eindruck, Sie wären nicht gut genug, um jemand anderes zu finden? Oder befürchten Sie, nicht für sich selbst sorgen zu können? Vielleicht spielen Sie auch unbewußt ganz gerne das Leben eines leidenden Heiligen. Sie haben einen unstillbaren Hunger nach von außen kommender Zuwendung, da es Ihnen an Liebe zu sich selbst mangelt. Der Schmeichler füllt diese Lücke, indem er versucht, Liebe und Zuwendung von anderen zu erhalten. Das brutale Verhalten Ihres Partners – und das ist die bittere Ironie an dieser Konstellation – fordert Sie geradezu heraus, sich anzupassen und gefällig zu sein. Aber bedenken Sie: Wie entgegenkommend Sie auch sein mögen, es wird nie ausreichen.

Der Schmeichler wird Sie nicht in Ihrer Selbstachtung bestätigen. Wenn Sie sich selbst aber nicht achten, wird es auch niemand anderes tun. Viele Menschen um Sie herum werden eher Mitleid mit Ihnen haben, auch wenn Sie glauben, man sähe in Ihnen einen Heiligen, der die Hölle des Lebens durchläuft.

Zum Glück sind die meisten Partner bereit zu helfen, wenn sie darum gebeten werden. Jeder Hinweis auf die Gegenwart des Schmeichlers kann mit der Hilfe Ihres Partners enttarnt werden. Sie und Ihr Partner sollten sich immer wieder fragen, ob sich hinter einer Antwort oder einem Verhalten nicht der Schmeichler versteckt. Und denken Sie daran: Sie haben das Recht auf eine eigene Meinung, Sie haben das Recht, Ihre Meinung zu ändern und Ihre gegebene Zustimmung zurückzuziehen. Bitten Sie Ihren Partner um Unterstützung, beispielsweise in einem Rollenspiel. Wenn Sie ihm Ihre Verletzlichkeit und Abhängigkeit offenlegen, werden sie sich dadurch näher kommen. Auch das Gefühl, unzulänglich und hilflos zu sein, können Sie ruhig eingestehen. Wir können aus unseren Erfahrungen in den Seminaren gar nicht oft genug den Ratschlag wiederholen, mit Ihrem Partner offen über alles zu sprechen. Reden ist besser und kostengünstiger, als still vor sich hin zu leiden und den Ärger solange in sich hineinzufressen, bis er sich in einem Magengeschwür offenbart. Zuzugeben, daß man schwach und traurig ist, erfordert zwar mehr Mut und Kraft, als sich einzureden, man könne alles selbst regeln. Aber Sie werden sich mit Ihrem Partner schlagartig besser verstehen, wenn Sie sich erst einmal von Ihrem Schmeichler befreit haben.

Der Schmeichler als Chef

Ihren Schmeichler als Manager oder Controller einzusetzen, bringt Sie in größte Schwierigkeiten, denn der Schmeichler ist das genaue Gegenteil eines Chefs. Es ist jener Selbstanteil, der nicht »nein« sagen kann, der um nichts bittet und der unter allen Umständen Konfrontationen vermeiden will. Als Chef aber haben Sie Anweisungen zu geben, müssen Angestellte tadeln und ein Team zu einem gemeinsamen Ziel führen. Sie müssen »nein« sagen, um Hilfe bitten und Auseinandersetzungen führen. Der Schmeichler hingegen wird Ihre Karriere hintertreiben, und Sie werden eine Menge Streß bekommen, denn Ihre Unzulänglichkeiten werden von Ihren Mitarbeitern schnell entdeckt. Ein Prozeß, dessen Folgen sich auch auf Ihre Selbstachtung auswirken werden.

Auf welche Weise der Schmeichler Sie hinters Licht führt, soll an einem Beispiel verdeutlicht werden. Zu Ihrem Aufgabenbereich als Manager gehört auch, die Interessen Ihrer Mitarbeiter gegenüber der höheren Führungsebene einer Firma zu vertreten. Eines Tages präsentieren Ihnen Ihre Mitarbeiter voller Enthusiasmus eine neue Idee. Sie sind zwar von der Qualität des Vorschlags überzeugt, haben aber Zweifel, ob die Unternehmensleitung Ihre Überzeugung teilt. Der Schmeichler würde natürlich lieber sterben, als die Idee vorzustellen. Drücken Sie sich jetzt aber vor dieser Aufgabe, werden Sie Ihre Mitarbeiter frustrieren. Führungskraft können Sie also nur unter Beweis stellen, wenn Sie Ihren Schmeichler im Griff haben.

Zu Ihrem Aufgabenbereich gehört auch, Ihren Mitarbeitern Grenzen zu setzen. Das können Sie aber nur, wenn Sie einen Standpunkt haben und ihn auch vertreten, selbst wenn er unpopulär ist. Ihr Schmeichler ist da jedoch ganz anderer Ansicht, denn Auseinandersetzungen sind für ihn keine akzeptablen Verhaltensweisen. Um Ihre Autorität zurückzugewinnen, sollten Sie Ihrem Schmeichler einen Denkzettel verpassen. Ein guter Chef, so erklären Sie ihm, lobt seine Mitarbeiter, wenn sie gut sind, und tadelt sie, wenn sie schlecht sind.

Nehmen wir an, ein Angestellter kommt ständig zu spät und fragt Sie bei passender Gelegenheit, ob Sie deswegen irgendwie verärgert seien. Ihr Schmeichler prescht mit der freundlichen Antwort vor, daß Sie überhaupt nicht verärgert seien und ja wüßten, wie viele Probleme der Mann habe. Eigentlich wollten Sie aber »ja« sagen, und so fügen Sie hinzu, daß andere Mitarbeiter sich schon beschwert hätten, weil sie seine Arbeit mit übernehmen müßten, und daß er in Zukunft besser aufpassen sollte. Aus Ihrem zustimmenden Nicken und der indirekten Antwort muß der Angestellte schließen, daß sein Zuspätkommen Sie nicht wirklich stört. Als er sich dann eines Tages eine dreiviertel Stunde verspätet und Sie die dauernden Klagen der anderen Mitarbeiter leid sind, platzt Ihnen der Kragen, und Sie drohen, ihn bei der nächsten geringfügigen Verspätung rauszuschmeißen. Ihr Mitarbeiter wird sich wie vor den Kopf gestoßen fühlen und die Welt nicht mehr verstehen – besonders förderlich für das Arbeitsklima in Ihrem Betrieb werden solche Vorkommnisse jedenfalls nicht sein.

Im Sinne eines guten Betriebsklimas sollten Sie Ihre Mitarbeiter mit einer korrekten und regelmäßigen Beurteilung konfrontieren. Ihr Schmeichler wird die damit einhergehenden Auseinandersetzungen um jeden Preis zu vermeiden trachten. Wenn Sie jedoch den Respekt Ihrer Person gegenüber aufrechterhalten wollen, sollten Sie solche Situationen in keinem Fall scheuen. Welche Personalprobleme Sie haben können, wenn Sie dem Schmeichler nachgeben, erzählte uns Markus, ein junger Zahnarzt. Markus brachte es manchmal einfach nicht fertig, Grenzen zu ziehen. Die Mitarbeiter in seiner Praxis schienen ihn nicht zu respektieren, und das setzte ihn unter Streß. Eine seiner Assistentinnen schien ihr Kommen und Gehen von der jeweiligen astrologischen Sternenkonstellation abhängig zu machen, und Ihre Entschuldigungen waren selbst für Markus' Schmeichler nur schwer zu akzeptieren. Wurde Sie mit Ihren Verspätungen konfrontiert, reagierte Sie selbstbewußt und abweisend.

»Ich mußte meinen Pudel in den Hundesalon bringen, und Sie wissen doch, wie schwer man da einen Termin bekommt. Mittags kann ich das nicht machen, denn da habe ich einen Friseurtermin.«

Markus war entsetzt über derartige Verhaltensweisen, brachte aber nicht die Kraft auf, wirkungsvoll dagegen vorzugehen. Da Markus keine Autorität verkörperte, hatten seine Angestellten auch keinen Respekt vor ihm. Wir fragten ihn, ob er jemals gemeinsam mit seinen Angestellten verbindliche Verhaltensregeln aufgestellt habe. Die Antwort war charakteristisch für den Schmeichler: »Nun ja, schon, aber ich wurde überstimmt.« Um das ständige Problem mit den Verspätungen in den Griff zu kriegen, hatte er ein Zeiterfassungsgerät installieren lassen. Seine Angestellten begehrten dagegen jedoch derart auf, daß alle Beschwichtigungsversuche, es sei doch nur zu ihrem Besten, nichts halfen. In seiner Verzweiflung schlug der Schmeichler eine Abstimmung vor, bei der seine Angestellten als Sieger hervorgingen. Das Zeiterfassungsgerät wurde am nächsten Tag wieder abmontiert.

Aber wie schaffte es Markus trotz des Verhaltens seiner Angestellten, seine Praxis dennoch erfolgreich zu betreiben? Mit einer Unmenge Streß. Sein Schmeichler redete ihm ein, alles würde von ganz alleine gehen, solange er nur ein guter, vernünftiger, netter und angenehmer Junge wäre. Nur: So hatte es eben nicht funktioniert. Schließlich stellte er für seine Mitarbeiter Regeln auf und verlangte, daß sie befolgt würden. Und siehe da: Die Ergebnisse waren erstaunlich.

Ähnliche Erfahrungen machte auch die Ausbildungsschwester Angelika, die uns über ihre Auseinandersetzung mit ihrem Schmeichler folgendes schrieb: »Ich hatte über den Schmeichler und den Besseren Ratgeber nachgedacht, und schließlich konfrontierte ich eine meiner Mitarbeiterinnen direkt mit dem Vorwurf, daß sie in der letzten Zeit in ihren Leistungen sehr nachgelassen habe. Den Schmeichler ließ ich dabei außen vor. Das Ergebnis war phänomenal. Diese Frau, die furchtbare Angst hatte, sich mir zu nähern, nahm mich in ihre Arme, bedankte sich für die Offenheit und versprach, sich in Zukunft zu bessern. Sie hat ihr Versprechen gehalten, und ich kann Ihnen sagen, auch mir geht es seitdem viel besser.«

Als sich das Geschäftsvolumen einer Bankfiliale zunehmend rückläufig gestaltete, schien Matthias, dem Bezirksleiter der Bank, der Zweigstellenleiter Thomas dafür verantwortlich zu sein, ein Mann, der, wie sich herausstellte, von einem ausgeprägten Schmeichler dominiert wurde. Zunächst hatte Matthias keine Erklärung für die Ursache der Probleme, zumal selbst Routineangelegenheiten nicht mehr komplikationslos abliefen. Man zog schließlich uns als Berater hinzu, setzte uns aber eine Frist von drei Monaten, bevor man Personalentscheidungen treffen wollte.

Wir schlugen zunächst ein Seminar mit allen Büroangestellten der Zweigstelle vor. Schnell stellte sich heraus, daß die Mitarbeiter allesamt auf der untersten Stufe ihrer Leistungsfähigkeit angelangt waren. Die Kommunikation zwischen den Mitarbeitern funktionierte nicht mehr, man kümmerte sich nicht mehr darum, was die Kollegen taten, und viele trugen sich mit Kündigungsgedanken. Beförderungen wurden nur noch nach Dienstalter vorgenommen, und Thomas fehlte es deutlich an Managementerfahrung. Was jedoch viel schwerer wog, war sein unnachgiebiger Schmeichler. Hinter seinem Rücken wurde ungeniert getuschelt: Eine Frau beschwerte sich, er könne einfach keine Entscheidungen treffen, und wenn er sie träfe, würde er nicht zu ihnen stehen. Sie selbst dürfe aber keine eigenen Entscheidungen ohne seine Beratung treffen. Sie meinte, Thomas hätte wohl Angst vor möglichen Fehlern, die ihn gegenüber dem Management der Bank in Mißkredit bringen würden. Um jedes Risiko zu vermeiden, versuchte Thomas alles selbst zu machen. Thomas verkörperte in seiner Rolle als Chef den Schmeichler in Reinkultur.

Andere Mitarbeiter hatten das Gefühl, daß ihre Argumente selbst dann kein Gehör fanden, wenn sie klar und verständlich vorgetragen wurden. Die gesamte Mannschaft war von einer »Was-soll-es«-Haltung wie gelähmt. Mit einer solchen Einstellung war es natürlich unmöglich, selbst kleinere Probleme zu lösen. Die Mitarbeiter hatten aufgehört, ihre Vorstellungskraft, ihren Einfallsreichtum und ihre Fähigkeit zur Problembewältigung für das Unternehmen einzusetzen.

Eine Frau, die sich selbst als »Oldtimer« der Bank bezeichnete, faßte das zentrale Problem am besten zusammen. Sie meinte, Thomas hätte einfach Angst vor den oberen Etagen des Managements. »Wir sagen ihm, wo es langgeht, machen Vorschläge, und wenn er unsere Ideen seinem Chef vorschlägt, knickt er vor diesem Tyrannen ein und hält den Mund. Thomas ist ein richtiger ›Ja-Sager‹, und als Folge davon geht dieser Laden den Bach runter.«

Während all dieser Gespräche, ausgenommen die Sitzung, in der die besagte Frau ihn abschließend bewertete, war Thomas anwesend. Er schien die ganze Zeit über nicht zu bemerken, daß der unverhohlene Ärger eigentlich ihm galt. Er lächelte unaufhörlich, sagte kein Wort, war verlegen, schien aber zu denken: »Ich habe keine Ahnung, worüber diese Leute sprechen. Mich kann es jedenfalls nicht betreffen.« Thomas wurde im Verlauf des Seminars aber schließlich klar, daß er sich seinem Schmeichler stellen mußte, wenn er seine Stelle behalten wollte. Seine Mitarbeiter bestanden zwar einerseits darauf, Gehör zu finden, andererseits waren sie aber auch bereit, Thomas bei der Bewältigung seines Problems zur Seite zu stehen.

Wie aber lassen sich die vom Schmeichler ausgelegten Fußangeln umgehen? Zunächst einmal gilt es, sie zu erkennen. Nehmen wir einmal folgende Situation an: Ein völlig überlasteter Angestellter kommt in Ihr Büro und bittet Sie, ihn von der Hälfte seiner Aufgaben zu befreien. Sofort steht Ihr Schmeichler stramm, und Sie hören sich sagen: »Das tut mir leid, mein Lieber. Ich hatte keine Ahnung, wie überlastet Sie sind. Alle anderen sind im Moment genauso beschäftigt, also kommen Sie her, ich nehme Ihnen einen Teil Ihrer Arbeit ab.« Die Arbeit muß zwar erledigt werden, dafür sind Sie verantwortlich, aber müssen Sie denn alles selber machen?

Eine solche Situation läßt sich ohne den Schmeichler auf vielerlei einfallsreiche Weise lösen. Das erste, was Sie tun sollten, wäre, dem Angestellten zuzuhören, seine Verdrossenheit ernst zu nehmen und sich des Problems anzunehmen. Ist diese Person tatsächlich mit Arbeit überlastet? Wo ist der Engpaß? Würde der betreffende Mitarbeiter von einer zusätzlichen Schulung profitieren? Gibt es zur Lösung dieses Problems vielleicht noch einen anderen Ansprechpartner? Spielen persönliche Probleme eine Rolle? Wie auch immer Ihr Befund ausfällt: Sie müssen entscheiden, in welche Richtung es geht, nur dann können Sie auch erwarten, daß Ihre Mitarbeiter von da an alleine mit dem Problem klarkommen. Gibt es tatsächlich zuviel Arbeit, müssen Sie neues Personal einstellen. Mit anderen Worten: Führung und Entscheidungen werden von Ihnen verlangt.

Aber Vorsicht: Mischen Sie sich niemals allzusehr in die persönlichen Angelegenheiten Ihrer Mitarbeiter ein, denn Ihr Schmeichler ist in der Lage, sich tagelang die Geschichten über eine unglückliche Ehe oder über die Drogenprobleme der 15jährigen Tochter anzuhören. Ihre Mitarbeiter müssen Ihre persönlichen Probleme alleine lösen können. Lassen Sie sich durch Ihren Schmeichler nicht in die Rolle des Büro-Psychologen manövrieren.

Sie können professionelle Hilfe vorschlagen und in die Wege leiten, aber in keinem Fall sollten Sie auch nur erwägen, diese Hilfe selbst zu geben. Das gehört nicht zu Ihren Aufgaben. Vor allem bei Problemen mit Alkohol am Arbeitsplatz versuchen viele Schmeichler-Chefs, eine schützende Hand über die betreffenden Mitarbeiter zu halten, fördern damit aber deren Abhängigkeit. Solche Fälle sollten Sie in jedem Fall an professionelle Berater übergeben.

Eins ist also sicher: Mit dem Schmeichler im Nacken werden Sie in Management-Etagen nicht weit kommen.

Der Schmeichler als Angestellter

Es ist genau 16.30 Uhr, als Harald auf die Uhr sieht. Noch eine halbe Stunde und er würde für einen Monat Urlaub haben. Bei dem Gedanken an die Strände der Karibik steigt in ihm ein Freudengefühl auf. Seine Arbeit ist verteilt, und eigentlich kann er gehen. In diesem Moment kommt, mit einem furchterregenden Stapel Papier unter dem Arm, der Chef herein. »Harald, es tut mir ja leid, aber diese Berichte müssen am Montag raus, und außer Ihnen kann das keiner.«

Harald dreht sich der Magen um, als er den Stapel sieht. Er versucht es mit einem Einwand: »Du liebe Güte, wie soll ich denn das heut' noch schaffen. Ab fünf Uhr bin ich im Urlaub.«

»Harald, es tut mir wirklich leid. Ich weiß, wie dringend Sie einen Urlaub brauchen. Aber was soll ich denn tun? Alle anderen sind schon ins Wochenende.«

»Und was wird aus meinem Urlaub?«

»Ich verspreche Ihnen, ich tue das nie wieder, wenn Sie das für mich durchziehen. Sie haben mein

Wort.« Also stimmt Harald zu. »Ich weiß«, sagt sein Chef, »ich habe Ihnen das schon mal versprochen, aber ich kann es nur noch mal wiederholen. Harald, Sie sind fast schon ein Heiliger, wissen Sie das eigentlich?« Gegen Haralds Kopfschmerzattacke kann jedoch selbst dieses überschwengliche Lob nichts mehr ausrichten. Mit einem Blick auf die Uhr verläßt der Chef das Büro, froh darüber, daß er nun seinen Tennistermin um sechs Uhr nicht absagen muß. Zu Harald sagt er noch im Hinausgehen: »Wiedersehen. Wenn Sie dann gehen, wünsche ich Ihnen einen wunderbaren Urlaub.« Harald lächelt verlegen hinter seinem Papierturm und ruft anschließend im Reisebüro an, um den Flug umzubuchen.

Schlecht bezahlt, überarbeitet und ständig gereizt, hält Sie Ihr Schmeichler bei der Arbeit. Da Sie nicht »nein« sagen können, parkt jeder seine unerledigten Arbeiten auf Ihrem Schreibtisch. Doch wenn Sie die Arbeit der anderen übernehmen, werden Sie die meisten Menschen wahrscheinlich enttäuschen, denn egal wieviel Mühe Sie sich geben, Sie schaffen es einfach nicht. Und das ist auch nicht verwunderlich, denn ständig stehen drei oder vier Aufgaben in der Warteschleife. Erst wenn Ihre eigene Arbeit getan ist, können Sie zusätzliche Anforderungen übernehmen. Damit Ihr Schmeichler keine Versprechungen gibt, die Sie nicht halten können, sollten Sie sich bei der Vergabe neuer Projekte in jedem Fall zurückhalten.

Wer seine Versprechen nicht einhalten kann, leidet häufig unter Schuldgefühlen, die wiederum zusätzlich Streß verursachen. Das betrifft besonders Menschen mit einem ausgeprägten Schmeichler. Werden falsche Versprechungen zur Gewohnheit, gefährden Sie zudem auf lange Sicht Ihre Arbeitsstelle, denn man wird Sie als zu langsam, inkompetent und nicht vertrauenswürdig beurteilen.

So erging es auch Norma: »Ich fragte immer, ob ich helfen könne, wenn ich sah, daß jemand mit der Arbeit nicht nachkam. Es war zunächst gar nicht anstrengend, denn ich war mit meiner Arbeit immer zur rechten Zeit fertig. Dann aber sprach es sich herum, daß ich die Feuerwehr spielen würde, und bald kamen sie alle zu mir. Natürlich konnte mein Schmeichler nicht ›nein‹ sagen, und so begann ich Überstunden zu machen, wurde aber trotzdem nicht fertig. Auf einer Abteilungsbesprechung hat unser Chef dann einige von denen gelobt, denen ich geholfen hatte, und alle anderen ermahnt, wir sollten uns zusammenreißen. Das hat dann meinem Schmeichler das Genick gebrochen.«

Ohne erkennbaren Widerstand immer mehr Arbeit anzunehmen ist ein typisches Verhalten für den Angestellten mit Schmeichler. Erinnern wir uns an Harald, und überlegen wir, was er auf die Bitte seines Chefs, die Berichte fertigzustellen, hätte tun können. Zunächst hätte er seinen Chef bitten müssen, ihm bei seinem Problem zu helfen. Artikulieren Sie also Ihre Schwierigkeiten klar und deutlich, und bitten Sie Ihren Chef um Lösungsvorschläge. Für ihn ist nur wichtig, daß die Arbeit erledigt wird, wer sie erledigt, ist zweitrangig. Ihr Chef und Sie werden schnell eine Lösung finden, wenn Sie sich nur von der fixen Vorstellung des Schmeichlers verabschieden, Sie seien unersetzbar. Sie werden nicht dafür bezahlt, daß Sie die ganze Last des Büros auf Ihren Schultern tragen.

Und wann haben Sie eigentlich das letzte Mal um eine Gehaltserhöhung gebeten? Sich bei den Kollegen über Ihr Gehalt zu beschweren ist relativ sinnlos, Ihr Ansprechpartner ist allein Ihr Arbeitgeber. Auch wenn Ihr Vorgesetzter Ihre Arbeit anerkennt, eine außertarifliche Gehaltserhöhung können Sie nur erwarten, wenn Sie auch darum bitten. Warum sollte er Ihnen freiwillig mehr Gehalt anbieten, wenn er den Eindruck hat, daß Sie mit dem, was Sie haben, zufrieden sind? Viele Arbeitgeber sehen es gerne, wenn sich ihre Angestellten engagieren. Dabei ist selbstsicheres Auftreten durchaus geschätzt.

Der Manager einer weltweit operierenden Computerfirma hat dies uns gegenüber einmal so formuliert: »Wenn ich in unseren wöchentlichen Treffen besonders für ein Thema schwärme, kann ich die Personen mit einem Schmeichler sofort identifizieren. Wenn ein Mitarbeiter selbstsicher ist, wird er mir Argumente entgegenhalten, aber ein Schmeichler schluckt alles, was ich sage, ohne Widerspruch. Dabei fordere ich ja die Widerrede heraus.« Wer sich nicht zu Wort meldet, davon gehen viele Arbeitgeber aus, hat auch nichts zu sagen.

Selbst auf der untersten Stufe der Betriebshierarchie können Angestellte, die von ihrem Schmeichler dominiert werden, einiges Unheil anrichten. So erzählte uns der Manager einer großen Firma von den Schwierigkeiten mit einigen Angestellten in der Telefonzentrale, die unter anderem die Aufgabe hatten, Kunden über Auslieferungstermine für bestellte Waren zu informieren. Nach einer Beratung durch unser Team stellte er fest, daß die Angestellten, die von einem Schmeichler beherrscht wurden, den Kunden häufig nicht einzuhaltende Liefertermine versprachen, was in der Folge nicht nur die Kunden verärgerte, sondern auch einigen Streß in der eigenen Firma verursachte. Und dies alles, weil die Telefon-Schmeichler unbedingt gefallen wollten. Typisch für den Schmeichler ist auch die ausgeprägte Angst, die Arbeitsstelle zu gefährden, wenn man sich engagiert für etwas einsetzt – eine Haltung, die die betreffende Person dauerhaft unter Streß setzt. Weder Ihre Aufrichtigkeit noch Ihre Bereitschaft, Verantwortung zu übernehmen wird irgendeine Wirkung zeigen, wenn Sie im entscheidenden Moment nicht zu Ihrer Überzeugung stehen. Und oft genügt schon ein wenig Risikobereitschaft, um positive Veränderungen herbeizuführen, Veränderungen, an denen Sie auch wachsen können. Ein Anwalt erzählte uns dazu die folgende außergewöhnliche Geschichte:

»Meine neu eingestellte Sekretärin tut manchmal einfach nicht das, was ich ihr auftrage. So rief mich neulich einer meiner Klienten an und wunderte sich, daß er in meinen Briefen mit ›Sehr geehrte Person‹

angeredet wurde. Mag sie nun eine aufgeklärte Frau sein oder nicht – meine Klienten und ich sind sehr konservativ. Ohne meine ausdrückliche Genehmigung, wies ich sie an, dürfe sie diese Anrede in Zukunft nicht mehr verwenden, und sie solle gefälligst die korrekte Anredeform wählen. Na, da hat sie mir doch einfach widersprochen und obendrein noch andere Dinge angeführt, die ihr nicht paßten.«

Die Frau des Anwaltes, die bei dem Gespräch auch anwesend war, plädierte dafür, diese Person rauszuschmeißen. Doch diese Frau sei einfach viel zu gut, um sie rauszuschmeißen, erwiderte ihr Mann. »Sie ist die beste Sekretärin, die ich je hatte, und obendrein gewöhne ich mich auch noch an sie.« Ganz offensichtlich handelte es sich bei dieser Sekretärin um einen selbstbewußten Menschen, frei von jedem Schmeichler. Sie vertraute ihren Fähigkeiten und machte aus ihren Ansichten keinen Hehl, und das schätzte ihr Chef. Als Angestellter wird Ihr Arbeitsleben in vielen Fällen tatsächlich weitaus weniger stressig sein, wenn Sie Ihren Schmeichler nicht mit ins Büro nehmen.

Der Schmeichler und Ihre Gesundheit

Wer wird die Erde bevölkern, die Lämmer oder die Wölfe? Wird Zivilcourage belohnt, oder soll, wer auf die eine Wange geschlagen wird, auch die andere hinhalten? Täglich setzt sich der Schmeichler mit diesen Fragen auseinander. Für viele Menschen mögen solche Probleme intellektuelle Spiegelfechtereien sein, für den Schmeichler sind sie eine Quelle ständiger Belastung.

Sie sollen, so will es der Schmeichler, sich behaupten, indem Sie Ihre Grundbedürfnisse leugnen. Zu diesen Grundbedürfnissen gehört nicht nur, als eine eigenständige Person anerkannt zu werden, sondern auch seine Emotionen wie Ärger, Furcht oder Angst äußern zu können und dennoch geliebt und geschätzt zu werden. Anstatt für die Befriedigung dieser Bedürfnisse selbst die Verantwortung zu übernehmen, versucht der Schmeichler, andere dazu zu bewegen. Selbst wenn es Ihnen gelingt, nach außen hin Zufriedenheit vorzutäuschen, sie tragen eine schwere Last aus Schuld, Ärger und Niedergeschlagenheit mit sich herum. Der Schmeichler in Ihnen versucht Sie dazu zu bewegen, Ihr wahres Ich vor der Welt geheimzuhalten, doch das kann ein stressiges Spiel mit tödlichem Ausgang sein.

Zunächst verwüstet der Schmeichler Ihren Magen. Bei vielen Teilnehmern unserer Seminare konnten wir einen engen Zusammenhang zwischen Magenbeschwerden und dem tyrannischen Verhalten des Schmeichlers feststellen. Meist berichteten die Teilnehmer über Gefühle der Schuld, des Grolls sowie der Hilf- und Hoffnungslosigkeit. Achten Sie daher auf Ihre Gefühle, denn sie sind ein guter Indikator dafür, wie nahe Sie an der Streß-Klippe stehen.

Zu den Warnsignalen gehören beispielsweise der

einem nicht ernst gemeinten »Ja« folgende Ärger oder der Unmut über die nicht zum Ausdruck gebrachte aber rechtmäßige Beschwerde. Aus Schuldgefühlen die eigenen Bedürfnisse zurückzustellen, sich ständig als ein Opfer der Umstände zu fühlen oder kraftlos unangenehme Situationen hinzunehmen sind ebenfalls deutliche Anzeichen, daß Sie sich der Streß-Klippe nähern. Ihre persönliche Streß-Klippe zu kennen wird Sie davor schützen, ernsthaft an einer durch zuviel Streß verursachten Störung zu erkranken. Uwe ist Buchhalter in einer Werbeagentur, und er hatte seine Streß-Klippe einfach nicht beachtet. Da man mit seiner Leistung zufrieden war, wurde ihm die Leitung der Abteilung in Aussicht gestellt. Auf dieses Ziel hatte er all seine Anstrengungen gerichtet. Doch nach dieser Ankündigung herrschte zwei Monate Funkstille. Der Chef schwieg, und Uwe traute sich nicht, ihn zu behelligen. Er hatte Angst, seinen Chef zu langweilen und sich damit alle Chancen zu verbauen. Also beschwerte er sich bei seinen Freunden und Mitarbeitern, fühlte sich enttäuscht und niedergeschlagen. In Gegenwart seines Chefs versuchte er, seinen Ärger zu verbergen, wenngleich er die Hoffnung noch nicht aufgegeben hatte. Irgendwann hielt er es für so unwahrscheinlich, den versprochenen Job zu bekommen, daß er ohne jede weitere Erklärung kündigte.

Innerlich aber wühlte ihn sein Versagen auf. Zunehmend quälten ihn Magenschmerzen. Der Arzt diagnostizierte ein Zwölffingerdarmgeschwür, verschrieb ihm eine Diät, ein Arzneimittel gegen Übersäuerung sowie Valium. Es schien Uwe, als würde seine Krankheit ihn von allen Vorwürfen reinwaschen. Er war Opfer seines Stresses geworden.

Viele Patienten mit Magen- oder Zwölffingerdarmgeschwüren geben sich denselben Irrtümern hin wie Uwe. Sie schlucken Enttäuschung und Ärger herunter, was in der Folge zu unerträglichem Streß führt. Irgendwann richtet sich dieser Streß dann gegen den Körper. Der Schmeichler bleibt ewig hungrig nach Liebe, nach Anerkennung und nach Unabhängigkeit. Doch dieser Hunger ist nicht zu stillen, schließlich schlägt er auf den Magen. Millionen Menschen verspüren dies jeden Tag.

Verzweiflung, Hoffnungslosigkeit und der Eindruck, nutzlos zu sein, paaren sich mit dem Gefühl, nicht wirklich am Leben teilzuhaben und sich das Recht dazu auch nicht erstreiten zu können. Diese Gefühle schlagen nicht nur seelische Wunden, sie können auf Dauer auch körperliche Schäden anrichten. So weiß man beispielsweise, daß sich hoffnungs-und kraftlos fühlende Krebspatienten sehr viel schlechtere Heilungsaussichten haben als solche, die mit Elan ihre Selbstheilungskräfte mobilisieren können. Doch nicht nur schwerwiegende Krankheiten können die Folge des täglichen Kampfes mit dem Schmeichler sein. Dieser Kampf kostet sehr viel Kraft. Und diese Kraft brauchen Sie, um Ihr Immunsystem zu mobilisieren, damit Sie sich auch gegen ungefährlichere Krankheiten zur Wehr setzen können.

Bevor Ihre Gesundheit und Ihr Wohlbefinden ernsthaft Schaden nehmen, sollten Sie den Schmeichler als einen Teil Ihrer eigenen Persönlichkeit anerkennen und mit ihm in eine Auseinandersetzung treten. Sonst wird er Ihnen permanent im Weg stehen.

Spielanleitung für den Schmeichler

Verzerrte Wahrnehmung: **Sie haben Angst, die zu bewältigende Arbeitsmenge zu begrenzen, weil sie glauben, von anderen als nicht teamfähig angesehen und entlassen zu werden.**

Hindernis: »Nein« zu sagen, fällt Ihnen schwer.

Ergebnis: An Ihrer Arbeitsstelle werden Sie von den Kollegen ausgenutzt. Außerdem werden von Ihnen einmal aus Gefälligkeit erbrachte Leistungen mittlerweile als Selbstverständlichkeit erwartet.

Ihre neue Wahrnehmung: Wer seine Arbeitsmenge unter Kontrolle hat, ist produktiver.

Ihr erster Zug: Lassen Sie sich von Ihren Vorgesetzten Vorschläge und Hilfen anbieten. Wo genau Ihre Grenzen liegen, sollten Sie anderen immer deutlich machen. Auch, daß Sie Ihre Haltung als Schmeichler zu ändern gedenken, sollten Sie mitteilen.

Mögliche Fallen: Ihr Schmeichler wird Sie daran erinnern, daß Sie Anerkennung und Liebe nur von anderen bekommen, und er wird Sie für Ihr selbstbewußtes Eintreten mit Schuldgefühlen bestrafen.

Ihr Gegenzug: Pro Woche sollten Sie auf eine Anfrage nach Ihrer Verfügbarkeit mit »Nein« antworten. Will jemand bei Ihnen zusätzliche Arbeit abladen, sollten Sie auf der Stelle mit ihm verhandeln. Wenn Sie aus einer solchen Entscheidung ein gemeinsames Problem machen, ist es plötzlich nicht mehr alleine Ihre Schwierigkeit.

Verzerrte Wahrnehmung: **Die Menschen mögen Sie nur, weil Sie so viel für sie tun.**

Hindernis: Sie lassen zu, daß Ihre Kinder Sie ausnutzen.

Ergebnis: Ihre Kinder müssen annehmen, Sie lieben all die schmutzige Arbeit. Am Ende wissen Sie nicht mehr, was Sie aus Liebe oder aus reiner Pflichterfüllung tun, und es belastet Sie, Ihrer Familie zu helfen.

Neue Wahrnehmung: Auch die Kinder sollten lernen, ihren Anteil an den Pflichten verantwortlich zu erfüllen.

Ihr erster Zug: Alle Abmachungen über den Haushalt werden gemeinsam mit der Familie neu festgelegt. Jeder übernimmt täglich anfallende Hausarbeiten, und Sie lernen dabei, Ihren Kindern auch einmal ein klares »Nein« entgegenzusetzen.

Mögliche Fallen: Der Schmeichler wird Ihnen einflüstern, Sie hätten als Elternteil versagt und Sie seien unersetzlich. Die Kinder werden auf ihren Privilegien bestehen und Sie weiterhin als Partyservice, Chauffeur oder Hausmädchen mißbrauchen.

Ihr Gegenzug: Richten Sie mit Ihrer Familie feste Gesprächstermine ein, in denen jeder seine Vorbehalte gegen die Änderungen zur Sprache bringen kann. Verabschieden Sie sich von der Vorstellung, Kinder würden freiwillig ihr Zimmer aufräumen. Setzen Sie sich Grenzen, und tun Sie nicht mehr alles für die Kinder. Verlangen Sie von Ihren Kindern, Verantwortung zu übernehmen, und lehren Sie sie auf diese Weise, Verantwortung zu tragen.

Beginnen Sie nun selbst, indem Sie ein Hindernis beschreiben. Gehen Sie dann der Frage nach, zu welchen Folgen dieses Hindernis führte. Was wird Ihr erster Zug sein? Wo hat der Schmeichler Fallstricke ausgelegt? Sie werden ihn mit einfallsreichen Gegenmanövern schon austricksen.

Verzerrte Wahrnehmung:

Hindernis:

Ergebnis:

Ihre neue Wahrnehmung:

Ihr erster Zug:

Mögliche Fallen:

Ihr Gegenzug:

Während Sie die Spielanleitung mit Leben zu füllen versuchen, können natürlich Probleme auftauchen, die Sie zu einem Zwiegespräch mit Ihrem Schmeichler nutzen sollten. Dadurch vermag sich ein weiteres Hindernis zu offenbaren, das Sie dann Zug um Zug ausräumen können.

Zwingen Sie den Schmeichler durch Ihr neues Verhalten zum Rückzug!

- Was auch immer Sie tun – sprechen Sie darüber.
- Seien Sie beharrlich.
- Lassen Sie die Menschen wissen, was Sie denken.
- Treten Sie für sich selbst ein.
- Seien Sie geradeaus.
- Tun Sie einmal in der Woche etwas für sich.
- Tragen Sie Konflikte so bald wie möglich aus.
- Wenn andere Sie aufregen oder wenn Sie anderer Meinung sind: Bringen Sie Ihre Gefühle und Ihren Standpunkt zum Ausdruck.
- Wenn Sie etwas wollen, bitten Sie darum.

3

Der Säbelzahntiger

Immer in Rage

Die Begegnung mit einem Säbelzahntiger wird Ihnen nachhaltig in Erinnerung bleiben. Sie hängen in Ihrem Wagen an einer roten Ampel einem Tagtraum nach. Als die Ampel umspringt, reißt Sie die Hupe Ihres Hintermannes unsanft aus Ihren Träumen. Der Fahrer des Wagens hinter Ihnen droht mit der Faust und beschimpft Sie mit wütenden Kraftausdrücken. So ein Säbelzahntiger steht eben immer unter Druck.

Als Säbelzahntiger fällt es Ihnen schwer, Ärger direkt auszudrücken. Der Ärger wird sich auf Umwegen äußern und sich in Rechtfertigungen, Sarkasmus oder Rechthaberei verkleiden. Häufig läßt sich der Schaden, den ein Wutausbruch eines Säbelzahntigers anrichtet, kaum begrenzen.

Die zentrale Problematik menschlichen Zusammenlebens ist der angemessene Umgang mit Ärger. Lehrer lernen, wie sie mit aufsässigen Kindern klarkommen, die Hausfrau muß sich mit ihrem cholerischen Ehemann abplagen, Krankenschwestern unterdrücken ihre Wut auf die Ärzte, Sekretärinnen erfinden hinterhältige Guerillastrategien gegen ihre Chefs, und Polizeibeamte werden im Umgang mit feindselig gestimmten Menschenmengen geschult. Auf dem Weg zu einem Verständnis dieser grundlegenden menschlichen Emotion ist die Begegnung mit einem Säbelzahntiger ein Schlüsselerlebnis.

Wahrscheinlich stehen Sie unter dem Einfluß des Säbelzahntigers, wenn Sie häufig eine nicht näher zu bestimmende Feindseligkeit verspüren, reizbar sind und zu plötzlichen Wutausbrüchen neigen. Welche Person Sie aufgeregt hat oder bei welcher Gelegenheit es war, können Sie dabei manchmal gar nicht benennen. Eine häufig empfundene Grundstimmung des Säbelzahntigers ist eine diffuse Wut auf die ganze Welt. Mit dem Säbelzahntiger im Gepäck beginnen Sie den Tag gereizt, fühlen sich eckig und kantig. Darauf angesprochen, würden Sie diese Gefühle jedoch heftig abstreiten. In aufgebrachtem Ton werden Sie antworten: »Ich bin nicht verärgert!« Mit anderen Worten: Sie können mit Ihrem Ärger nicht umgehen, entweder Sie unterdrücken ihn, oder er entlädt sich in einem Wutanfall.

Um sich zu »entspannen«, treiben Sie Sport. Auch hier zeigt sich der Säbelzahntiger deutlich: Spielt er mit, kann sich ein samstägliches Tennismatch oder ein harmloses Fußballspiel in eine Schlacht verwandeln. Bei einem Spaziergang entlang des Geländes eines Golfplatzes hatten wir Gelegenheit, einer unvergleichlichen Säbelzahntiger-Aufführung beizuwohnen. Ein einsamer Golfspieler mußte nach seinem Abschlag zusehen, wie der Ball in einem Tümpel landete. Der Spieler tobte. In heller Aufregung riß er die Schläger aus seinem Caddy und knallte sie gegen einen Baum. Unter dem Diktat seines Säbelzahntigers hatte er für seinen Ärger wenigstens ein sehr angemessenes Ziel ausgewählt.

Leider fallen vor allem Kinder häufig den Ausbrüchen des Säbelzahntigers zum Opfer. Wer seinen Ärger tage-, wochen- oder monatelang unterdrückt hat, wird sich irgendwann Luft verschaffen: Das eigene Zuhause scheint dafür ein besonders geeigneter Ort zu sein. Ein Seminarteilnehmer erzählte uns, daß er eines Nachmittags auf dem Heimweg mit seinem Auto die Fahrräder seiner Kinder einfach zu Schrott gefahren habe, nur weil sie in der Garageneinfahrt lagen. Und wir hören auf jedem Seminar die Klagen junger Mütter, die sich nach solchen Wutausbrüchen mit der Scham und der Bestürzung der »Täter« auseinandersetzen müssen. Vor allem wenn die Opfer dieser Ausbrüche unschuldig sind, beherrschen Schuldgefühle und Reue den Säbelzahntiger. Die Schuldgefühle sind wiederum Anlaß für das Bemühen, das Temperament fortan unter Kontrolle zu halten. Der Streß, den dieser Teil der Persönlichkeit dem Betreffenden ohnehin schon zufügt, wird auf diese Weise noch potenziert.

Es gibt aber auch unterschwellige Varianten des Säbelzahntiger-Verhaltens, beispielsweise extreme Eifersucht, aggressives Konkurrenzdenken, Übellaunigkeit oder Schmollen.

Andererseits schützt das Verhalten des Säbelzahntigers davor, ausgenutzt zu werden. Dieser Teil der Persönlichkeit wird aktiv, wenn der Schmeichler sein Unwesen allzu bunt treibt. Was dann folgt, ist ein plötzlicher und für alle Beteiligten völlig überraschender Wutausbruch. Solch ein Verhalten ist für die Umgebung unvorhersehbar: Von einer Minute auf die andere verwandelt sich der Betreffende von einem freundlichen Mitmenschen in eine reißende Bestie. Durch dieses Auf und Ab der Gefühle setzt der Säbelzahntiger nicht nur Freundschaften aufs Spiel, er belastet damit auch besonders das Familienleben.

Warum dem Tiger Zähne wachsen und wie sich dieses Verhalten in der Kindheit ausformt, um dann im Erwachsenenalter zu voller Blüte zu gelangen, wollen wir im folgenden kurz beleuchten. Der Säbelzahntiger wächst in der Regel in einer von starken Spannungen geprägten Familie auf. Weisen bereits Mutter oder Vater eine dominante Säbelzahntiger-Persönlichkeit auf, so ist die Wahrscheinlichkeit, daß auch die Kinder eine Säbelzahntiger-Persönlichkeit entwickeln, relativ groß. Wut, so lernen die Kinder von frühester Kindheit an, ist eine sehr mächtige Waffe, um andere Menschen zu steuern und zu beherrschen. Bei Kindern kommt die Angst vor körperlicher Züchtigung hinzu. Das Kind lernt, daß bereits eine falsche Bemerkung reicht, um sich »eine zu fangen«. Nun sollte man meinen, daß Erwachsene, die unter solchen Umständen aufgewachsen sind, dieses Verhalten überdenken und sich davon distanzieren, was jedoch allzu häufig nicht geschieht, weil der dazu notwendige Erkenntnisprozeß nicht eingeleitet wird. Der erste Schritt zu einer Verhaltensänderung besteht darin, das eigene Verhalten zu erkennen, doch insbesondere Menschen, die von einem Säbelzahntiger dominiert werden, haben damit große Schwierigkeiten.

Schauen wir uns das von einem Säbelzahntiger beherrschte Familienleben einmal genauer an. Die Eltern reagieren auf die natürlichen Aggressionen ihrer Kinder mit strengen Restriktionen. So können die Kinder nicht lernen, ihrem Ärger zu Hause auf angemessene Weise Luft zu verschaffen. Der Widerstand und der Ärger der Kinder werden unterdrückt, sie werden angewiesen, keine Widerrede zu geben, sich die Tränen abzuwischen und auf ihr Zimmer zu gehen. So entwickelt sich die Basis für das Verhalten des Säbelzahntigers. Auch wenn das Kind gute Gründe hat, sich gegen seine Eltern aufzulehnen, wird ihm keine Möglichkeit zugestanden, diese entwicklungsgerecht zu artikulieren. Wenn die Verständigung zwischen Eltern und Kind funktionieren soll, muß sich das Kind folgerichtig zurücknehmen. Die gestauten Emotionen des Kindes verschaffen sich dann beispielsweise in Prügeleien auf dem Schulhof ein Ventil. Körperliche Züchtigungen der Eltern verschärfen das Problem zusätzlich.

Typisch für derartige Verhältnisse ist die folgende Familiensituation: Der Vater der Familie ist launisch, unberechenbar und neigt zu Wutausbrüchen. Er haßt seine Arbeit und ist der festen Überzeugung, keine andere mehr zu finden. Mit seinen Kollegen ist er oft zerstritten, hinter dem Rücken seines Chefs macht er gerne sarkastische Bemerkungen über ihn. Da er jeden Tag mit Widerwillen zur Arbeit geht, stauen sich seine Aggressionen auf, denen er abends im Kreise der Familie freien Lauf läßt. Um ihren Mann nicht zusätzlich zu reizen, führt seine Frau den Haushalt ruhig und behutsam. Beim Abendessen sind die Kinder ziemlich angespannt, denn sie spüren natürlich, daß ihr Vater nur darauf wartet, daß sie aus der Reihe tanzen. Sascha und sein Bruder Tim sind unruhig, einer boxt den anderen unter dem Tisch, wobei unausweichlich ein Gerangel entsteht. Dabei fällt ein Milchglas um. Dieses Ereignis reicht, um den Säbelzahntiger des Vaters auf den Plan zu rufen. Der faucht die Jungen an, die sich nun gegenseitig beschuldigen. Der Vater steigert sich in einen Wutausbruch, schlägt seine beiden Kinder schließlich und verweist sie in ihr Zimmer. Dort lassen die beiden wiederum ihre Enttäuschung aneinander aus, während sie hören, wie ihr Vater nun ihre Mutter anschreit, die vergeblich versucht, ihn zu beruhigen. Diese Szenen spielen sich so oder in ähnlicher Weise immer wieder ab. Der Vater versteht auch nicht, warum sich die Nachbarn und die Lehrer über das Verhalten seiner beiden Jungen beklagen. Spricht er die beiden darauf mit der ihm eigenen schneidenden Unteroffiziersstimme an, stehen sie stocksteif und brav vor ihm. Außerhalb seiner Reichweite jedoch sind sie in ständige Rangeleien verwickelt, zerstören die Spielzeuge anderer Kinder oder schlagen die Scheiben der Nachbarn ein. Daß sie damit auf ihre Weise dem Ärger über ihn Ausdruck verleihen, kann der Vater nicht nachvollziehen. Zu den typischen Verhaltensweisen eines sich in der Jugend entwickelnden Säbelzahntigers gehören neben einem tyrannischen Verhalten in der Schule auch Tierquälereien oder das übertriebene und permanente Reizen der Geschwister. Das Kind bringt so seinen Ärger zum Ausdruck oder erzwingt Aufmerksamkeit. Ein junger Mann schilderte in einem unserer Seminare, wie sich seine Eifersucht auf die männlichen Bekanntschaften seiner Mutter äußerte:

»Wenn die kamen, wurde ich immer ausgeschlossen. Also habe ich sie mit meinen Wutanfällen bombardiert, die Radkappen ihrer Autos gestohlen oder im Garten kleine Feuer gemacht. Wie ich die Aufmerksamkeit meiner Mutter auf mich ziehen konnte, war mir egal.« Doch sowohl seine Mutter als auch ihre Bekannten beachteten immer nur seine Missetaten, verstanden aber nicht die Gründe für sein Verhalten.

Bei Jungen kommt es zudem auch häufig vor, daß ihr Säbelzahntiger-Verhalten von den Eltern unterstützt wird. So wollen manche Väter aus ihren Söhnen »richtige Männer« machen und ermutigen sie daher zum Kampf. Wie Kinder einen normalen Umgang mit Aggressionen lernen, zeigt Kurts Geschichte:

»Meine Frau war auf einer Konferenz, und mein Sohn und ich waren übers Wochenende alleine zu Hause. Mittags gab ich meinem Neunjährigen Geld, um uns Hamburger davon zu kaufen, aber er trödelte schon beim Anziehen der Schuhe derart herum, daß ich ihm das Geld wieder aus der Hand riß und selbst losging. Draußen wurde ich nachdenklich. Ich hatte seine Autonomie verletzt und ein Verhalten gezeigt, das ich selbst nicht für gutheiße. Ich kehrte um, entschuldigte mich und gab ihm das Geld zurück. Mit Tränen in den Augen schmiß er mir das Geld vor die Füße. Obwohl ich mich zunächst über seine Reaktion ärgerte, war mir doch klar, wie wichtig sie für ihn war. Er hatte sich über mein Verhalten geärgert. Ich hätte mich das meinem Vater gegenüber niemals getraut. Wir setzten uns zusammen und besprachen ganz ruhig, was vorgefallen war. Für mich war das ein sehr bewegendes Erlebnis, und es hat mich meinem Sohn sehr nahe gebracht.« Kurt hatte es seinem Sohn gestattet, ein Verhaltensmuster zu durchbrechen, das er in seiner eigenen Kindheit gelernt hatte, nämlich seinem Vater nicht zu widersprechen. So wurde er zum Vorbild für ein neues Verhalten – der Säbelzahntiger konnte sich nicht in die nächste Generation fortpflanzen.

»Die Welt an sich ist feindlich«, dies ist die grundlegend verzerrte Wahrnehmung des Säbelzahntigers. Um in solch einer Welt überleben zu können, glaubt er, sich permanent zur Wehr setzen zu müssen, um sich vor den Manipulationsversuchen anderer zu schützen. Das vorherrschende Gefühl dabei ist Angst, ohne daß er sich dieser Angst bewußt wird. Zwar existiert auch der Wunsch nach Intimität und Nähe, aber ebenso auch die Furcht davor. Niemand, vor allem nicht überlegene Mitmenschen, sollen den Standort des Säbelzahntigers bestimmen können. Doch es kostet viel Energie, seine Emotionen dauernd unter Kontrolle zu halten – eine extrem kräftezehrende und aufreibende Haltung. Wie das Wasser hinter einem Staudamm staut sich der Ärger und der Frust: Wer seinen Ärger klar und deutlich mitteilt, meint der Säbelzahntiger, macht sich verwundbar. Also sei es besser, den Ärger hinter der Staumauer zurückzuhalten – bis bei der kleinsten Herausforderung die Dämme brechen.

Von allen Streßpersönlichkeiten ist der Säbelzahntiger wohl am schwersten in den Griff zu bekommen, wenngleich man sich bei seinen Bemühungen der Unterstützung seiner Mitmenschen ziemlich sicher sein kann. Denn während beispielsweise das Verhalten des Schmeichlers kaum dazu angelegt ist, andere Menschen auf die Palme zu bringen, wirkt sich das Verhalten des Säbelzahntigers auf die Umwelt recht negativ aus. Zunächst gilt es anzuerkennen, daß Aggression, ebenso wie das Bedürfnis nach Liebe, eine natürliche Empfindung ist, die nicht unterdrückt und versteckt zu werden braucht. Andererseits muß Aggression in einer zivilen Gesellschaft in sozial angemessene, erträgliche Bahnen gelenkt werden. Wer vom Säbelzahntiger dominiert wird, sollte in einem ersten Schritt lernen, seine exzessiven Verhaltensmuster zu erkennen und zu durchbrechen.

Finden Sie heraus, welche charakteristischen Verhaltensweisen Ihren Säbelzahntiger auszeichnen

Anhand der Antworten auf die folgenden Fragen können Sie herausfinden, welche Eigenschaften Ihren Säbelzahntiger auszeichnen. Sie haben jeweils fünf Auswahlmöglichkeiten. Die jeweilige Ziffer sollten Sie auf der Linie eintragen, die neben der Frage steht. Am Schluß zählen Sie die Zahlen zusammen und schreiben den Wert auf die unter den Fragen stehende Linie. Fragen, die Sie mit 6 oder 8 Punkten versehen, sollten Sie besonders gewissenhaft prüfen. Wenn Sie mehr als 48 Punkte erreichen, scheint Ihr Leben deutlich von einem Säbelzahntiger dominiert zu sein.

(Nahezu immer=8) (Häufig=6)
(Manchmal=4) (Gelegentlich=2) (Nie=1)

1. ...... Wie oft haben Sie mit Ihren Mitarbeitern Streit?
2. ...... Sind Sie nachtragend?
3. ...... Haben Sie Angst, vom Management oder von Mitarbeitern eingewickelt zu werden?

4. Wenn Sie beispielsweise in Teamarbeit nicht Ihren Willen durchsetzen können, reagieren Sie dann unkollegial oder mit Gleichgültigkeit? ......
5. Verstummen Sie, wenn Sie sich ärgern? Schmollen Sie dann oder stellen andere »kalt«? ......
6. Verlieren Sie die Geduld, wenn Ihre Anweisungen von Kollegen oder Vorgesetzten angezweifelt werden? ......
7. Schießen Sie über das Ziel hinaus, wenn Sie bei Ihrem Lieblingssport nicht das Beste geben? ......
8. Wie häufig reagieren Sie ungeduldig auf ihre Kinder oder ärgern sich über sie? ......
9. Sind Sie besorgt, wenn Sie die Kontrolle über Ihre Geduld verlieren? ......
10. Ist Sarkasmus eine Ihnen vertraute Eigenschaft? ......
11. Wie oft ärgern Sie sich beim Autofahren über andere Fahrer? ......
12. Sind Sie der Ansicht, lebhafte oder zärtliche Gefühle seien ein Zeichen von Schwäche? ......

...... Gesamt

0 48 96

Der Säbelzahntiger und Ihre Freunde

Zwischen Freund und Feind zu unterscheiden fällt dem Säbelzahntiger schwer. Freunde, so finden Sie, haben ihre Ergebenheit zu beweisen, und das bedeutet, sie haben Sie in allem und jedem zu unterstützen. »Vergeben, aber niemals vergessen«, das ist die Antwort des Säbelzahntigers auf alle, die diese Prüfung nicht bestehen. Ihre Wutausbrüche stellen selbst gute Freundschaften auf eine harte Belastungsprobe. Die Antwort auf die Frage, warum Sie überhaupt noch Freunde haben, ist einfach. Ihre Freunde kennen Sie und wissen, wie Sie ohne Ihren Säbelzahntiger sein können. Und eigentlich würden Ihre Freunde Sie ja gerne noch besser kennenlernen, wenn sie nicht immer wieder durch den Säbelzahntiger abgeschreckt würden.

Die verwirrende Art des Säbelzahntigers kann selbst langjährige Freunde verärgern. Johannes hat vor, sich mit einigen alten Freunden zu einem Picknick zu treffen, und insgeheim freut er sich auf diese Gelegenheit schon seit Wochen. Da sein Säbelzahntiger es aber für dumm hält, alten Freunden gegenüber nostalgische Gefühle zu haben, hat Johannes diese Freude stets für sich behalten. Wie schon zu Schulzeiten ist die Gruppe bei seinem Eintreffen lebhaft beisammen. Nach der von Umarmungen begleiteten Begrüßung setzt sich Johannes und öffnet sich eine Bierflasche. Susanne, eine frühere Freundin, setzt sich neben ihn.

»Schön dich zu sehen, Johannes. Ich hatte gehofft, daß du kommen würdest.«

»Mir geht es genau so«, antwortet Johannes. »Wie waren deine Ferien?«

»Ach, weißt du, es war wunderschön mit Günther auf Hawaii.«

»So, hat der alte Hippie dich doch überzeugt und da hingezerrt?«

»Laß doch die alten Dinge ruhen. Günther ist ein angesehener Mann, und ein Bart macht doch noch keinen Hippie aus ihm.«

»Gut, gut, nur nicht gleich sauer werden. Was habt ihr denn Interessantes gemacht?«

»Wir haben in einem Nationalpark direkt an der Küste gezeltet. So haben wir Sachen gesehen, die wir sonst nie zu Gesicht bekommen hätten. Es war wunderbar.«

»Das kann ich mir vorstellen. Dieser Park ist doch voll mit Hippies. Die leben da wie die Tiere im Urwald, ohne Kleider und ohne Toiletten. Mir ist das ja egal, aber die Hawaiianer regt es auf, und ich kann sie verstehen. Außerdem …«

»Johannes, worüber regst du dich auf?«

»Ich rege mich doch gar nicht auf!«

»Bist du vielleicht auf mich sauer?«

»Überhaupt nicht. Was willst du denn? Streit anfangen?«

»Nein, nein, das liegt mir ganz ferne. Wie dem auch sei: Wir hatten eine wunderschöne Zeit, und es war recht preisgünstig.«

»Billig vielleicht, aber auch ganz schön gefährlich.«

»Warum denn das?«

»Wußtest du nicht, daß gerade in diesem Teil des Urwaldes viele Giftschlangen beheimatet sind?«

»Ach was. In ganz Hawaii gibt es keine Giftschlangen.«

»Klar, was glaubst du denn …«

So geht es weiter, bis ihre Auseinandersetzung lauter und lauter wird und alle anderen ihren Streit mitbekommen. Johannes' Säbelzahntiger ist nun voll in Fahrt.

Ihre Freunde werden den Eindruck haben, wie Pingpong-Bälle hin- und hergestoßen zu werden, wenn Ihr Säbelzahntiger das Regiment übernimmt. Erst suchen Sie die Nähe, um sich dann von einer Minute zur anderen zum Streithammel zu entwikkeln. Warum hat Johannes so auf Susanne reagiert? War es der Kuß, als sie sich begrüßten? War es die Wärme, die sie ausstrahlte? Was es auch immer war, der Säbelzahntiger sah sich bedroht, denn nichts bringt ihn so schnell in Rage wie zu viel Zuneigung.

Für die vom Säbelzahntiger geprägten Streßpersönlichkeiten sind diese »Komm her – bleib weg«-Verhaltensweisen charakteristisch. Mehr als alles andere suchen sie nach intensiven Beziehungen, aber der Säbelzahntiger wittert sogleich Gefahr durch Vereinnahmung. Aus Angst davor, Zuneigung zu zeigen, flüchten sie in Ironie oder setzen andere auf subtile Weise herab. Aber weder Ironie noch Sarkasmus sind ein ausreichender Ersatz für

Nähe, auch wenn der Säbelzahntiger dies zu glauben scheint. Wenn Menschen mit Säbelzahntigern auftauchen, werden Freunde und Bekannte vorsichtig, da sie nie sicher sein können, wann sie zum Ziel sarkastischer Bemerkungen werden. Freunde schützen sich gegen diese besondere Art des Humors, indem sie alles, was der Säbelzahntiger sagt, als Spaß auffassen. Er wird nicht mehr ernst genommen, selbst wenn er es will.

Wenn Ihr soziales Leben von Ihrem Säbelzahntiger bestimmt wird, versuchen Ihre Freunde, Sie mit Bemerkungen wie »Phillip brauchen Sie nicht ernst nehmen, der ist ein ziemlicher Luftikus« oder »sie gießt einem immer Wasser in den Wein, aber so ist sie nun mal« zu entschuldigen. Aber Vorsicht: Wer über Ihre Späße lacht, könnte Sie auch täuschen, vielleicht versteckt er seine wahren Gefühle hinter einem Schmeichler. Andere dagegen haben vielleicht Angst vor Ihrem Säbelzahntiger und halten ihre wahren Gefühle zurück. Ob der Säbelzahntiger Ihre Handlungen bestimmt, können Sie an Ihren Absichten ablesen. Wer nur lustig und gesellig sein will, braucht sich keine Sorgen zu machen. Wer aber die Absicht hat, zu quälen, unbedingt zu gewinnen oder einen unterschwelligen Groll hegt, kann sich eines dominanten Säbelzahntigers sicher sein. Was stört Sie an einer Person oder einer Situation? Warum spüren Sie das Bedürfnis, Ihre Freunde unter dem Deckmantel des Humors niederzumachen? Sie sollten mit Hilfe solcher Fragen Ihren tiefer liegenden Motiven auf die Spur kommen, um sich dann geradeheraus mit ihnen auseinanderzusetzen. Sie müssen lernen, mit Ihren Gefühlen die richtigen Ziele anzusteuern.

So sehr die Menschen Sie auch mögen, so wenig sind sie an Ihrem Säbelzahntiger interessiert. Jeder hat Angst vor Ihren unbeherrschten Ausbrüchen. Deshalb werden Sie von Ihren Freunden auch ungern neuen Bekannten vorgestellt. Für Sie einen richtigen Tischpartner bei einem Abendessen zu finden ist nicht leicht und bereitet Ihren Freunden viel Kopfzerbrechen.

Es gehört wahrlich zu den besonders anstrengenden Erfahrungen, mit einem Säbelzahntiger befreundet zu sein. Ludwig schilderte uns seine Erlebnisse mit seinem langjährigen Freund Ralf. Ludwig suchte Ralf auf, um sich seiner Unterstützung zu vergewissern, denn er steckte mitten in einer tiefen Krise. Er lebte getrennt von seiner Frau in einer neuen Stadt und mußte sich in eine neue Arbeitsstelle eingewöhnen. Anstatt Ludwig mit Verständnis und ein paar freundlichen Worten aufzufangen, ließ Ralf seinem Säbelzahntiger freien Lauf.

»Ich habe immer Schwierigkeiten damit gehabt, Ralfs Verhalten zu tolerieren. Wir haben uns zwar schon immer gehänselt und geneckt, aber ich dachte immer, dahinter stünde mehr. Ich habe in ihm einen Bruder gesehen, jemanden zu dem ich mit einem Problem kommen kann. Darin habe ich mich aber getäuscht, denn ich bekam nur zynische und sarkastische Bemerkungen zu hören. Vor allem, wenn ich niedergeschlagen bin, habe ich an dieser Art freundschaftlicher Auseinandersetzung kein Interesse. Wenn ich mit ihm zusammen bin, fühle ich mich unbehaglich, aber ich weiß nicht, ob ich ihm das sagen kann.«

Ludwig hatte das Problem, nicht zu wissen, wie man mit einem Säbelzahntiger umgehen soll. Sollte er die Freundschaft einfach aufgeben oder Ralf mit seinen Gefühlen konfrontieren, auf die Gefahr hin, sich mit neuen Angriffen konfrontiert zu sehen? Er entschied sich, die Freundschaft aufrechtzuerhalten.

»Meine schlimmsten Befürchtungen wurden noch übertroffen. Ralf wurde richtig widerlich und beschuldigte mich, ihn mit meiner billigen Psychologie zu analysieren. Er wischte meine Einwände vom Tisch und konnte an seinem Verhalten nichts Merkwürdiges finden. Im Gegenteil, meine Einschätzung seines Verhaltens schien ihn besonders zu provozieren. Ich konnte ihn nicht erreichen, und ich war traurig, da ich das Gefühl hatte, daß unsere alte Freundschaft zerbrochen sei.« Was Ludwig nicht wissen konnte, war, daß er mit der nachdrücklichen Verteidigung eines Säbelzahntigers konfrontiert worden war.

Worin die Bedrohung, vor der sich Ihr Säbelzahntiger glaubt schützen zu müssen, besteht, ist meist völlig unklar. Diese Verteidigungshaltung sollten Sie am besten mit guten Freunden analysieren. Sprechen Sie offen an, was Sie ärgert und wie sehr Sie sich ärgern – aber nur, wenn Sie ruhig und entspannt sind. Besprechen Sie mit Ihnen, auf welche Weise man Ärger artikulieren kann, und probieren Sie es anschließend auch in der Praxis aus. Und erklären Sie Ihren Freunden, wie sehr Sie sie brauchen und wie wichtig es ist, daß sie Ihrem Säbelzahntiger selbstsicher und standhaft entgegentreten.

Für den Säbelzahntiger gilt: Hunde, die bellen, beißen nicht. Sie und Ihre Freunde werden mit diesem Distanz-Verhalten leichter klarkommen, wenn sie es erst einmal als solches erkannt haben. Der erste Schritt besteht darin, seinen Ärger im Moment des Entstehens zum Ausdruck zu bringen. Und Freunde können einem dabei am ehesten helfen. Wer wirklich zur Auseinandersetzung mit sich selbst bereit und auch willens ist, dauerhaft an sich zu arbeiten, wird seinen Säbelzahntiger zu bändigen in der Lage sein.

Der Säbelzahntiger und Ihr Partner

»Ich bin mit meinem Latein am Ende!« So endete der Brief einer Ehefrau an einen Geistlichen. Darin bat sie ihn um Rat, was sie mit ihrem Ehemann, der sie und die Kinder ständig mißhandelte, nur tun sollte. Jedesmal wenn sie ihn verlassen wollte, bat er sie unter Tränen um Verzeihung und versprach, niemals mehr Hand an sie zu legen. Doch es dauerte in der Regel nie mehr als eine Woche, bis sein hitziges, extrem eifersüchtiges und gewalttätiges Verhalten wieder zutage trat. Die Frau war mit einem Mann verheiratet, der von einem außergewöhnlich gefährlichen, unkontrollierbaren Säbelzahntiger beherrscht wurde.

Doch es gibt auch eine Reihe etwas weniger drastischer Vergehen, die durchaus gängig sind. Ein typisches Beispiel dafür ist, seinen Partner vor Freunden niederzumachen. Sich während einer Auseinandersetzung aus dem Staub zu machen und seinen Partner verzweifelt und besorgt allein zu lassen, gehört ebenfalls zum Katalog der Säbelzahntiger-Verhaltensweisen. Lieben heißt, verwundbar zu sein. Einen geliebten Menschen will man an seinem Innersten teilhaben lassen. Damit geht aber auch die Angst einher, vom jeweiligen Partner ausgenutzt oder gesteuert zu werden. Diese Vorstellung ist für den Säbelzahntiger bedrohlich, er wartet nur darauf, enttäuscht oder gekränkt zu werden. Zähnefletschend und mit ausgefahrenen Krallen faucht er dann den Partner an. Mutlos und völlig durcheinander wird der die Botschaft des Säbelzahntigers als »Du liebst mich nicht mehr, sonst würdest du mich nicht so behandeln« deuten.

Die Angst des Säbelzahntigers vor Verletzungen ist etwas sehr Zwiespältiges. Das zeigte sich auch in der Beziehung von Caroline und David. Nachdem sie drei Jahre miteinander intim befreundet waren, wollten sie nun möglichst bald heiraten. David machte zwar konkrete Hochzeitspläne, doch ständig fuhr sein Säbelzahntiger dazwischen. Immer wieder bot das Thema »Heirat« für ihn brisanten Zündstoff, hatte er doch furchtbare Angst, in die Beziehungsfalle zu treten und nicht mehr aus ihr herauszukommen.

Wenn Caroline über ihre gemeinsame Zukunft redete, blockte David ab: »Wir sollten Kinder kriegen, wenn wir noch jung sind«, dachte Caroline laut. »Laß uns da nicht in was reinrutschen«, erwiderte David. »Wir werden beide für einige Jahre arbeiten und Geld sparen müssen. Bevor ich nicht mit der Ausbildung fertig bin, möchte ich nicht dich und die Kinder versorgen müssen.« David fühlte Verwirrung in sich aufsteigen. Würde Caroline nicht zu abhängig von ihm werden?

Caroline reagierte empört. Seit wann meinte er denn, seine Familie versorgen zu »müssen«. »Ich werde schon meinen Anteil übernehmen«, gab sie zurück. »Ich dachte immer, du wolltest Kinder.«

David wurde jetzt ungehalten und auch lauter. »Stimmt ja auch. Aber warum muß denn alles so schnell gehen? Kinder zu haben bedeutet, eine enorme Verantwortung zu übernehmen. Woher soll ich wissen, ob ich meine Arbeit behalte? Ob sie mich nicht vielleicht versetzen? Das scheinst du alles zu vergessen.«

Als Caroline merkte, wie aufgeregt David war, wechselte sie schnell das Thema. »Sobald wir können, sollten wir uns ein Haus kaufen.«

»Da bin ich mir nicht so sicher«, antwortete David, »denn das kostet eine Menge Geld. Wenn wir Kinder haben, wer wird dann für die monatlichen Raten aufkommen?« David fühlte sich in die Enge getrieben. »Was wird, wenn wir uns scheiden lassen? Du weißt ja – die Frauen kriegen alles, das Haus, das Auto –, die nehmen dir den letzten Heller ab.«

»Ein Haus ist eine gute Investition«, antwortete Caroline.

»Für wen?« brüllte David. »Für dich vielleicht, aber was wird, wenn die Rechnung nicht aufgeht? Was dann?«

»Warum siehst du nur alles so entsetzlich negativ?« fragte Caroline.

»Tu' ich ja gar nicht«, schrie David. »Nur weil ich praktisch denke, bin ich doch noch lange nicht negativ.«

Caroline fragte ihn, ob er sie überhaupt noch liebe. David erwiderte hitzig, daß er das natürlich noch täte, sonst würde er ja mit ihr über diese Dinge nicht reden. So ging es noch eine Weile hin und her. Zwar brachte David es fertig, sich zu entschuldigen und seinen Säbelzahntiger für einen Moment unter Kontrolle zu halten, aber Caroline fragte sich ernsthaft, ob es wirklich eine so gute Idee wäre, solch einen Mann zu heiraten. Wieder einmal also hatte es der Säbelzahntiger in David geschafft, die zu seinem Schutz notwendig erscheinende Distanz herzustellen.

Ihrem Liebesleben kann der Säbelzahntiger ebenfalls ganz erheblich zusetzen. Zärtliche Gefühle für Ihren Partner entreißt er Ihnen und spielt Tauziehen mit Ihrem Herzen. Wer einem Menschen gegenüber intensive Gefühle verspürt, sie aber nicht zeigen kann, fühlt sich natürlich innerlich zerrissen. Und wer sich nicht öffnet, kann nicht wirklich lieben. Wenn Sie also das nächste Mal Ihre Gefühle wieder zurückhalten, versuchen Sie statt dessen Ihren Partner daraufhin anzusprechen, erläutern Sie, was in Ihnen gerade vorgeht. Dadurch zeigen Sie keine Schwäche, Sie werden im Gegenteil Ihre Beziehung deutlich intensivieren. Sie sollten Ihrem Säbelzahntiger eher die Zunge abbeißen, als ihn etwas sagen zu lassen, das Sie später bereuen werden. So können Sie beispielsweise Ihrem Partner einen Flirt vorwerfen und sich mit ihm darüber entsetzlich streiten. Öffnen Sie sich aber und zeigen Sie Ihre Gefühle behutsam, kann Ihr Partner Ihnen Wärme, Sympathie und Zuneigung entgegenbringen. Vielleicht ist es Ihnen mit dieser Strategie auch möglich, Erfahrungen zu teilen, die Sie noch nie zuvor mit einem anderen Menschen geteilt haben. Sie werden feststellen, daß diese für Sie so geheimen Dinge gar nicht so bedrohlich oder erstaunlich sind, wie Sie immer geglaubt haben.

In einer Beziehung muß es Raum für Ärger wie für Freude geben. An Auseinandersetzungen sollte man wachsen, sich nicht an ihnen aufreiben, und das funktioniert nur, wenn Ärger auf angemessene Weise artikuliert wird. Ein offenes Gespräch wird das Band der Liebe festigen. Meinungsverschiedenheiten in einer Beziehung sind nichts Außergewöhnliches, sie lassen sich lösen und stören nur zeitweise die Harmonie. Der Säbelzahntiger aber macht aus einem Wortgeplänkel schnell eine substantielle Krise.

Werden beide Parteien vom Säbelzahntiger dominiert, dreht sich die Streßspirale ungebremst in die Höhe. Nehmen wir an, Sie hatten eine Meinungsverschiedenheit mit Ihrem Mann. Sie sind der Meinung, daß er unrecht hat, und können seine Handlungsweise nicht verstehen. Dieses Unverständnis behalten Sie aber für sich und äußern es ihm gegenüber nicht. Sie wußten es ja: Ihm ist nicht zu trauen. Er ist egozentrisch und niederträchtig. In typischer Säbelzahntigermanier zahlen Sie es ihm heim. Zunächst verhalten Sie sich abweisend, gehen auf Distanz. Das spürt Ihr Mann natürlich irgendwann. Sein Säbelzahntiger rät ihm nun, seine schmollende Frau links liegen zu lassen, ihre kindischen Verhaltensweisen nicht auch noch zu unterstützen. Die Stimmung zwischen Ihnen ist über einen langen Zeitraum äußerst angespannt.

Um die Situation etwas zu entkrampfen, beschließen Sie, gemeinsam zu einer Feier zu gehen. Dort amüsiert sich jedoch jeder für sich, Sie trinken ein bißchen, unterhalten sich gut und sehen plötzlich Ihren Mann, der sich augenscheinlich blendend mit einer schönen Unbekannten unterhält. Ein bißchen zu gut, wie Sie finden. Der Alkohol hat Ihren Säbelzahntiger enthemmt, und Sie verspüren plötzlich eine Mordswut. Geradewegs steuern Sie nun auf eine häßliche Szene zu, deren Ursache Ihr immer noch schwelender Konflikt ist. Sie gehen zu Ihrem Mann und sagen mit eisiger Stimme, daß Sie mit ihm sprechen wollen.

»Worüber?« fragt er.

»Alleine«, grollen Sie. »Ich will dich alleine sprechen.«

Die Gesprächspartnerin Ihres Mannes begreift sofort, was gespielt wird, und versucht, sich abzusetzen. Aber auch Ihr Mann ist durch den Alkohol enthemmt und reagiert gereizt. »Später«, sagt er, »ich werde später mit dir sprechen«, und dreht sich zu der schönen Unbekannten um, die sich nun sichtlich unwohl fühlt und eine Fluchtmöglichkeit sucht.

In dieser Situation hat der Säbelzahntiger folgende Möglichkeiten zu reagieren: 1. Sie können Ihren Mann am Arm packen und ihn rauszerren, 2. Sie können sich gegenseitig anschreien, 3. Sie können ihm die kalte Schulter zeigen, 4. Sie können ihm die schöne Unbekannte überlassen und selbst nach einem attraktiven Mann suchen, 5. Sie können sich betrinken, 6. Sie können alles ignorieren, bis Sie wieder zu Hause sind und es ihm dann richtig geben.

Egal für welche der Alternativen Sie sich jetzt entscheiden: Der bereits vorhandene Streß wird in jedem Fall potenziert. Zu dieser Zuspitzung wäre es nie gekommen, wenn der ursprüngliche Konflikt von Ihnen zuvor auf zivile Weise gelöst worden wäre. Der Säbelzahntiger hat bis hierher mit seiner Verteidigungsstrategie versucht, Sie vor vermeintlichem Schaden zu bewahren. Die auf lange

Sicht sehr viel effektivere Strategie besteht jedoch darin, Ihre Bedürfnisse, Ihren Ärger oder Ihre Ängste zum Ausdruck bringen zu können, ohne sich verteidigen zu müssen.

Nichts kann eine Liebesbeziehung schneller zerstören als die Vorstellung des Säbelzahntigers, einen Kampf zu verlieren sei völlig inakzeptabel. Beherrscht er die Szenerie, fallen schon bei kleinsten Auseinandersetzungen alle Schranken. Vor Schlägen unter die Gürtellinie schreckt er nicht zurück, jedes Mittel ist ihm recht, um zugefügte Verletzungen doppelt und dreifach heimzuzahlen. Die Folge: Der angerichtete Schaden kommt die Betroffenen teuer zu stehen, die Wunden, die der Säbelzahntiger zufügt, sind tief und heilen schlecht, oft bedarf es dazu Monate.

Sie sollten sich in Ihrem eigenen Interesse also mit Ihrem Partner auf einige Spielregeln für den Umgang mit Konflikten einigen. Regel eins lautet: Die Meinung des anderen muß respektiert werden. Regel zwei lautet: Keiner darf eine von Furcht beherrschte Atmosphäre erzeugen. Wichtig ist darüber hinaus, im Kampf gegen den Säbelzahntiger konsequent und unmißverständlich vorzugehen. Vor einiger Zeit wandte sich eine Frau an uns, die sich heftig über ihren Mann beklagte: Er hatte sie trotz ihrer wiederholten Bitte, es zu unterlassen, immer wieder vor Freunden bloßgestellt. Sie wollten nun wissen, was sie tun könnte, um ihren Mann dazu zu bewegen, dieses Verhalten abzustellen. Unser Rat an diese Frau war folgender: Immer, wenn ihr Mann vor anderen einen Scherz auf ihre Kosten machen würde, sollte sie ihn vor allen anderen damit konfrontieren, daß sie sich darüber ärgere und es nicht gutheißen würde. Im Wiederholungsfalle sollte sie ihn vor allen anderen daran erinnern und ihm klarmachen, daß sie bei einem erneuten Vorfall aufstehen und gehen würde.

Es gilt also zuvorderst, sich konsequent sowie klar und deutlich mitzuteilen, denn nur so kann man dem Säbelzahntiger einen Strich durch die Rechnung ziehen. Und denken Sie daran: Ihr Partner hat neben dem Säbelzahntiger auch noch andere Seiten seiner Persönlichkeit. Diese positiven, Ihnen zugewandten und gesunden Charakterzüge müssen unterstützt und gefördert werden. Auf diese Weise läßt sich der Säbelzahntiger in den Griff bekommen.

Der Säbelzahntiger als Chef

Der Säbelzahntiger als Vorgesetzter spielt seinen Mitarbeitern in der Regel übel mit, worunter das Arbeitsklima natürlich heftig leidet. So erzählte uns Herbert, Angestellter im öffentlichen Dienst, er hätte 18 qualvolle Monate unter einem Aufsichtsbeamten arbeiten müssen, dessen Säbelzahntiger offensichtlich völlig außer Rand und Band geraten war. »Er konnte an einem Tag warmherzig und freundlich sein, um sich am darauffolgenden Tag in ein knurrendes Tier zu verwandeln. Er war äußerst streng und kontrollierte alles und jeden. Dabei erschien er mir sehr mittelmäßig, denn er mußte ständig laut verkünden, wie viele Überstunden er wieder gemacht habe. Es machte ihm Spaß, uns einzuschüchtern und uns damit zu drohen, hinausgeworfen zu werden. Irgendjemand wurde immer mündlich oder schriftlich abgemahnt. Oder er verhielt sich der abgemahnten Person gegenüber ›freundlich‹ und tat so, als ob er ihr einen Gefallen tun würde, wenn er die Abmahnung in den Papierkorb schmiß, nach dem Motto: ›Sehen Sie zu, daß ich nicht noch eine schreiben muß‹. Glücklicherweise wurde ich aus dieser Abteilung versetzt.«

Die Beschreibung von Herbert umfaßt alle möglichen Situationen, in die man mit einem Vorgesetzten kommen kann, der von einem Säbelzahntiger beherrscht wird. Angestellte, das ist seine feste Überzeugung, sind nur folgsam, wenn sie ständig in Furcht leben. »Das kleinste Anzeichen von Schwäche, und du bist erledigt«, argumentiert der Säbelzahntiger. Mit dieser Haltung kann man keine Fehler zugeben oder gar seine Meinung ändern. Sie verhindert auch ein anpassungsfähiges Verhalten gegenüber den Mitarbeitern. Sollte jemand es wagen, vorzuschlagen, ein Vorhaben auf eine andere als die bislang übliche Weise anzugehen, werden Sie als sein Vorgesetzter ihm dies übel nehmen und ihm jede weitere Initiative untersagen. Das nächste Mal wird er sich Ihnen schon mit mehr Respekt nähern, unabhängig davon, ob Sie nach sachlicher Prüfung zwischenzeitlich anders über die Dinge denken. Es wird Ihnen auch schwerfallen, Verantwortlichkeiten zu delegieren, denn Ihr Säbelzahntiger fürchtet nichts so sehr wie Autoritätsverlust. Alle Macht soll nur von Ihnen ausgehen. Entweder läuft es so, wie Sie es wollen, oder gar nicht.

Die Unberechenbarkeit des Säbelzahntigers hält ganze Abteilungen in Atem, denn keiner kann voraussehen, was als nächstes passiert. Das schränkt nicht nur die Arbeitsleistung, sondern auch die Kreativität der einzelnen Mitarbeiter enorm ein. Unsicherheit und Angst bestimmen das Verhalten der Mitarbeiter, haben sie doch zur Genüge erfahren, wie ungehalten der Säbelzahntiger auf die Bitte reagiert, eine Anweisung zu wiederholen oder gar eine Erklärung abzugeben. Also sagt man lieber zu allem ja und amen, als zuzugeben, etwas nicht verstanden zu haben. Selbst wenn der Säbelzahntiger die Angst der Angestellten spürt, was kann er schon tun? Andere Verpflichtungen harren seiner, und so bleibt ihm nur, sich zu beklagen, wie schwer es doch heutzutage sei, anständiges Personal zu bekommen.

Begegnungen zwischen einem Vorgesetzten und einem Angestellten, die gleichermaßen von einem Säbelzahntiger beherrscht werden, gehen meist übel aus. Denn nichts löst das Verhalten eines Säbelzahntigers schneller und zuverlässiger aus als die Konfrontation mit einem anderen Säbelzahntiger. Meist erweist sich der Angestellte als diplomatisch genug, seinen Vorgesetzten nicht direkt anzugreifen, statt dessen kommt es zu endlos schwelenden Reibereien. Wer in solchen Auseinandersetzungen den kürzeren zieht, steht außer Frage. Meist fliehen die betreffenden Angestellten in die innere Emigration, wo sie jedem, ob er es nun hören will oder nicht, erzählen, was für einen unmöglichen, sturen und gemeinen Chef sie haben.

Und jetzt haben Sie ein Problem: Wird erst einmal hinter Ihrem Rücken getuschelt, verlieren die Angestellten die Achtung vor Ihnen. Diesen Domino-Effekt können Sie nur aufhalten, indem Sie Streitfragen unmittelbar ansprechen. Sie müssen mit den betreffenden Angestellten ohne Umschweife reden und dürfen dabei weder das Problem persönlich nehmen noch in die Defensive geraten – mit anderen Worten: Sie müssen lernen, Ihren Säbelzahntiger zu bändigen.

Bewundert wird nur, wer einen kühlen Kopf behält. Eine einfache Regel, die viele Vorgesetzte offensichtlich vergessen haben. Daß ein Vorgesetzter im entscheidenden Moment auch die Zähne zeigen muß, wird von ihm erwartet, aber es muß konstruktiv sein. Setzen Sie sich mit Ihrem Personal zusammen, wenn Sie merken, daß die Umsätze stagnieren, die Produktion nachläßt oder Termine nicht eingehalten werden. Fragen Sie, warum die Aufgaben am Arbeitsplatz nicht erfüllt werden, und hören Sie auf die Antworten. Bieten Sie Ihren Mitarbeitern einen neuen Kurs an. Und fordern Sie höflich, aber nachdrücklich, daß dieser Kurs auch befolgt wird.

Häufig werden Sie in solchen Situationen das Gefühl haben, nur wenig Kontrolle ausüben zu können. Und gerade dann sollten Sie besonders darauf achten, Ihren Säbelzahntiger unter Kontrolle zu halten. Ludwig ist Polier in einem mobilen Bautrupp. Er ist verantwortlich für ein Team, in dem Menschen mit ganz unterschiedlichen Berufen zusammenarbeiten und das oft tagelang in verschiedenen Regionen des Landes eingesetzt wird. Personalengpässe sind an der Tagesordnung, und keiner möchte längere Zeit auswärts eingesetzt werden. Häufig sind die Mitarbeiter seines Teams überarbeitet oder finden schwer zu bewältigende Arbeitsbedingungen vor. Zu all dem meldet sich immer dann, wenn er ihn überhaupt nicht gebrauchen kann, Ludwigs Säbelzahntiger.

»Vor allem auf den Reisen habe ich mich nicht mehr im Griff. Wenn ich dann auf den Tisch haue und rumschreie, sind die Mitarbeiter manchmal ziemlich eingeschüchtert. Mit mir ist nicht leicht Kirschen essen. Aber andererseits kann ich auch ziemlich locker sein. Ich mag jeden im Team. Nur wenn es Spannungen gibt, kann ich damit nicht so umgehen, wie ich es gerne würde. Da müßte ich dann ruhig und gesammelt sein, und statt dessen brennt bei mir die Sicherung durch. Die Folge ist, daß mir Fehler unterlaufen.«

Ludwig stellte fest, daß sich sein Säbelzahntiger immer dann meldete, wenn er die Kontrolle über eine Situation zu verlieren glaubte. Andere kontrollieren zu wollen ist typisch für das Verhalten des Säbelzahntigers. Paradoxerweise läßt einen aber gerade das Bedürfnis, andere Menschen kontrollieren zu wollen, die Kontrolle über sich selbst verlieren.

Der Kampf gegen den Säbelzahntiger fällt insbesondere Führungskräften schwer. Der Säbelzahntiger will herrschen und um jeden Preis gewinnen. Doch niemand kann immer nur gewinnen, und viele Situationen erfordern die Einigung im Kompromiß. Entscheidend ist aber nicht, ob Sie immer und unter allen Umständen gut dastehen, sondern ob Organisation und Personal von Ihren Entscheidungen profitieren. Die unter Ihrer Führung arbeitenden Menschen haben ein Recht, durch Sie unterstützt zu werden. Sie sind verantwortlich für den reibungslosen und wirksamen Ablauf.

Hat sich Ihr Säbelzahntiger im Chefsessel breitgemacht, hat dies in der Regel noch eine weitere, kostspielige Nebenwirkung: die Fehlzeiten Ihrer Mitarbeiter. Je angespannter die Stimmung im Betrieb, desto empfänglicher werden die Mitarbeiter für tatsächliche oder eingebildete Krankheiten. Und es gibt nur einen Weg, die Fehlzeiten in den Griff zu bekommen: weniger Streß im Betrieb.

Der Streß im Betrieb wird fast automatisch nachlassen, wenn Sie Ihre Rolle als Chef etwas lockerer sehen. Je mehr Sie den Menschen vertrauen, um so besser. Ihre Mitarbeiter sind keine Gegner, mit denen Sie im Wettbewerb stehen. Sie sollten lernen, Kontrolle abzugeben und Macht zu delegieren, das wird Ihr Vertrauen in andere stärken. Ihre Leistungsfähigkeit wird steigen und die Streßsymptome werden verschwinden – wenn erst einmal Ihr Säbelzahntiger an Einfluß verloren hat.

Der Säbelzahntiger als Angestellter

So beliebt Sie auch bei Ihren Kollegen anfangs sein mögen, Ihr Säbelzahntiger wird dafür sorgen, daß dies nicht so bleibt. Sie sind nicht nur über Ihren Arbeitsplatz unglücklich, Sie gehen auch Ihren Kollegen mit den ergreifenden Schilderungen Ihrer häuslichen Probleme auf die Nerven. Da Ihr Säbelzahntiger der Ansicht ist, Kollegen seien nicht so wichtig wie die Familie oder Ihr Partner, läßt er Sie Ihre ganze Unzufriedenheit bei ihnen abladen. Jeder Ihrer Kollegen ist ein möglicher Adressat. Schon bald wird Ihnen nachgesagt, daß Sie weder hilfsbereit noch solidarisch sind. Auf Konferenzen oder Teamsitzungen wirken Sie unaufmerksam, gelangweilt, oder Sie lassen bissige Bemerkungen fallen. Keiner Ihrer Kollegen wird Sie besonders schätzen.

Besonders gravierend können die Folgen des Säbelzahntigers bei einer Arbeit mit Publikumskontakt sein. Heiner hatte in einer Werkzeugmaschinenfabrik die Beschwerden der Kunden zu bearbeiten und schilderte uns seine Probleme folgendermaßen:

»Es gab Tage, da konnte ich mir diese Beschwerden einfach nicht anhören. Schon vormittags kochte ich innerlich vor Wut, und wenn dann noch einer mich oder die Firma beschuldigte, sah ich rot. Wenn es gut ging, konnte ich mich trotz des Ärgers noch beherrschen, aber manchmal gingen mir einfach die Pferde durch. Besonders schlimm war es, wenn ich zusätzlich familiäre Schwierigkeiten hatte.«

In einem ersten Schritt lernte Heiner, mit seinen privaten Schwierigkeiten klarzukommen und deutlich zwischen seinen familiären Problemen und den Belastungen am Arbeitsplatz zu unterscheiden. Je mehr Fortschritte er darin machte, desto weniger nahm er die Beschwerden seiner Kunden persönlich. Heiners Job war es nun einmal, sich die Klagen der Kunden anzuhören und ihnen das Gefühl zu vermitteln, daß man sich so bald als möglich ihrer Sache annehmen würde. Sein Säbelzahntiger wähnte sich jedoch jedesmal persönlich angegriffen und verunsicherte Heiner. So hatte er begonnen, seine Arbeit zu hassen, und war zunehmend unglücklich geworden.

Tobias, ein 33jähriger Geschäftsmann, beschrieb uns während eines unserer Seminare, daß auch er äußerst gereizt mit seinen Kunden umging: Nach seiner Heirat wurde ihm in der Firma seines Schwiegervaters eine verantwortliche Stelle übertragen. Da sein Schwiegervater ihm aber keinerlei Handlungsfreiheit gewährte, begann es in ihm zu kochen und zu brodeln. Er war aber nicht in der Lage, seine Gefühle offenzulegen.

»Was kann ich denn schon sagen? Ich verdanke meinem Schwiegervater doch alles. Nicht nur, weil ich seine Tochter geheiratet habe. Er hat mich auch eine Menge gelehrt. Aber er erdrückt alles und ist auch nicht flexibel. Er will über jeden meiner Schritte ganz genau informiert werden, und jeden Tag spüre ich diese feindseligen Gefühle in mir. Jeder wird angeschnauzt, meine Sekretärin, die Kinder. Seit kurzem habe ich mich von Elke auch sexuell zurückgezogen. Ich nehme ihr wahrscheinlich die Nähe zu ihrem Vater übel, aber ich traue mich nicht, das anzusprechen. Was wird geschehen, wenn es aus mir herausbricht und ich ihn anschreie? Das würde schlimm enden.«

Es hätte in der Tat ein schlimmes Ende genommen, wenn Tobias seine Gefühle noch länger unterdrückt hätte. Um die Katastrophe zu verhindern, wollte er seinem Säbelzahntiger entgegentreten. Es wurde ihm nicht nur klar, wie ungern er für seinen Schwiegervater arbeitete, sondern auch, daß er Angst davor hatte, dieses seiner Frau zu beichten. Er befürchtete, daß sie seinen Wunsch, sich auf seine eigenen Beine zu stellen, weder befürworten noch unterstützen würde. Da er aber mit dem wachsenden Druck nicht länger leben konnte, beschloß er schließlich, es ihr zu sagen. Ganz entgegen seinen Erwartungen unterstützte sie ihn und schlug ein gemeinsames Gespräch mit ihrem Vater vor. Die Zusammenkunft hatte weitreichende Folgen, beschloß sein Schwiegervater doch im Anschluß, sich aus der Firma zurückzuziehen und die

Leitung Tobias und Elke zu übertragen. »Er hatte sich einfach Sorgen um sein Geschäft gemacht«, sagte Tobias. »Ich habe völlig grundlos so viele Ängste gehabt.«

Der Säbelzahntiger neigt dazu, andere für die eigenen Probleme verantwortlich zu machen. Das bringt Sie und den Säbelzahntiger jedoch in eine schwierige Situation: Wenn Sie die Kontrolle über die Problemlösung aufgeben, verlieren Sie auch die Kontrolle über Ihr eigenes Schicksal, und gerade davor fürchtet sich der Säbelzahntiger am meisten.

Der Säbelzahntiger und Ihre Gesundheit

Ärger ist eine streßauslösende Emotion, und es kostet sehr viel Energie, sie unter Verschluß zu halten. Viele emotionale und körperliche Probleme lassen sich auf die Unfähigkeit der Menschen zurückführen, ihren Ärger deutlich und geradeheraus artikulieren zu können.

Von Zeit zu Zeit sind wir alle einmal verärgert, beruhigen uns aber wieder und gehen zur Tagesordnung über. Die Reaktionen unseres Körpers auf diesen Ärger mögen noch so heftig sein, eine gesundheitliche Gefährdung geht von ihnen im Normalfall nicht aus. Sich zu ärgern heißt auch, körperlichen Streß zu empfinden: Ihr Herz beginnt schneller und kräftiger zu schlagen, die Muskeln Ihres Kiefers sind angespannt, in Ihrer Schläfe pocht es, der Muskeltonus insgesamt steigt. Diese biologischen Streßreaktionen dienten ursprünglich dazu, in Gefahrensituationen schnell reagieren zu können. Auch wenn diese Fähigkeit in unserer zivilisierten Welt kaum noch gebraucht wird, Ärger löst diese ursprünglichen körperlichen Abläufe nach wie vor aus. Und wer von einem Säbelzahntiger dominiert wird, bekommt sie viel häufiger zu spüren als die meisten anderen Menschen. Dann reicht bereits ein Verkehrsstau oder das Verhalten Ihrer Kinder aus, um Ihren Körper in einen dauerhaft gereizten Streßzustand zu versetzen, vergleichbar einer Kettenreaktion: Jeder Ärger ist bereits der emotionale Grundbaustein für den nächsten. Dieser dauerhafte Streßzustand wird über kurz oder lang zu gesundheitlichen Schäden führen. Sie haben Ihre Streß-Klippe erreicht, wenn Sie von frühmorgens bis spätabends reizbar sind, wenn Sie blitzartig Haß durchfährt, wenn geringste Anlässe Sie zum Explodieren bringen und Sie jedesmal nach einem solchen Anfall in reumütige Verzweiflung verfallen. Um sich unter Kontrolle zu halten, werden Sie von ständigen Muskelverspannungen und Kopfschmerzen geplagt. Damit Ihr Körper nicht Opfer des Säbelzahntigers wird, sollten Sie auf diese Warnzeichen achten und sie ernst nehmen. Ihr Arzt wird bei einer Routineuntersuchung die Ursachen wahrscheinlich nicht gleich erkennen.

Der Säbelzahntiger verursacht auf der unteren Streß-Skala eine ständige Reizbarkeit, Angst, plötzliche Wutausbrüche, Reuegefühle und eine feindselige Grundhaltung. Ihr Körper befindet sich in einem Zustand, als ob Sie den ganzen Tag physischen Bedrohungen ausgesetzt wären. Die Gründe für Ihren Ärger lassen sich aber nicht mit körperlicher Kraft aus der Welt schaffen, und so erklimmen Sie die Sprossen der Streßleiter bis zu einer psychosomatischen Erkrankung.

Kopfschmerzen, etwa ein Drittel in Form von Migräne, gehören zu den typischen Beschwerden, die mit dem Säbelzahntiger in Verbindung gebracht werden. Die neuere Forschung geht davon aus, daß Migräne durch eine deutliche und anhaltende Verengung der Karotis-Arterie, die das Gehirn mit Blut versorgt, verursacht wird. Diese Arterie erweitert sich nach einer gewissen Zeit schlagartig, und es kommt in den kleinsten Blutgefäßen des Gehirns zu einem vorübergehenden Blutstau. Wir nehmen an, daß es Zusammenhänge zwischen den typischen Charaktereigenschaften des Säbelzahntigers und dem Auftreten von Migräne gibt.

Die inneren Abläufe bei einem Migränepatienten hat der Psychologe Ken Pelletier so beschrieben: »Welche psychologischen Faktoren können einen Migräneanfall auslösen? Es scheint so zu sein, daß für ein emotionales Engagement Energie zur Verfügung gestellt wird, die dann aber wieder abgezogen wird. Die Person engagiert sich einem anderen Menschen gegenüber emotional und verspürt plötzlich Ärger. Geschieht dies häufiger, berichten die Personen über kalten Schweiß an Händen und Füßen.« Der von Pelletier beschriebene Energiestrom versetzt den Körper also in einen unterbewußten Spannungszustand, der dem Zusammenziehen der Karotis-Arterie Vorschub leistet. Wer unter Migräne leidet und ein Kopfschmerz-Tagebuch führt, wird feststellen, daß der Anfall häufig eine gewisse Zeit nach einem auslösenden Ereignis stattfindet. Denn wenn die Spannung nachläßt, weitet sich die Arterie, was zu jenen Schmerzen führt, von denen Migränepatienten ein Lied singen können.

Auch das Knirschen mit den Zähnen ist typisch für den Säbelzahntiger. Es kann sich zu einem ernsthaften zahnmedizinischen Problem auswachsen, wenn, vor allem nachts, Unter- und Oberkiefer heftig aufeinander mahlen, weil der Ärger tagsüber nicht ausreichend abgebaut und verarbeitet wurde. Wer auch tagsüber mit den Zähnen knirscht, reagiert damit häufig unterbewußt auf ein als belastend empfundenes Ereignis.

Darüber hinaus ist keine andere Streßpersönlichkeit wie die des Säbelzahntigers dazu derart prädestiniert, sich als Fahrer im Straßenverkehr äußerst aggressiv und unfallträchtig zu verhalten.

Wie können Sie nun feststellen, ob Sie von Ihrem Säbelzahntiger beherrscht werden, und wie können Sie gegen ihn vorgehen? Wir wollen Ihnen im folgenden einen einfachen Weg vorstellen. Stellen Sie sich vor, in Ihrem Kopf befände sich ein kleiner Wecker. Der wird immer dann klingeln, wenn sich

Ihr Säbelzahntiger bemerkbar macht. Halten Sie inne, und achten Sie darauf, was nun in Ihnen vorgeht. Wie hört sich Ihre Stimme an? Klingt sie streitsüchtig oder spöttisch? Pocht es in Ihren Schläfen, oder schlägt Ihr Herz schneller? Sie sollten diese Anzeichen aufmerksam registrieren und beobachten, wie häufig am Tag Sie solche Situationen erleben. Zehn solcher körperlichen Reaktionen pro Tag reichen, um Ihre Gesundheit anhaltend zu beeinträchtigen, vor allem dann, wenn dieser Zustand wochen-, monate- oder gar jahrelang anhält.

Es gibt eine einfache Übung, mit der Sie den Säbelzahntiger bekämpfen können: Stellen Sie sich ein elektrisches Kabel vor, das mit einem Stecker in Ihrer Brust befestigt ist. Wenn Sie Ärger in sich aufsteigen spüren, halten Sie inne, atmen Sie tief durch, und stellen Sie sich bildlich vor, wie Sie den Stecker aus Ihrer Brust ziehen. Um diese unberechenbare Streßpersönlichkeit in den Griff zu bekommen, braucht es Geduld und Übung. Seien Sie wachsam, und übernehmen Sie die Kontrolle über sich und den Säbelzahntieger, wenn Ihnen Ihr Leben lieb ist.

Spielanleitung für den Säbelzahntiger

Verzerrte Wahrnehmung: **Die Welt ist ein unfreundlicher und feindlicher Ort. Um zu überleben, müssen Sie an einer ebenso feindlich gesinnten Haltung festhalten.**

Hindernis: Es fällt Ihnen schwer, für Ihren Ärger angemessene Ausdrucksformen zu finden.

Ergebnis: Der Ärger wird auf unschuldige Opfer wie Ihre Kinder oder Ihren Partner gelenkt.

Ihre neue Wahrnehmung: An die Stelle des Ärgers tritt Selbstsicherheit.

Ihr erster Zug: Wenn Sie den Ärger in sich aufsteigen spüren, sollten Sie sich weniger mit der Person beschäftigen, die den Ärger in Ihnen ausgelöst hat, als der Frage nachgehen, was die tatsächliche Ursache für Ihren Ärger ist. Äußern Sie klar und deutlich, was Sie wollen, aber bleiben Sie verhandlungsbereit.

Mögliche Fallen: Der Säbelzahntiger wird versuchen, Sie auf vermeintlich sichere Ziele zu lenken, um so unangreifbar zu werden.

Ihr Gegenzug: Besprechen Sie mit Ihrer Familie, was Sie ärgert, aber nur, wenn Sie sich in einem entspannten Zustand befinden. Gestehen Sie Ihren Ärger offen ein. Vermeiden Sie, Ihren Ärger zu verallgemeinern oder zu übertragen, und konzentrieren Sie sich ganz auf die konkrete Herausforderung. Sie sollten innerlich keinen weiteren Ärger aufbauen, darum sprechen Sie über Ihr Problem. Das wird auch plötzliche Wutausbrüche verhindern.

Verzerrte Wahrnehmung: **Sie glauben, wenn Sie Kompromisse schließen, werden Sie übervorteilt.**

Hindernis: Sie sind mißtrauisch und unfähig zur Zusammenarbeit.

Ergebnis: Sie tendieren dazu, Verhandlungen nur aus der Perspektive des Gewinnens oder Verlierens zu führen.

Ihre neue Wahrnehmung: Sie werden Ihren Willen viel häufiger durchsetzten, wenn Sie zur Zusammenarbeit und zum Kompromiß bereit sind.

Ihr erster Zug: Werden Sie sich klar darüber, welches Ergebnis Sie erzielen wollen. Ist es realistisch? Sind Sie im Ergebnis mit einbezogen? Wichtig ist, herauszufinden, was Sie zufriedenstellen würde, nicht, was den Säbelzahntiger befriedigen wird.

Hindernis: Ihr Säbelzahntiger wird das Verfahren boykottieren, indem er Ihnen vorrechnet, was Sie durch einen Kompromiß alles nicht bekommen.

Ihr Gegenzug: Das Ziel Ihrer Verhandlungen ist das Ergebnis, allein darauf sollten Sie sich konzentrieren. Dem Säbelzahntiger befehlen Sie, sich rauszuhalten.

Beginnen Sie nun selbst, indem Sie ein Hindernis beschreiben. Gehen Sie dann der Frage nach, zu welchen Folgen dieses Hindernis führte. Was wird Ihr erster Zug sein? Wo hat der Säbelzahntiger Fallstricke ausgelegt? Sie werden ihn mit einfallsreichen Gegenmanövern schon austricksen.

Verzerrte Wahrnehmung:

Hindernis:

Ergebnis:

Ihre neue Wahrnehmung:

Ihr erster Zug:

Mögliche Fallen:

Ihr Gegenzug:

Während Sie die Spielanleitung mit Leben zu füllen versuchen, können natürlich Probleme auftauchen, die Sie zu einem Zwiegespräch mit Ihrem Säbelzahntiger nutzen sollten. Es werden weitere Hindernisse auftauchen, die Sie dann Zug um Zug ausräumen können.

Zwingen Sie den Säbelzahntiger durch Ihr neues Verhalten zum Rückzug!

- Was auch immer Sie tun – werden sie ruhiger.
- Reagieren Sie auf Probleme nicht, indem Sie sich ärgern oder Aggressionen aufbauen, sondern versuchen Sie die Probleme zu lösen.
- Wenn Sie den Motiven anderer mißtrauen, fordern Sie unbedingte Klarheit von Ihrem Gegenüber.
- Brisante Angelegenheiten werden nur besprochen, wenn Sie ruhig und entspannt sind, egal ob im Büro oder zu Hause.
- Gehen Sie ausweglosen Situationen aus dem Weg. Deswegen brauchen Sie sich nicht als Verlierer zu fühlen.
- Bevor Sie handeln – nachdenken.
- Ziehen Sie sich nach einem Streit mit Ihrem Partner zunächst zurück, und klären Sie die Dinge, wenn Sie sich wieder beruhigt haben.
- Vermeiden Sie, sich über andere Menschen zu ärgern. Das schadet Ihrer Gesundheit.
- Regen Sie sich beim Autofahren nicht über andere Fahrer auf, schalten Sie statt dessen lieber beruhigende Musik im Autoradio ein.

4 Der Innere Ankläger

Vollkommenheit ist gerade gut genug

Sie nehmen an einer Sitzung teil, auf der ein Tagesordnungspunkt kontrovers diskutiert wird. Sie gedenken sich mit einem Beitrag zu beteiligen, doch wann immer Sie sich melden wollen, beginnt Ihr Herz heftig zu pochen. Sie spüren, wie Ihnen die Röte ins Gesicht steigt und wie unsichtbare Gewichte an ihrem Arm hängen. Als Ihr Arm schließlich doch nach oben schnellt und Sie aufgerufen werden, beginnen Sie mit folgenden Worten: »Es mag ja eine dumme Frage sein, aber ...«

Ob die Frage wirklich so dumm ist? Das sie es ist, hat Ihr Innerer Ankläger, die unerbittlichste aller Streßpersönlichkeiten, entschieden. Für ihn ist Selbstkritik das Maß der Dinge. Schon morgens treibt er Sie unfreundlich aus dem Bett: »Raus, du Faultier. Nur durch mich kommst du doch überhaupt aus dem Bett.« Eine seiner Hauptaufgaben ist es, Schwachstellen zu finden. Deshalb bekommen Sie auch ständig zu hören, was Sie schon wieder falsch gemacht haben. Er würde Ihnen niemals mitteilen, daß Sie etwas richtig gemacht haben, denn absolut vollkommen werden Sie nur, wenn Sie permanent kritisiert werden. Sein Leitbild ist die absolute Vollendung, und alles, was diesem Standard nicht entspricht, bezeichnet er als Mißerfolg. Jedem neuen Bemühen muß von Anfang an die Vollkommenheit innewohnen. Dies bringt Ihr Innerer Ankläger etwa so zum Ausdruck: »Wenn du nach deiner ersten Gitarrenstunde nicht wie Andrés Segovia spielen kannst, brauchst du dich eigentlich nicht weiter zu bemühen.«

Was auch immer Sie tun, Sie sind nie gut genug. Der Innere Ankläger wird Sie immer schuldig sprechen, und er bestraft Sie mit Hoffnungslosigkeit, Verzweiflung, Selbstverachtung und Niedergeschlagenheit. Denn seine feste Überzeugung ist: Je schlechter Sie über sich selbst denken, desto mehr strengen Sie sich an, vollkommen zu werden. Da Sie Ihren Inneren Ankläger aber niemals werden zufriedenstellen können, geraten Sie ins Wanken. Denn der überzogene Anspruch lähmt Sie und raubt Ihr Selbstvertrauen. Warum sollten Sie sich anstrengen, wenn das Versagen schon vorauszusehen ist? Wenn wichtige Entscheidungen wie ein Arbeitsplatzwechsel, eine Beförderung oder gar die Vermählung mit Ihrer Angebetenen anstehen, sind Sie für die Anschuldigungen Ihres Inneren Anklägers besonders empfänglich. Der Versuch Ihres Inneren Anklägers, Sie vor dem eigenen Versagen zu schützen, raubt Ihnen schließlich jede Risikobereitschaft.

Dabei sind viele dieser vermeintlichen Risiken, vor denen Ihr Innerer Ankläger Sie schützen will, kaum der Rede wert. Stellen Sie sich beispielsweise vor, Sie machen Urlaub in einem Winterskigebiet. Sie finden alles vor, was Sie sich gewünscht haben: das beheizte Schwimmbad draußen im Schnee, die Sauna und eine Schlittschuhbahn. Sie verabreden sich mit Ihren Freunden zum Schlittschuhlaufen, und obwohl Sie seit zwanzig Jahren nicht mehr auf Schlittschuhen gestanden haben, freuen Sie sich darauf. Als Sie die Halle betreten, sehen Sie als einzige Person auf dem Eis eine anmutige und vollendete Eiskunstläuferin. In diesem Moment hören Sie die warnende Stimme Ihres Inneren Anklägers, der es Ihnen verbietet, gemeinsam mit dieser Frau auf dem Eis zu stehen und daneben wie ein Trampel auszusehen. Ihre anfängliche Begeisterung löst sich schlagartig in Luft auf. Sie erklären Ihren Freunden, daß sie eigentlich gar keine Lust hätten, Schlittschuh zu laufen. Ihre Freunde lassen sich davon aber nicht beirren, der einzige, der schließlich gelangweilt an der Bande steht und zusieht, sind Sie.

Das Leben bietet viele glänzende Gelegenheiten – Ihr Innerer Ankläger wird Sie Ihnen allesamt vermasseln. Ob Sie den Rucksack für die Bergtour packen sollen oder es Zeit wird, sich eine neue Arbeitsstelle zu suchen: Alles, was außerhalb Ihrer täglichen Routine liegt, empfinden Sie als zu schwierig.

Zu den deutlichen Anzeichen für die Dominanz des Inneren Anklägers gehört beispielsweise ein völlig verunsichertes Auftreten: »Für diese Rede bin ich sicherlich nicht der Beste. Ich kann gerne sagen, was ich weiß – viel ist das aber gerade nicht.« Auch der kleinste Schönheitsfehler wird vom Inneren Ankläger sofort entdeckt. So fällt für ihn selbst das schönste Restaurant noch durch, wenn nicht auch die Garnitur auf den Tellern aus erlesenen Zutaten besteht. Der Innere Ankläger wird mit seinem harten Urteil nicht den kleinsten Bereich Ihres Lebens verschonen. Dagegen sollten Sie sich zur Wehr setzten. Denn wer immer nur die schlechten Seiten des Lebens sieht, kann schwerlich die angenehmen Seiten genießen. Ein guter Anfang ist bereits getan, wenn Sie versuchen zu verstehen, woher der Innere Ankläger kommt und warum er solche Macht über Sie gewinnen konnte.

Vielleicht haben Sie als Kind nicht genügend Liebe und Aufmerksamkeit von Ihren Eltern bekommen. Kinder erleben ihre Eltern immer als allmächtig. Wenn Eltern sie permanent kritisieren, fühlen Kinder sich schnell in ihrer Schuld. Von da an wird der Innere Ankläger zum ständigen Begleiter des Kindes. Wann immer es meint, etwas gut und richtig zu machen, taucht der Innere Ankläger auf: »Fühlst du dich denn sicher und geborgen? Nein? Dann bist du nicht vollkommen genug. Was mit dir nicht stimmt? Nun, du kannst nicht malen, du wirst nie so sportlich wie dein Vater sein, und deine Mutter mochte deine krausen Haare noch nie...« Als Kind nehmen Sie fasziniert zur Kenntnis, wie er auch die kleinsten Schönheitsfehler entdeckt und zur Korrektur mahnt. Und dann versuchen Sie, wunderbar zu malen, obwohl Sie es nicht können, betreiben Sport ohne jeden Erfolg und versuchen sich die krausen Haare glatt zu bürsten. Wenn Ihre Eltern dieses Verhaltensmuster unterstützen, haben Sie den Inneren Ankläger für den Rest Ihres Lebens am Hals.

Bereits bei Schulkindern läßt sich die Anlage zu einem solchen Verhalten beobachten. Eine junge Lehrerin bestätigte dies: »Diesen Dämon des Inneren Anklägers spüre ich immer wieder. Die Kinder wollen nicht mehr in die Schule gehen. Sie hassen den Unterricht oder den Lehrer, und ich weiß, daß sie diese Haltung von Hause aus mitbringen.«

Ein gutes Beispiel dafür ist die elfjährige Nora. Offensichtlich hatte sie große Schwierigkeiten im Fach Mathematik, und die Lehrerin Frau Bäcker machte sich Sorgen darüber. Selbst nach vielen zusätzlichen Nachhilfestunden wurden die Ergebnisse der Klassenarbeiten nicht besser. Die Lehrerin sprach mit Noras Mutter. Deren häufigste Feststellung war, Nora könne »einfach kein Mathe«. Sie teilte der Mutter ihre Beobachtung mit, daß Nora sich oft selbst mit kritischen Bemerkungen abwertete. Der Einschätzung der Lehrerin, Nora sei ein kluges Kind, widersprach die Mutter energisch. Sie würde sich über Noras Probleme mit Mathematik nicht wundern. Nora sei – wie sie – einfach kein Mensch für Zahlen, und sie würde – wie sie – es eben einfach nicht lernen. Sie hätte noch einen Sohn, der sei ein echtes Mathe-Genie. Aber Nora, nein… Der Versuch der Lehrerin, Noras angeschlagenes Selbstbewußtsein mit einem weiteren Nachhilfelehrer wieder aufzubauen, scheiterte an den Einwänden der Mutter.

Ein typisches Beispiel, wie der Innere Ankläger von der Mutter auf die Tochter, von einer Generation auf die nächste übertragen wird. Dieser unnachgiebige und bestrafende Teil der Persönlichkeit verursacht sehr viel Streß, und da Nora die Kritik der Mutter an ihr als eine wahre und stabile Größe verinnerlicht hat, wird sie diesen Streß dauerhaft erleiden. Ihr Selbstbild wird so bleiben, wie es ist, egal ob sie ihre Mutter verläßt, die Schule oder den Arbeitgeber wechselt. Erst wenn Nora begreift, daß weder ihr Überleben noch ihr Selbstverständnis von der Anerkennung anderer abhängen, wird sie sich von ihrer verzerrten Wahrnehmung befreien können.

Unter einem Inneren Ankläger leidende Menschen glauben, nur geliebt zu werden, wenn sie vollkommen sind. Dieser Zwang zur Perfektion ist die Quelle für ständigen Streß. Unvollkommenheit und Fehlerhaftigkeit liegen aber nun mal in der menschlichen Natur, und so hat der Innere Ankläger leichtes Spiel. Auch wenn er nur mit einer bestimmten Leistung nicht zufrieden ist, bezieht sich sein Urteil doch auf die ganze Persönlichkeit. Nur die Fehler zählen, der Erfolg ist nichts, statt positiver Lernerfahrungen gilt nur der Mißerfolg.

Viele Menschen behaupten, den Inneren Ankläger zu brauchen, um nicht in Selbstzufriedenheit zu erstarren. Was diese Menschen benötigen, ist aber nicht der Innere Ankläger, sondern ihren Besseren Ratgeber. Der Bessere Ratgeber sieht nämlich beides: Was schiefgelaufen und was gutgegangen ist, und über die Arbeit an den Schwächen vergißt er nicht, die Stärken zu betonen.

Erinnern Sie sich, wann Sie zum letzten Mal einen Fehler gemacht haben. Wie haben Sie sich dabei gefühlt? Wer sich selbst durch die Brille des Inneren Anklägers sieht, fühlt sich bestürzt, beschämt, beunruhigt oder hilflos. Wer den Besseren Ratgeber an seiner Seite hat, ist aufgeschlossen und steckt voller Einfälle, wie aus dem Fehler zu lernen und das Ergebnis zu verbessern ist.

Finden Sie heraus, welche charakteristischen Verhaltensweisen Ihren Inneren Ankläger auszeichnen.

Anhand der Antworten auf die folgenden Fragen können Sie herausfinden, welche Eigenschaften Ihren Inneren Ankläger auszeichnen. Sie haben jeweils fünf Auswahlmöglichkeiten. Die jeweilige Ziffer sollten Sie auf der Linie eintragen, die neben der Frage steht. Am Schluß zählen Sie die Zahlen zusammen und schreiben den Wert auf die unter den Fragen stehende Linie. Fragen, die Sie mit 6 oder 8 Punkten versehen, sollten Sie besonders gewissenhaft prüfen. Wenn Sie mehr als 48 Punkte erreichen, scheint Ihr Leben deutlich von einem Inneren Ankläger dominiert zu sein.

(Nahezu immer=8) (Häufig=6) (Manchmal=4) (Gelegentlich=2) (Nie=1)

1. ...... Lassen Sie sich beim Bewältigen einer neuen Aufgabe leicht entmutigen?
2. ...... Konzentrieren Sie sich bei einer Bewertung nur auf das Negative und übersehen das Positive?
3. ...... Sind Sie der Meinung, andere ließen sich am besten motivieren, wenn man ihnen ihre Fehler vorhält?
4. ...... Haben Sie Angst vor Prüfungen? Können Sie Ihre Ideen zu Papier bringen?
5. ...... Neigen Sie dazu, sich zu verteidigen und zu rechtfertigen, wenn Ihre Arbeit überprüft wird?
6. ...... Sind Sie anderen gegenüber kritisch?
7. ...... Fühlen Sie sich für eine festgefahrene Beziehung verantwortlich?
8. ...... Scheuen Sie sich aus Mangel an Selbstvertrauen vor neuen Risiken und Aufgaben?
9. ...... Beurteilen Sie sich selbst mit Begriffen wie »dumm«, »einfältig« oder »blöd«?
10. ...... Fällt es Ihnen schwer, Komplimente entgegenzunehmen?
11. ...... Wie häufig sagen Sie »Ich kann das nicht«, »Ich gebe auf«?

...... Gesamt

0 48 96

Der Innere Ankläger und Ihre Freunde

Es gibt viele Wege, seine Freunde zu verlieren. Wer sich seiner Sache aber sicher sein will, sollte der Stimme des Inneren Anklägers über seine Freunde folgen. Glauben Sie nur nicht, er würde sich mit seiner Kritik nur auf Sie selbst beschränken. Jeder Ihrer Freunde wird für das geringste Vergehen unerbittlich vor den Richter gezerrt. Das harte Urteil trifft jeden, denn wer sucht, der findet: Den Freund, dessen Hund beim Abendessen unterm Tisch sabbert, oder den jüngst geschiedenen Schwager, der sich mit Studentinnen aus seinen Seminaren trifft. »In seinem Alter!« wird Ihr Innerer Ankläger zornig bemerken. Oder es trifft die freundliche und hilfsbereite Nachbarin, bei der allerdings so viele Männer ein- und ausgehen, daß Sie schon überlegt haben, Eintrittskarten vor ihrer Haustür zu verkaufen.

Die Suche nach den vollkommenen Freunden setzt sowohl Sie als auch Ihre Freunde unter einen enormen Druck. So braucht ein Teil in Ihnen die Nähe dieser Menschen, ein anderer Teil aber verdirbt es sich mit ihnen, weil sie ja nicht gut genug sind. So geht es immer weiter, bis schließlich keiner Ihrer Mitmenschen vor den kritischen Augen Ihres Inneren Anklägers mehr Bestand hat. Auch neue Freunde werden natürlich den unerbittlichen Ansprüchen Ihres Inneren Anklägers nicht genügen. Und so werden Sie irgendwann die Suche nach fehlerfreien Freunden aufgeben, zu Hause fernsehen und sich das Bier und die Chips mit Ihrem Inneren Ankläger teilen.

Es gibt nichts Langweiligeres, als jemandem zuzuhören, der sich selbst und andere ständig schlechtmacht. Wer sich selbst immer in ein schlechtes Licht stellt, braucht sich nicht darüber zu wundern, wenn andere ihn genau so sehen.

Lassen Sie es nicht so weit kommen. Freundschaften bedürfen der Pflege, dabei ist Ehrlichkeit oberstes Gebot, denn Ihre Freunde werden merken, ob Sie es ernst meinen. Sie werden auch spüren, wenn Sie neidisch sind, auch wenn Sie es noch so gut zu verstecken glauben. Doch solange Sie nicht mit sich selbst im reinen sind, werden Sie selbst Ihrem besten Freund sein Glück neiden.

Ihre Freundin Claudia erzählt Ihnen beispielsweise über ihre jüngste berufliche Entwicklung. Sie scheint den Durchbruch geschafft zu haben: »Nach diesem Job habe ich mein Leben lang gesucht. Ich werde viel reisen und kann die meisten meiner Vorstellungen auch umsetzen. Ich mußte es dir einfach sofort erzählen, und weißt du, was das beste ist? Ich werde sogar noch gut bezahlt.«

»Wie schön«, bringen Sie mit einem eisigen Lächeln heraus, »ich freue mich für dich.« Aber Sie freuen sich nicht, und man merkt es Ihnen an. Ihre Stimmung sinkt immer weiter in den Keller, je begeisterter Ihre Freundin von Ihren Plänen erzählt. Zu guter Letzt fühlen Sie sich mutlos und niedergeschlagen.

Bei einem Vergleich mit anderen wird Ihr Innerer Ankläger vor allem auf Ihre Mängel abheben. Es ist ihm auch egal, daß Sie und Ihre Freundin Claudia zwei grundverschiedene Individuen mit jeweils eigenen Lebenswegen sind. Er wird immer hinter Ihnen stehen und Sie schlecht beraten. Aber schärfen Sie ihm ein, daß die Erfolge oder Mißerfolge anderer nichts mit Ihren eigenen zu tun haben.

Kommt es in einer Freundschaftsbeziehung zu einem Streit, wird der Innere Ankläger sofort Ihnen alle Schuld in die Schuhe schieben. Aber zu einem Streit gehören immer zwei, und nur beide Parteien können den Konflikt gemeinsam lösen. Sie wiederholen mit Ihrem Schuldeingeständnis Gefühle aus Ihrer Kindheit: Ich bin es, der etwas falsch macht, denn alle anderen sind ja so vollkommen. Und wieder einmal ziehen Sie im Vergleich mit anderen den kürzeren – Ihr Innerer Ankläger triumphiert.

Die Schuldzuweisung des Inneren Anklägers geht aber noch weiter. Selbst wenn Dinge, die außerhalb Ihres Einflußbereichs liegen, schiefgehen, wird er Ihnen die Schuld geben: Sie laden Freunde zu einem Picknick ein, und es regnet. Sie gehen mit Freunden ins Kino, und der Film entpuppt sich als furchtbar langweilig. Warum haben Sie auch vorher die Kritiken nicht gelesen?

Eine besonders schlechte Angewohnheit des Inneren Anklägers ist es, hinter dem Rücken von anderen zu tratschen. Sobald Sie diese Versuchung spüren, sollten Sie sich von Menschen fernhalten, die dafür bekannt sind, dreckige Wäsche zu waschen. Ihr Innerer Ankläger schätzt es nämlich sehr, selbst über enge Freunde zu tratschen. Anstatt Ihre Freunde in die Pfanne zu hauen, sollten Sie lieber Ihren Inneren Ankläger in die Wüste schicken.

Der Innere Ankläger und Ihr Partner

Um endlich mal wieder neue Menschen kennenzulernen – vor allem einen interessanten Mann –, beschließen Sie, der Einladung zu einer Party zu folgen. Und siehe da, schon haben Sie ein attraktives Opfer erspäht. Von seinem sympathischen Lachen, seiner aufgeschlossen Art und seinem liebenswerten Umgang sind Sie sofort eingenommen. Ihr Interesse fällt einer Bekannten auf, die Ihnen bereitwillig Informationen über ihn zusteckt. Sein Name ist Durian, und er schreibt als Journalist gerade an einem Reiseführer. Genügend Gründe, sich vorzustellen, finden Sie, da Sie ja selbst Hobbyschreiberin sind. Als Sie zu ihm hinüberschlendern, hören Sie plötzlich die Stimme Ihres Inneren Anklägers: »Was ist denn mit dir los? Der wird sich doch nicht für deine erbärmlichen Schreibversuche interessieren. Außerdem hätte er dich eigentlich ansprechen müssen. Warum wohl ist er nicht auf dich aufmerksam geworden? Du wirst dich doch nicht etwa an ihn ranschmeißen wollen?«

Sie kennen das schon. Ihr Innerer Ankläger hat wieder einmal dazwischengefunkt. Also setzen Sie sich zu jemanden, der völlig verschüchtert ganz alleine in einer Ecke sitzt, und spielen den Alleinunterhalter. Nach einer Weile sehen Sie dann den Mann Ihrer Träume die Party mit einer anderen verlassen. Verärgert, enttäuscht und niedergeschlagen brechen Sie nun auf. Ihr Innerer Ankläger triumphiert: »Momentan bist du für eine Beziehung nicht gut genug. Vielleicht wenn du zehn Pfund abgenommen und endlich mal eine Geschichte veröffentlicht hast. Aber jetzt kannst du froh sein, wenn mit dir überhaupt mal jemand ausgehen will.«

So richtig konnten Sie sich ja noch nie vorstellen, warum sich jemand ausgerechnet in Sie verlieben sollte. Wer mit einem solchen Selbstwertgefühl eine Beziehung eingeht, wird schnell zum Gefangenen seiner selbst. Viele mißhandelte Frauen sind traurige Beispiele dafür. So erzählte uns eine Frau, daß sie und ihr neunjähriger Sohn seit Jahren mit einem Mann zusammen leben würden, der sie nicht nur regelmäßig schlagen, sondern auch ihr Leben bedrohen würde. Auf die Frage, warum sie denn bei ihm bleiben würde, antwortete sie, daß sie ein paarmal versucht habe, ihn zu verlassen, sich aber einfach nicht vorstellen könne, ohne einen Mann zu leben. Sie würde sicherlich auch keinen besseren finden.

Wer sich ein Leben ohne Partner nicht vorstellen kann, ist allzu häufig bereit, nur um nicht alleine zu sein, entwürdigende Demütigungen hinzunehmen. Dieser Haltung liegt der Glaube zugrunde, sich glücklich schätzen zu können, überhaupt jemanden zu haben. »Irgendeiner ist besser als keiner« ist das Motto des Inneren Anklägers. Dabei wäre die einzige vernünftige Alternative, so lange allein zu leben, bis man den Partner gefunden hat, mit dem man wirklich zusammenleben will.

Aber auch mit der genau entgegengesetzten Masche treibt der Innere Ankläger sein Unwesen. Die Falle heißt dann statt »Der nächste beste ist gerade gut genug«, »Für mich ist keiner gut genug«. In diese Falle tappt, wer anderen gegenüber genauso kritisch ist wie gegenüber sich selbst. Potentielle Partner werden den unerreichbaren Ansprüchen Ihres Inneren Anklägers niemals gerecht. Unter solchen Voraussetzungen können Sie sicher sein, nie einen passenden Partner zu finden.

Darüber hinaus ist der Innere Ankläger darauf spezialisiert, das Sexuallleben selbst in einer glücklichen Beziehung mit Selbstzweifeln zu torpedieren. Er kritisiert die von Ihnen praktizierten Liebestechniken und stellt nur mangelhafte Zeugnisse aus. Vielleicht kommt Ihnen folgender Dialog ja bekannt vor:

»Ich finde nicht, daß du besonders gut im Bett bist«, kritisiert Sie Ihr Innerer Antreiber.

»Vielleicht solltest du dich einmal mit einigen ausgefallenen Stellungen vertraut machen, damit du nicht so langweilig bist.«

Dunkel erinnern Sie sich zwar an die betörenden Worte Ihres Liebhabers und seiner Vorgänger, die Ihnen genau das Gegenteil bescheinigen, aber Ihr Innerer Antreiber fährt Ihnen erneut in die Parade.

»Was soll denn das heißen? Dein Liebhaber bemüht sich doch nur, höflich zu sein.«

Der Innere Ankläger ist bekannt dafür, häufig Probleme zu schaffen, wo keine sind. Das sollten Sie vor der Anmeldung zu Ihrem nächsten Tantra-Kurs bedenken. Warum sollten Sie denn Ihr Sexualleben ändern, wenn Sie und Ihr Partner zufrieden sind? Und sollte Ihnen wirklich etwas fehlen: Reden Sie darüber. Der Umgang mit Sexualität erfordert Ehrlichkeit, Offenheit und einen gegenseitigen Austausch. Den Inneren Antreiber verjagen Sie am besten durch direkte Verständigung, denn wer seine Ängste und Zweifel offen anspricht, wird ihm das Forum für seine diffusen Beschuldigungen nehmen.

Werden beide Partner von ihren Inneren Anklägern beherrscht, liegen die Dinge etwas komplizierter. Solche Beziehungen sind häufig von Schwermut, Aussichtslosigkeit und Hoffnungslosigkeit geprägt. Selbst positive Verhaltensänderungen bei einem der Partner stellen für den anderen eine Bedrohung dar. So wird beispielsweise der Wunsch der Frau, abzunehmen, bei ihrem Mann nicht sonderlich auf Gegenliebe stoßen, denn sie würde ja plötzlich wieder attraktiv und sexy aussehen. Vielleicht werden sogar andere Männer auf sie aufmerksam. Der einzige Grund, warum sie es überhaupt so lang mit ihrem Mann ausgehalten hat, bestand doch darin, daß sie ja sowieso keinen anderen abbekommen würde. Das jedenfalls flüstert der Innere Ankläger dem Betreffenden ein.

In einem unserer Seminare widersetzte sich eine Ehefrau beständig unserem Vorschlag, eine Sexualtherapie zu besuchen. Obwohl Sie unter der Impotenz ihres Mannes litt, redete sie sich mit dem Hinweis auf die Peinlichkeit einer solchen Therapie heraus. Erst als sie gelernt hatte, sich selbst kritisch zu hinterfragen, kam sie auf den wahren Grund zu sprechen: Sie hatte Angst, ihren Mann im Anschluß an die Wiedererlangung seiner Potenz an eine andere Frau zu verlieren.

Eine Beziehung hat nur dann eine Chance auf Bestand, wenn die Partner bereit sind, Veränderungen zuzulassen. Der Innere Ankläger wird solchen Veränderungen heftigen Widerstand entgegensetzen. Doch wer permanent Angst hat zu versagen, eine neue Arbeitsstelle, ein neues Hobby oder andere Herausforderungen immer wieder ablehnt, wird seinen Partner schnell langweilen. Die eigene Unzufriedenheit über diesen Zustand schließt den vom Inneren Ankläger initiierten Teufelskreis. Er wirkt wie ein schleichendes Gift. Nehmen Sie also die Zügel in die Hand – nur dann können Sie frei entscheiden, wohin das Pferd läuft.

Der Innere Ankläger als Chef

Schon ohne den Druck des Inneren Antreibers ist die Arbeit eines Managers oder eines Vorgesetzten aufreibend genug. Sitzt er Ihnen im Nacken, wachsen Ihre Ansprüche in den Himmel, und Ihre Angestellten sitzen auf Schleudersitzen. Weder Sie noch Ihre Mitarbeiter werden je einen Funken Anerkennung durch Ihren Inneren Antreiber erfahren, so sehr sie sich auch anstrengen mögen. Wie zufriedenstellend gut gemachte Arbeit sein kann, werden Sie durch seinen unersättlichen Anspruch auf Vollkommenheit nie erfahren. Und wenn Sie schon nicht in der Lage dazu sind, wie sollen es dann Ihre Angestellten jemals sein? Die Finanzbuchhalterin Martha brachte das Problem uns gegenüber auf den Punkt:

»Ich hatte den Anspruch, vollkommen zu sein. Dabei quälte ich nicht nur mich, sondern erwartete auch von meinen Mitarbeitern, daß sie meine Vorstellungen teilten. In meiner letzten Beurteilung wurde mir vorgeworfen, ich würde von den Leuten mehr verlangen, als sie geben könnten. Ich dachte immer, viel zu arbeiten sei eine Tugend, und hatte ein Prämiensystem erdacht, um sie noch mehr anzuspornen. Aber mein Vorgesetzter war da anderer Ansicht. Er meinte, ich ginge zu hart mit den Mitarbeitern um, und forderte mich auf, meine Haltung noch einmal zu überdenken. Am darauffolgenden Tag traf ich eine Kollegin, die mich fragte, wie es denn meinen Mitarbeitern gehe. Ich hatte ja keine Ahnung, daß sie unter mir litten. Später hat mir die Kollegin dann erzählt, wie sehr sich meine Mitarbeiter bei ihr über den unerbittlichen und freudlosen Umgangston beschwert hatten. Aus Angst vor Kündigungen hatten sie sich nicht getraut, mir das zu sagen.

Zunächst war ich tief getroffen, aber dann mußte ich meiner Kollegin recht geben. Dabei sind meine Leute absolute Spitzenklasse. Das sind die Folgen, wenn man den Inneren Ankläger die Maßstäbe im Büro setzen läßt.«

Um ein Unternehmen oder eine Abteilung zu leiten, bedarf es sowohl Disziplin als auch Flexibilität. Als Chef oder Vorgesetzter obliegt es Ihnen, zwischen beiden Polen ein Gleichgewicht herzustellen. Mit Fingerspitzengefühl und Sachlichkeit kann Ihnen dieser Drahtseilakt gelingen. Nicht so, wenn Ihr Innerer Ankläger die Regie übernimmt. Dann werden Sie von Ihren Mitarbeitern entweder dauerhaft enttäuscht sein, oder Sie fühlen sich provoziert. Das Problem besteht darin, einerseits Ihren Angestellten auf konstruktive Weise mögliche Versäumnisse vorzuhalten, andererseits sie für ihre Erfolge zu loben und zu unterstützen. Ihr Innerer Ankläger wird Fehler jedoch in entmutigender Weise bloßstellen: »Was war denn heute morgen mit Ihnen los? Sie haben wohl auf der Schulung gar nichts gelernt?« Produktiver im Sinne aller wäre eine Reaktion wie diese: »Sie sollten das nächste Mal schneller auf den Punkt kommen. Sprechen Sie mich ruhig an, wenn Sie Hilfe brauchen.«

Ihr Innerer Ankläger hinterfragt viel, bietet aber keine Lösungen an. Initiativen werden durch seinen Pessimismus schon im Ansatz erstickt, die Motivation, die Begeisterung und der Einfallsreichtum Ihrer Mitarbeiter erhalten ein ums andere mal einen herben Dämpfer. Für Sie steht bei geplanten Innovationen grundsätzlich das Risiko zu scheitern im Vordergrund, nicht die Chance zum Fortschritt.

Sie sind in einem erfolgreichen Unternehmen in verantwortlicher Stellung tätig. Es werden zwei neue Abteilungen eingerichtet, denen sie vorstehen sollen. Schon seit geraumer Zeit freuen Sie sich auf diese Herausforderung. Mehrfach sind Sie die Umorganisation im Geiste durchgegangen, und Sie sind sicher, mit der neuen und gewachsenen Verantwortung umgehen zu können. Aber nun, da der neue Aufgabenbereich direkt vor Ihnen liegt, taucht Ihr Innerer Ankläger auf und untergräbt Ihr Selbstvertrauen.

»Ich muß meine neue Arbeit jetzt in Angriff nehmen, denn auf diese Gelegenheit habe ich lange gewartet.«

Einspruch Ihres Inneren Anklägers: »Woher bist du so sicher, daß du mit dieser neuen Arbeit zurechtkommst? Solltest du deine bisherige Arbeit wirklich gegen eine solche Aufgabe eintauschen?«

»Was soll denn das? Ich habe doch das neue Abrechnungssystem vorgeschlagen.«

»Es gab für dich zuvor nichts Vergleichbares. Außerdem bedeutet das ja noch nicht, daß du auch mit einer solch kreativen Arbeit zurechtkommst. Sieh doch den Tatsachen ins Auge. Du bist nicht der große einfallsreiche Denker.«

Jetzt hat der Innere Ankläger Sie fest im Griff: Sie fühlen sich entmutigt: »Warum habe ich nur diesen Vertrag unterschrieben. Ich wünschte, ich hätte meine alte Stelle wieder.«

Und nun versetzt der Innere Antreiber Ihnen den Gnadenstoß: »Das, mein Lieber, hättest du dir eher überlegen müssen. Jetzt bleibt dir keine andere Wahl, als einen Hanswurst aus dir machen zu lassen. Du hättest deine Grenzen kennen sollen.«

Es gibt aber noch eine weitere charakteristische Eigenart des Inneren Anklägers: Er wird mit seiner Präsenz Ihre Lernfähigkeit blockieren. Wir wollen das an einem Beispiel erläutern. Nach der Präsentation des Marketingplans für das kommende Jahr treffen Sie sich mit Ihrem Vorgesetzten. Er ist zwar von Ihren Vorschlägen hingerissen, hat aber einige durchaus passende Ergänzungen. Ihr Innerer Ankläger wird Sie mit der Frage konfrontieren, warum Sie nicht selbst auf diese Ideen gekommen sind, denn er erwartet schließlich, daß Sie einfach alles wissen.

Verabschieden Sie sich also von der Vorstellung, vollkommen zu sein oder alles wissen zu müssen. Der Innere Ankläger hat in Ihrer inneren Organisation als Chef nichts verloren.

Der Innere Ankläger als Angestellter

Es ist wieder einmal Zeit für die Jahresbeurteilung, und Sie sind auf dem Weg ins Büro Ihrer Vorgesetzten. Schon im Vorzimmer warnt Sie eine innere Stimme vor einer möglicherweise schlechten Beurteilung. Als Sie das Büro Ihrer Chefin betreten, sind Sie ängstlich und ziemlich niedergeschlagen. Nach der üblichen Begrüßung beginnt sie Ihnen zu erläutern, welche Probleme sie mit Ihrer Beurteilung hat:

»Ihre Leistungen sind zufriedenstellend. Die Umsatzzahlen sind gegenüber dem vergangenen Jahr gestiegen, und die Konzepte sind durchdacht. Sie kommen mit den anderen gut klar und – ach ja, ich wollte mit Ihnen über Ihre schriftlichen Berichte sprechen. Wir haben ja ein neues System eingeführt, und damit haben viele Angestellte noch Schwierigkeiten. Offensichtlich geht es Ihnen auch so, denn Sie benutzen immer wieder die alte Form. Lesen Sie sich doch einmal unsere neuen Anweisungen für die Abfassung der Berichte durch, und vergleichen Sie sie mit Ihren alten Berichten. Dann wird es in Zukunft schon klappen. So, und nun wollen wir uns mal Ihre prognostizierten Verkaufszahlen für das nächste Jahr ansehen. Ich würde sagen, da haben Sie eine sehr gute und richtige Einschätzung vorgenommen. Ich werde Sie für eine Gehaltserhöhung vorschlagen.«

Ihre Vorgesetzte lächelt Sie an und fragt, ob Sie dazu noch Stellung nehmen wollen. »Nein, nein«, antworten Sie hastig – und verlassen das Büro mit dem Gefühl, unfähig zu sein. Auf dem Gang treffen Sie zwei Kollegen, die fragen, wie das Gespräch gelaufen sei. »Schrecklich«, ist Ihre Antwort. »Ich kann einfach keine guten Berichte schreiben.«

Ihr Innerer Antreiber verhöhnt Sie: »Du Dummerchen, warum hast du denn die Anweisungen nicht gelesen? Du bist faul und nichtsnutzig.« Wie ein Filter läßt er nur Kritik an Ihr inneres Ohr vordringen, Lob hingegen ignoriert er.

Der Innere Ankläger boykottiert darüber hinaus auch gerne jeden Versuch, sich beruflich zu verändern. Davon konnte uns beispielsweise Marita ausführlich berichten:

»Ich habe fünf Jahre lang als Sekretärin gearbeitet. Dann wurde kürzlich in einer anderen Abteilung die Stelle einer Assistentin frei. Auf so eine Chance hatte ich schon lange gewartet, denn in unserer Abteilung konnte ich nicht weiterkommen. Als ich mich bewerben wollte, riet mir eine innere Stimme davon ab: Ich hätte nicht genügend Erfahrung. Das hat mich völlig verunsichert, und so habe ich dann die Bewerbung verworfen. Etwa eine Woche später hat mich dann mein Chef gefragt, warum ich mich denn nicht auf diese Stelle beworben hätte. Alle seien der Meinung gewesen, daß ich die ideale Kandidatin dafür gewesen sei. Aber nun sei die Stelle leider schon anderweitig besetzt. Und um dem die Krone aufzusetzen, soufflierte mir meine innere Stimme auch noch, daß ich mit meiner schlechten Zeiteinteilung sowieso nichts erreicht hätte.«

Eine neue Aufgabe bringt auch neue Anforderungen mit sich. Und nicht jeder kann die vielen neuen Eindrücke sofort verarbeiten. Ihr Innerer Antreiber aber meint, daß Sie alles gleich von Anfang an wissen und auf keinen Fall dumme Fragen stellen sollten. Wer aber keine Fragen stellt, wird sich in einen neuen Aufgabenbereich nicht einarbeiten können. Ihr Innerer Antreiber ist also wahrlich keine treibende Kraft. Stellvertretend für viele Seminarteilnehmer hat uns Tobias seine Erfahrungen geschildert:

»Mit Selbstkritik war ich nicht gerade zimperlich. Ich ging mit mir selbst ganz schön hart ins Gericht, weil ich dachte, dann noch mehr und besser arbeiten zu können. Ich bezeichnete mich selbst als einen schwachsinnigen Trottel, der seine Arbeit nicht richtig, nicht schnell genug oder nicht sorgfältig genug erledigte. Je mehr Kritik, dachte ich mir, desto mehr würde ich leisten. Aber das stimmte natürlich nicht. Je mehr ich mich auf meine Fehler konzentrierte, desto mehr lief auch tatsächlich schief. Es war ein Teufelskreis.«

Einen ähnlichen Teufelskreis schilderte uns ein Polizeiobermeister, der jeden Morgen schriftliche Berichte schreiben und weiterleiten mußte:

»Es gibt Morgen, da halte ich es mit mir selbst kaum aus. Kaum ist der Bericht verfaßt, sieht mir mein Innerer Ankläger über die Schulter. Er herrscht mich an, ich könne das unmöglich so weiterleiten, man würde sonst denken, ich sei völlig ungebildet. Also werfe ich den Bericht weg und schreibe einen neuen. Nach einer Stunde ist mein Papierkorb gefüllt mit unbrauchbaren Berichten, jedenfalls nach Einschätzung meines Inneren Anklägers.«

Der Innere Ankläger und Ihre Gesundheit

Im Anschluß an eine Diskussion über psychosomatische Erkrankungen in einem unserer Seminare erzählte uns eine Krankenschwester von ihrer Mutter: Nach anhaltenden Schmerzen im Nackenbereich, deren Ursachen ihr Hausarzt nicht befriedigend erklären konnte, hatte sie schließlich einen Therapeuten aufgesucht, der bekannt dafür war, seine Patienten ganzheitlich zu behandeln. Nach eingehender Untersuchung kam dieser zu dem Schluß, daß der Schmerz psychischer Natur war.

Schmerzen sind tatsächlich häufig psychosomatischer Natur. Achten Sie bei Ihren nächsten Schmerzattacken darauf, in welchen Situationen sie auftreten, was Sie gerade tun oder mit wem Sie sich gerade unterhalten. Streßbedingte und damit aus einer inneren Anspannung heraus entstehende Schmerzen können gelindert werden, wenn erst einmal bekannt wird, zu welcher Kategorie Streßtyp Sie gehören. Der erste Schritt für eine weiterführende Behandlung besteht dann darin, die individuelle Streß-Klippe zu erkennen. An der Streß-Klippe des Inneren Anklägers stehen Sie, wenn Sie dazu neigen, sich permanent selbst zu kritisieren, wenn Sie an Ihren Freunden und an Ihrer Arbeit nur die negativen Seiten sehen, wenn Sie von Gefühlen wie Hoffnungslosigkeit und Niedergeschlagenheit beherscht werden, wenn Sie vor lauter Selbstzweifeln scheuen, weitere Verantwortung zu übernehmen, und wenn Sie bei allem, was Sie tun, nur Vollkommenheit dulden.

Symptomatisch für diese Streßpersönlichkeit sind körperliche Reaktionen wie Rückenschmerzen, Nackenschmerzen, Magenschmerzen, allgemeine Erschöpfung und Müdigkeit. Die zunehmende Niedergeschlagenheit wiegt unter allen Begleiterscheinungen jedoch am schwersten. Der Einfluß des Inneren Anklägers schlägt sich in Stimmungsschwankungen, Verzweiflung, Wehleidigkeit, Pessimismus, Mutlosigkeit, dem Gefühl versagt zu haben, sowie in einem niedrigen Selbstwertgefühl nieder. Die ständige Selbstbestrafung führt über kurz oder lang in einen Zustand der Erschöpfung – kein Wunder, denn wer kann schon aus dem Glauben, ein Versager zu sein, Kraft und Mut schöpfen?

Das Verhalten des Inneren Anklägers summiert sich. Je mehr Ihr Tun von dieser zerstörerischen inneren Stimme zensiert wird, desto mehr laufen Sie Gefahr, körperlich zu erkranken. Beispielhaft dafür soll Willis Geschichte stehen.

Willi war Vorarbeiter und nach dem Tod seiner Frau hatte er seinen damals elfjährigen Sohn alleine großgezogen. Sein Sohn hatte gerade eine Ausbildung begonnen, als er sich bei einem Autounfall schwere Hirnverletzungen zuzog. »Er ist erst nach sechs Monaten aus dem Koma erwacht. Danach hab' ich ihn zu Hause gepflegt. Zwölf Jahre lang habe ich alles getan, um ihn wieder gesund zu bekommen. Ich habe viel Geld ausgegeben, sehr viel geweint, aber ich konnte ihn nicht wieder gesund machen. Heute lebt mein Sohn in einem Heim für Hirngeschädigte. Weil ich ihm nicht helfen konnte, fühlte ich mich schuldig. Jahrelang war ich schwer depressiv, weil ich nicht mehr erreicht hatte und mich für das Schicksal meines Sohnes verantwortlich fühlte. Immer, wenn ich meinen Jungen so im Krankenhaus sah, wünschte ich mir, an seiner Stelle da zu liegen. Schließlich bekam ich dann Schilddrüsenkrebs. Erst nach intensiver medizinischer und psychotherapeutischer Behandlung habe ich mich wieder gefangen. Es dauerte lange, bis ich begriff, daß ich alles Menschenmögliche für meinen Sohn getan hatte. Dann konnte ich Gottes Plan annehmen. Heute scheint die Krebsgefahr gebannt. Zweimal die Woche besuche ich meinen Sohn, und es geht ihm gut. Ich liebe ihn so, wie er ist, ohne Schuld zu empfinden.«

Willis Innerer Antreiber hatte ihn in ein gnadenloses Märtyrium von Zweifeln und Selbstvorwürfen getrieben. Unter dem dadurch verursachten Streß brach sein Immunsystem schließlich zusammen. Im wahrsten Sinne des Wortes fraß ihn nun der Innere Ankläger in Form eines Krebsgeschwürs von innen auf. Viele Krankheiten lassen sich auf den Inneren Ankläger zurückführen, weil die inneren Konflikte, die diese Streßpersönlichkeit auslösen, irgendwann auch auf körperlicher Ebene ausgetragen werden. Um diese gesundheitsschädlichen Auswirkungen zu verhindern, gilt es zunächst zu erkennen, ob und wie intensiv Ihr Verhalten und Ihre Lebenseinstellung vom Inneren Ankläger beeinflußt sind.

Spielanleitung für den Inneren Ankläger

Verzerrte Wahrnehmung: **Ihre Unzulänglichkeiten werden durch permanente Selbstkritik offensichtlich, was Sie dazu antreibt, noch härter an sich zu arbeiten.**

Hindernis: Sie sind sich selbst gegenüber besonders kritisch.

Ergebnis: Sie fühlen sich häufig niedergeschlagen und sind leicht zu entmutigen.

Ihre neue Wahrnehmung: Durch eine positive Selbsteinschätzung können Sie sich wirksam motivieren.

Ihr erster Zug: Schreiben Sie jedesmal, wenn der Innere Ankläger Sie kritisiert, drei Ihrer positiven Charakterzüge auf. Diese positive Selbstverstärkung wird Ihnen bei der Vertreibung des Inneren Anklägers helfen.

Mögliche Fallen: Um Sie zu verunsichern, wird der Innere Ankläger im Vergleich mit anderen Menschen Ihre Defizite herausheben.

Ihr Gegenzug: Lassen Sie sich von den Menschen, die Sie mögen und respektieren, kritisieren. Dabei sollten sich negative und positive Kritik die Waage halten. Damit wird der Kritik des Inneren Antreibers der Stachel gezogen.

Verzerrte Wahrnehmung: **Wenn Sie ein Risiko eingehen und keinen Erfolg verzeichnen können, empfinden Sie sich als Versager.**

Hindernis: Im Rahmen Ihrer beruflichen Tätigkeit tragen Sie nur ungern Risiken.

Ergebnis: Sie stellen Ihr Licht unter den Scheffel und kommen beruflich nur langsam voran.

Ihre neue Wahrnehmung: Wer niemals an einer Aufgabe scheitert, geht zu selten Risiken ein.

Ihr erster Zug: Konzentrieren Sie sich auf Ihre Fähigkeiten und Fertigkeiten, die Sie für eine berufliche Aufgabe qualifizieren. Suchen Sie nach weiterführenden beruflichen Perspektiven. Nutzen Sie Möglichkeiten, sich weiterzubilden.

Mögliche Fallen: Ihr Innerer Ankläger wird

Ihnen beständig einzureden versuchen, daß Sie nicht gefragt sind, und Ihnen auch die Gründe dafür nennen. Er wird Ihnen darüber hinaus immer raten, auf Nummer sicher zu gehen und auf keinen Fall den Job zu wechseln.

Ihr Gegenzug: Eine Karriereberatung kann Ihnen weiterhelfen. Lassen Sie sich von Menschen, die Sie respektieren und bewundern, beraten. Sie sollten nicht tatenlos verharren, sondern aktiv handeln. Risiken einzugehen heißt auch, sich Erfolgschancen zu eröffnen.

Beginnen Sie nun selbst, indem Sie ein Hindernis beschreiben. Gehen Sie dann der Frage nach, zu welchen Folgen dieses Hindernis führte. Was wird Ihr erster Zug sein? Wo hat der Innere Antreiber Fallstricke ausgelegt? Sie werden ihn mit einfallsreichen Gegenmanövern schon austricksen.

Verzerrte Wahrnehmung:

Hindernis:

Ergebnis:

Ihre neue Wahrnehmung:

Ihr erster Zug:

Mögliche Fallen:

Ihr Gegenzug:

Während Sie die Spielanleitung mit Leben zu füllen versuchen, können natürlich Probleme auftauchen, die Sie zu einem Zwiegespräch mit Ihrem Inneren Antreiber nutzen sollten. Daraus kann sich ein weiteres Hindernis ergeben, das Sie dann Zug um Zug ausräumen können.

Zwingen Sie den Inneren Ankläger durch Ihr neues Verhalten zum Rückzug!

- Was auch immer Sie tun – denken Sie positiv.
- Wenn Sie keine positive Rückmeldung bekommen, bitten Sie darum.
- Nehmen Sie Komplimente ohne Wenn und Aber an, und genießen Sie es.
- Nehmen Sie die Ihnen entgegengebrachte Kritik genau unter die Lupe: Konstruktives können Sie beherzigen, destruktive Kritik wird verworfen.
- Probieren Sie Neues aus, und motivieren Sie sich: »Ich schaffe es.«
- Sie dürfen ruhig Fehler machen.
- Verwenden Sie jeden Tag zehn Minuten darauf, Ihre kleinen und großen Talente aufzuzählen.
- Lassen Sie sich von Ihrem Inneren Ankläger nicht mit anderen Menschen vergleichen.
- Beteiligen Sie sich an Diskussionsrunden. Was Sie einbringen, ist genauso wertvoll wie die Beiträge aller anderen.

5

Der Streber

Niemals gut genug

Sie studieren die Werbebroschüre des neuen Fitnesscenters. Das Programm macht einen guten Eindruck. Für ungeübte Anfänger werden zweimal in der Woche Kurse à drei mal zwanzig Minuten angeboten. Sie überlegen noch, ob Sie das wohl schaffen, da meldet sich der Streber in Ihnen. Er betont, wie wichtig es für Sie ist, wieder in Form zu kommen. Jeder im Büro geht doch in so ein Sportstudio, und selbst Freddy, der Buchhalter, joggt jeden Tag zehn Kilometer. Dabei verdienen und leisten Sie viel mehr als er.

»Ich weiß, ich muß aufholen. Aber die nächsten zwei Wochen beginnen keine neuen Kurse.«

Ihr Streber stachelt Sie an: »Warum nicht gleich anfangen?«

»Du meinst eine Art Vorkurs?« fragen Sie ihn.

»Genau. In der ersten Woche wirst du fünf mal dreißig Minuten joggen, in der zweiten Woche jeden Tag 15 Kilometer, und wenn dann der richtige Kurs anfängt, bist du gleich der Beste.«

»Dann wäre ich ja schon vor Kursbeginn richtig in Form«, sagen Sie entzückt. »Ich wäre dann die Nummer eins.«

Jetzt kommen Ihnen die ersten Zweifel, denn Sie kennen Ihren Streber ja. Er wird Sie so lange zu Höchstleistungen antreiben, bis Sie zusammenbrechen. Seine Ziele sind immer viel zu hoch gesteckt und völlig unerreichbar. Er repräsentiert jenen Teil Ihrer Persönlichkeit, der sich nicht mit einem eintönigen Leben und kleinen Erfolgen zufriedengibt. Er will, daß aus Ihnen etwas wird, übersieht dabei aber, daß Sie ja bereits jemand sind. Aber was Sie sind, ist ihm nicht gut genug, denn ihm fehlt jedes Maß für eine gesunde Selbsteinschätzung. Ihr Wert wird an Standards gemessen: wieviel Geld Sie verdienen, wie viele Kilometer Sie joggen, wie teuer das eigene Haus war und welches Handicap Sie beim Golf haben.

In Gesprächen mit Freunden dreht sich alles nur um den Beruf, en détail erläutern Sie den Ablauf Ihres letzten erfolgreichen Geschäfts oder wie Sie gedenken, Leistungsvorgaben zu übertreffen. Das mag ja in einer Besprechung mit Ihrem Chef oder bei der jährlichen Vertretertagung noch überzeugend wirken, ob Freunde, Bekannte und Familienmitglieder so begeistert sind, mag jedoch fraglich sein.

Für den blinden Ehrgeiz Ihres Strebers gilt: Sich um die Familie zu kümmern ist im Grunde nur verschwendete Zeit, Mitarbeiter können einem nicht helfen, und Vorgesetzte sind direkte Konkurrenten. Um Erfolg zu haben, treibt Ihr Streber Sie ohne Unterlaß an, wobei alles und jeder nur dazu dient, Sie Ihrem Ziel näher zu bringen. Aber selbst, wenn man sein Ziel erreicht hat, wird dieses zwanghafte Verhalten nie zur Zufriedenheit führen, denn Sie werden für Ihren Streber niemals gut genug sein, wie viele Erfolgsberge Sie auch versetzen mögen. Vielen Betroffenen sind diese Zusammenhänge gar nicht bewußt, bis eines Tages in der Schule, an der Universität oder im Beruf eine Wettbewerbssituation entsteht. Oft folgt dann ein lebenslanger Kampf, in dem das Selbstwertgefühl fortan nur noch über den vorzeigbaren Erfolg definiert wird.

Häufig werden solche Verhaltensweisen von den Eltern an die Kinder weitergegeben. Kinder werden von solchen Eltern wie persönliche Errungenschaften eingestuft und auch so beurteilt. Daß man etwas ganz Besonderes ist, wird den Sprößlingen von Mutter und Vater vermittelt, alles Durchschnittliche wird mit Verachtung gestraft, besonders im Zusammenhang mit Zeugnisnoten. Eine Drei kommt einer Sechs gleich, die Eins wird erwartet, eine Zwei mit einem Stirnrunzeln und der Frage quittiert, was denn hier passiert sei. Dieses Benotungssystem kann sie schließlich ein Leben lang begleiten: Immer, wenn sie es nicht ganz bis zur Spitze geschafft haben, werden sie im Geiste dieses »Was ist denn hier passiert?« hören.

Die Kinder solcher Familien empfinden häufig den Druck, Trophäen nach Hause zu bringen, die dann gegen Liebe und Zuwendung eingetauscht werden.

Daß viele Eltern Ihre Kinder nur aus Eigennutz zu Höchstleistungen antreiben, ist längst kein Geheimnis mehr. Die Errungenschaften ihrer Kinder sollen beweisen, daß sie gute Eltern sind. In einigen wenigen glücklichen Fällen werden diese Eltern-Kind-Interaktionen relativ schnell offensichtlich, so daß die Beteiligten entsprechend reagieren können. So erzählte uns eine attraktive, etwa 35jährige Frau folgende Geschichte: Ihr Sohn hatte als Zwölfjähriger schon mehrere Schwimmeisterschaften gewonnen. Als er eines Tages einen Schwimmwettbewerb abbrach, hatte seine Mutter große Schwierigkeiten, mit dieser als Niederlage empfundenen Entscheidung zurechtzukommen. Während dieses Wettbewerbs hatte er sich zudem erkältet, erholte sich zur Sorge seiner Mutter aber nur langsam und zeigte sich an seiner sportlichen Beschäftigung zunehmend desinteressiert. Seine Mutter pumpte ihn daraufhin voll mit Vitaminpillen, hinterbrachte ihm die neuesten Erfolge seiner Mitstreiter und veranlaßte sogar seinen Trainer zu einem intensiven Gespräch mit ihm. Alles ohne Erfolg. »Der Junge schien das Interesse zu verlieren, und als er mir eines Tages mitteilte, er wolle an diesen Schwimmwettbewerben überhaupt nicht mehr teilnehmen, mußte ich weinen. Selbst noch so gutes Zureden konnte seine Meinung nicht mehr ändern, das wußte ich, aber ich empfand es als eine unerträgliche Niederlage, und es fiel mir schwer, das einzugestehen.« Die Entscheidung des Sohnes führte zu einem längst überfälligen Gespräch zwischen Mutter und Sohn. Endlich konnte der Junge seiner Mutter offenbaren, wie sehr er darunter gelitten hatte, für sie erfolgreich sein zu müssen. Die Mutter sah schließlich ein, daß es allein ihr Streber gewesen war, der sie und ihren Sohn derart unter Druck gesetzt hatte.

Nicht allen Einserkandidaten oder Sportskanonen sitzt ein Streber im Nacken. Wer normal seinem Lebensweg folgt, wird an seinem Tun Freude empfinden, und Erfolg wird er als Bestätigung betrachten. Steht der Betreffende hingegen unter dem inneren Druck des Strebers, wird er sich, auch in fremden Lebensbereichen, einem ungeheuren Erfolgsstreß aussetzen, weil er glaubt, nur um des Erfolges wegen geliebt zu werden.

Viele Kinder erfahren von Ihren Eltern nur dann Zuwendung und Aufmerksamkeit, wenn sie Erfolge vorzeigen können. Die Devise lautet: Je erfolgreicher ich bin, um so mehr Liebe erhalte ich. Oder: Versager liebt keiner. In der Schule wirkt diese strenge Fixierung auf schulische oder sportliche Leistungen auch noch selbstverstärkend: Je mehr man erreicht, um so mehr wird von einem erwartet. Plötzlich wird man mit seinen Erfolgen identifiziert und ist der Musterschüler oder das Tennisas.

Ist die erbrachte Leistung nur durchschnittlich, sind die Enttäuschungen groß. Oft inszenieren Eltern zur besonderen Anregung einen kleinen Familienwettstreit. Dann wird das hervorragende Abschneiden der Schwester in Mathematik zur gnadenlosen Hürde für alle anderen Geschwister. In einer solchen Wettkampfarena wagt niemand, ein anderes Familienmitglied um Hilfe zu bitten. Es dauert dann nicht lange, bis das eigene Selbstvertrauen meist unwiderruflich an die eigenen Errungenschaften gekoppelt wird. Was immer man von nun an tut, man tut es aus eigenen Stücken und: Man tut es selbst. Weshalb es solchen Menschen später auch besonders schwer fällt, im Team mit Kollegen zu arbeiten.

Doch man muß nicht unbedingt aus einer Streberfamilie kommen, um diese spezifische Streßpersönlichkeit zu entwickeln. In Familien, in denen Erfolg, Zielstrebigkeit und Ehrgeiz weder als Lebensprinzip noch als Erziehungsinhalte überhaupt keine Rolle spielen, kann sich beim Nachwuchs die Streberpersönlichkeit aus dem Bedürfnis entwickeln, die eigenen Ursprünge möglichst bald und weit hinter sich zu lassen. So war es auch bei Günther. Im Alter von 35 Jahren litt er an streßbedingtem Bluthochdruck und besuchte aus diesem Grund eines unserer Seminare. Er war Einkäufer in einem Unternehmen, und seine Arbeit bedeutete ihm alles. Er selbst meinte, er hätte viel zu viel in seine Karriere investiert, um jetzt krank zu werden. Sein Leben beschrieb er als einen langen Kampf, der nur das eine Ziel hatte, sich an den eigenen Haaren aus dem Sumpf zu ziehen. Für seinen Vater, der sein Leben betrunken vor dem Fernseher verbrachte, empfand er nur Verachtung. Als Teenager hatte er sich geschworen, niemals so zu werden wie sein Vater, und dieses Versprechen hatte er eingehalten. Das erschütternde Beispiel seines Vaters vor Augen, absolvierte er die Hochschule so schnell wie möglich, um Karriere machen zu können. »Die Methode funktionierte auch. Allerdings stimmt wohl irgend etwas nicht, sonst hätte ich in meinem Alter ja nicht diesen hohen Blutdruck.« Das Verhalten von Günther war eine Fluchtreaktion auf die Verhältnisse in seinem Elternhaus. Doch auch als er unabhängig und beruflich erfolgreich war, ließ ihm sein Streber keine Ruhe, machte ihn schließlich sogar krank.

Der Streber stellt immer dieselben Fragen: Was ist gegen hohe Standards einzuwenden? Was spricht dagegen, der Beste zu sein? Ist es nicht natürlich, sich hohe Ziele zu stecken, die erreichbar sind? Und gegen all diese Fragen gibt es nur einen Einwand: Das Erreichen der Ziele darf keinen ausufernden Streß zur Folge haben. Dieser Streß verursacht Krankheiten, Probleme am Arbeitsplatz und kann partnerschaftliche und familiäre Bindungen zerstören.

Finden Sie heraus, welche charakteristischen Eigenschaften Ihren Streber auszeichnen

Anhand der Antworten auf die folgenden Fragen können Sie herausfinden, welche charakteristischen Eigenschaften Ihren Streber auszeichnen. Sie haben jeweils fünf Auswahlmöglichkeiten. Die jeweilige Ziffer sollten Sie auf der Linie neben der Frage eintragen. Am Schluß zählen Sie zusammen und schreiben den Wert auf die unter den Fragen stehende Linie. Fragen, die Sie mit 6 oder 8 Punkten versehen, sollten Sie besonders gewissenhaft prüfen. Wenn Sie mehr als 48 Punkte erreichen, stehen Sie deutlich unter dem Einfluß Ihres Strebers.

(Nahezu immer=8) (Häufig=6) (Manchmal=4) (Gelegentlich=2) (Nie=1)

1. ...... Leben Sie nach dem Motto: »Was Du nicht selbst machst, wird auch nicht richtig gemacht.«?
2. ...... Fällt es Ihnen schwer, in Urlaub zu fahren und die Arbeit ruhen zu lassen?
3. ...... Stellt es Sie nur für den Moment zufrieden, wenn Sie ein Ziel erreicht haben?
4. ...... Messen Sie Ihre Erfolge und Ihre Selbstachtung in Zahlen und Quoten?
5. ...... Erhöhen Sie ständig Ihre Standards, um erfolgreich zu sein?
6. ...... Wie oft setzen Sie Ihre Meinung in Besprechungen durch?
7. ...... Bleibt Ihnen für Familie oder Freunde keine Zeit mehr, weil Sie sich zu sehr Ihrer Arbeit widmen?

8.	......	Verlieren Sie das Interesse an einer Sache, wenn Ihre Ideen nicht berücksichtigt werden?
9.	......	Ist es für Sie entscheidend, beim Sport mit Freunden zu gewinnen?
10.	......	Versuchen Sie, die Themen einer Konversation grundsätzlich auf Ihre Interessensgebiete zu lenken?
11.	......	Arbeiten Sie für gewöhnlich mehr als acht Stunden am Tag?
12.	......	Verabscheuen Sie den Gedanken, durchschnittlich zu sein?
	......	Gesamt

0 48 96

Der Streber und Ihre Freunde

Es ist Montag morgen, und auf dem Weg zu Ihrem Büro treffen Sie einen Mitarbeiter, den Sie schon lange einmal näher kennenlernen wollten. Es scheint eine ideale Gelegenheit für ein Gespräch zu sein.

Sie fragen Thomas, wie denn sein Wochenende gewesen sei.

»Wir haben eine wunderbare Bergwanderung gemacht, zwischendurch ein kleines Picknick, und vor allem haben wir mit unseren Ferngläsern die heimischen Vögel beobachtet.«

»Oh, wie ich diese Picknicks im Freien liebe. Etwas Weißbrot, Käse, Wein und angenehme Gesellschaft.«

»Na ja, eigentlich waren wir eher an den Vögeln interessiert, wir hatten gar nicht so viel zu essen dabei...«

»Beaujolais!« zwingt Sie Ihr Streber dazwischenzurufen.

»Was?« fragt Ihr Kollege überrascht.

»Beaujolais!« wiederholen Sie. »Für ein Picknick der perfekte Wein. Frischer, junger und fruchtiger Beaujolais.«

Trotz der Unterbrechung versucht Thomas auf das von ihm angeschnittene Thema zurückzukommen. »Das mag ja schon sein, aber uns interessierten besonders die Singvögel und...«

Für den Streber gibt es jetzt kein Halten mehr. »Letzte Woche habe ich vier Kisten gekauft. Beste Qualität. Wissen Sie eigentlich, daß Wein auch eine hervorragende Geldanlage sein kann?«

Thomas tritt ungeduldig von einem Bein auf das andere. »Ach, wissen Sie, ich trinke eigentlich gar keinen Alkohol.«

»Aber Sie müssen ihn doch nicht trinken! Sie investieren lediglich in ihn«, fahren Sie unbeeindruckt fort. »Ich kenne jemanden, der hat in seinem Keller Unmengen 68er Cabernet. Der würde einige Flaschen abgeben. Da könnten Sie ein gutes Geschäft machen. Ich bringe Ihnen morgen mal eine Flasche mit.«

Als Ihr Streber nun auch noch einen Kollegen

vorbeigehen sieht und ihn in Ihren Monolog über Wein als Investitionsgut einbeziehen will, ist es für Thomas zuviel. Verärgert zieht er sich zurück.

Das war ganz sicher nicht der Beginn einer neuen Freundschaft, sondern eine schrille Zurschaustellung Ihrer Weinkenntnisse. Das Ziel dieses Gespräches hatte Ihr Streber dabei schnell aus den Augen verloren. Unter seiner Regie reden Sie nicht mit Ihrem Gegenüber, sondern nur mit sich selbst. Dabei geht es Ihnen allein darum, sich selbst etwas zu beweisen. Freundschaften lassen sich so kaum schließen. Haben Sie sich schon einmal gefragt, ob der von Ihnen immer wieder zur Kenntnis genommene Rückzug anderer Menschen vielleicht nur die Antwort auf Ihre ständige Angeberei und Ihre abscheuliche Selbstverliebtheit ist?

Für den Streber kommen nur Freunde in Frage, die eine ähnliche Auffassung vom Streben haben wie er selbst. Das sind in der Regel alte Geschäftspartner, aber auch Golfspieler, Jogging-Partner oder Tennisspieler. Und häufig kennen Sie von Ihnen nicht mehr als ihr Handicap, die Zeit in der sie 20 Kilometer laufen oder ihre furchterregende Rückhand.

Stellen Sie Ihre Freunde einmal auf den Prüfstand. Wenn es Ihnen wirklich schlecht geht, auf wen können Sie zählen? Freundschaften müssen auf einer stabilen Basis ruhen, verglichen mit den tönernen Füßen, auf denen lockere Bekanntschaften stehen. Wer also richtige Freunde haben will, muß in der Lage sein, ihnen auch ungeteilte Aufmerksamkeit zukommen zu lassen, statt sich immerfort in den Mittelpunkt sozialer Interaktionen zu schieben. Und wenn Sie jemanden kennenlernen wollen, sollten Sie sich Zeit für diesen Menschen nehmen.

Zu den großen Passionen des männlichen wie weiblichen Strebers gehören auch seelenlose sexuelle Eroberungen. Ihr Streber vermag eine potentielle Freundschaft in ein reines Objekt seiner sexuellen Begierde zu verwandeln. Werden Sie jedoch allein von sexueller Neugier an diesem Menschen bestimmt, erlischt schlagartig jedes tiefergehende persönliche Interesse. Dann werden Dinge gesagt, die so nicht gemeint sind, und gegeben wird nur noch aus Eigennutz. Ist der sexuelle Eroberungszug erfolgreich durchgeführt, empfindet der Streber nur noch Langeweile – wie aufregend!

Der Streber und Ihr Partner

Elegante Diners in kostspieligem Ambiente sind des Strebers liebste Gelegenheit zur Partnersuche. Mit ausgefallenen Geschenken, Schmeicheleien und kleinen Aufmerksamkeiten sucht er das Objekt der Begierde zu umschmeicheln. Schon bald sinkt das Opfer, trunken von des edlen Ritters Minne, in seine Arme und schwört ihm ewige Liebe und Treue. Das ist des Strebers Stichwort: Hier endet der edle Camelot, denn die Lust an der erfolgreich beendeten Jagd ist vorüber – die Zeit für neue Beute ist gekommen.

Kaum eine andere Streßpersönlichkeit verursacht in Beziehungen so viel Leid wie der Streber. In einem unserer Seminare erzählte die Ehefrau eines Arztes von ihrer Enttäuschung und ihrer Verärgerung über das Desinteresse Ihres Mannes an Ihr und Ihrer Familie:

»Er will einfach nicht mit uns reden. Ihn interessiert nur seine Arbeit. Morgens um sieben verläßt er das Haus und kommt nicht vor Mitternacht heim. Häufig hat er auch noch Rufbereitschaft. Aber selbst wenn er einmal nicht angefunkt wird, sitzen wir alleine zu Hause. Manchmal habe ich den Eindruck, daß er einen Bogen um uns macht. Die Kinder vermissen ihn und zeigen bereits Verhaltensauffälligkeiten. Eines Morgens hatte ich ihn dann soweit, daß wir miteinander reden konnten. Aber er reagierte ungeduldig und leicht gereizt und fragte schließlich, ob ich denn jemand anderen kennte, der 100 000 im Monat verdiene. Mit dieser Bemerkung verließ er dann das Haus.«

Geld und Wohlstand bedeuten dem Streber alles, und dem hat sich auch die Familie unterzuordnen. Die Kinder verstehen nicht, warum ihr Vater oder ihre Mutter bis spät in die Nacht hinein arbeiten müssen. Sie registrieren nur, daß ein Elternteil nie da ist, wenn sie es brauchen. Die heiligen Schwüre zwischen den Ehepartnern, sich alle Lasten zu teilen, sind im Ehealltag schnell Makulatur. Was eine Familie am meisten braucht, Zeit und Zuwendung, kann der Streber am wenigsten geben. Der gemeinsame Urlaub, sonntägliche Besuche im Zoo oder Ausflüge mit der Familie haben für den Streber keine Bedeutung.

Nicht nur die Ihrer Familie zur Verfügung gestellte Zeitmenge wird durch Ihren Streber beeinträchtigt, sondern auch die Qualität dieser Zeit. Wenn Sie sich Ihrem Partner oder der Familie widmen, passiert mit ziemlicher Sicherheit folgendes: Entweder sind Sie zu erschöpft, um auszugehen, oder der Tag ist so vollgestopft mit Aktivitäten, daß darüber keine wirkliche Freude aufkommen will. So wird selbst eine einfache Wanderung zu einer Veranstaltung von Extravaganz: Alle müssen mit der neuesten Trekkingausrüstung ausgestattet sein, Sie suchen den schwierigsten Wanderweg aus, und das Picknick wird in eine Gourmetveranstaltung umfunktioniert. Doch Ihre Aufmerksamkeit sollte sich nicht auf das Drum und Dran der Aktivitäten richten, sondern auf die Menschen, mit denen Sie Ihre Zeit verbringen.

Für eine andere Person Sorge zu tragen, gehört nicht unbedingt zu den Lieblingsbeschäftigungen Ihres Strebers. In seinem Wortschatz ist das Wörtchen »wir« nur schwer unterzubringen, und gemeinsame Errungenschaften, egal ob Haus, Auto oder Kinder, werden grundsätzlich als »Ihr« Haus, »Ihr« Auto oder »Ihre« Kinder vorgestellt. Werden beide Partner von einem Streber beherrscht, belastet dies eine Beziehung bis an die Grenzen.

Milena und Yannik, beide Anfang 30, sind Musiker und waren sechs Jahre verheiratet. Seitdem bemühten sich beide, beruflich Tritt zu fassen.

Obwohl sie Violine und er Baß spielte, kam es für sie nicht in Frage, zusammenzuarbeiten. Wenn einer von beiden beruflich Glück hatte, neidete der andere ihm dies, wenngleich keiner von beiden dies jemals zugegeben hätte. Eines Tages wurde Milena eine Konzerttournee durch Europa angeboten. Sie hätte Yannik gerne dabeigehabt, der aber lehnte ab. Als Grund gab er an, daß auch sein Terminkalender mit Konzertterminen gefüllt sei. Die ursprünglich von tiefer Zuneigung und Liebe bestimmte Beziehung wurde nun zunehmend von den Karrieregelüsten der beiden beherrscht, bis Milena schließlich von Yannik die Trennung verlangte. Sie blieben weiterhin in Kontakt, und jeder feierte große Erfolge, aber es schien, als wollten sie sich gegenseitig beweisen, daß sie getrennt weiter kämen als gemeinsam.

Etwa sechs Monate nach ihrer Scheidung traf Yannik Milena beim Joggen im Park. Sie liefen ein Stück gemeinsam und unterhielten sich dabei über ihre Angebote, Tourneen und Lehraufträge. Ein wenig traurig stellten sie fest, daß sie in ihrer gemeinsamen Zeit nicht recht zueinander gefunden hätten, und ganz kurz dachte Yannik daran, wie es wohl wäre, wieder mit Milena zusammenzusein. Als sie sich jedoch mit der Bemerkung verabschiedete, die bessere Läuferin zu sein, lösten sich diese Gedanken schnell in Nichts auf.

Ihre Beziehung wurde aber nicht, wie man fälschlicherweise annehmen könnte, durch ihre Karrieren zerstört, vielmehr war es der beiden innewohnende Streber. Einem Partner Aufmerksamkeit und Liebe zukommen zu lassen, ist für den Streber praktisch unmöglich. Und wenn beide Partner auch noch nach denselben Sternen greifen, bleiben gegenseitige Unterstützung, Lob und Aufmunterung auf der Strecke, denn der Streber duldet keine Konkurrenz.

Der Streber als Chef

Sie haben es geschafft. Alle Mitbewerber haben Sie hinter sich gelassen. Sie sind jetzt der Chef, Ihre ehemaligen Mitarbeiter müssen fortan für Sie arbeiten. Ihr Büro ist wirklich beeindruckend, und Sie könnten eigentlich die Füße auf den Schreibtisch legen und sich erst einmal über den Erfolg freuen. Aber was tun Sie? Keine Zeit für Glückwünsche und Applaus, im Gegenteil, jetzt geht es erst richtig los: Neue Rekorde müssen aufgestellt werden, nur schneller und effektiver, und die Angestellten tun gut daran, Ihrem Tempo zu folgen, denn Ihrem Streber ist jeder verdächtig, der sich nicht mit demselben Schwung und Nachdruck wie Sie seiner Arbeit widmet.

Doch auch wenn sie noch so viel Verantwortung übernehmen und ihre Arbeit noch so zufriedenstellend und verläßlich verrichten, es gibt immer einen Grund, Angestellte zu schikanieren oder ihnen zu kündigen. Und wer Ihre Überzeugung nicht teilt, hat nicht den Hauch einer Chance auf

Beförderung. Ihr Streber triumphiert! Doch was ist die Folge? Das Betriebsklima sinkt, der Krankenstand steigt.

Wer seinem Streber Einlaß in die Führungsetage gewährt, wird nur noch auf die produktive Seite des Geschäfts fixiert sein und die menschliche Seite des Arbeitslebens vernachlässigen – für den Streber sind Angestellte nur Produktivkräfte. Und für die wird die Arbeit fortan zum Trauma. Anja erzählte uns, wie es ihr in solch einem Büro erging:

»Als ich da zu arbeiten anfing, konnte ich es einfach nicht glauben. In so einer Firma hatte ich noch nie gearbeitet. Wir hatten nicht nur Normen für die Woche, sondern auch Standards für den Tag. Und wer diese Standards nicht einhalten konnte, dem wurde gekündigt. Wie die Gladiatoren im römischen Kolosseum wurden wir gegeneinander ausgespielt. Irgendwann hatte ich dann von dieser ›Jeder-gegen-jeden‹-Atmosphäre‹ und den ständigen Halsabschneiderstrategien die Nase voll. Keine konnte oder wollte dem anderen trauen. Häufig machten wir uns auch unnötig Arbeit, weil die Kommunikation untereinander nicht stimmte. Jeder war nur ein kleines Rädchen in einem großen Getriebe. Schließlich machte mich mein Mann darauf aufmerksam, daß ich jeden Morgen fünf Tassen Kaffe und einen Blick auf die Kontoauszüge brauchte, um mich zur Arbeit zu motivieren. Außerdem hatte ich das Gefühl, frühzeitig zu altern. Ich hab' dann gekündigt, das war alles nicht mehr auszuhalten.«

Wer sich mit seinem Streber selbständig macht, sollte besonders vorsichtig sein, zumal dann, wenn er Personal einstellen und Verantwortlichkeiten übertragen muß. Das wird den Streber schwer erschüttern, und er wird darauf bestehen, daß keiner so gut arbeiten kann wie Sie. Und weil Ihr Streber nicht an Ihre Gesundheit denkt, werden Sie Schwierigkeiten haben, Aufgaben zu delegieren, selbst dann, wenn die Arbeit Sie auffrißt.

Ein Chef ist immer nur so gut wie seine Angestellten, und wenn Sie nicht vom Streber-Streß überwältigt werden wollen, tun Sie gut daran, Ihrem Personal Verantwortung zu übertragen und sich auf Ihre Stärken zu konzentrieren. Helfen Sie Ihren Angestellten, Probleme kreativ zu lösen. Sie gewinnen dadurch Zeit, die Sie für die Entwicklung eigener Ideen benötigen!

Der Streber als Angestellter

Sie sind von der schnellen Truppe. Ihr Talent wurde entdeckt, die Beförderung ist nur noch reine Formsache. Und in der Tat: Sie sind mit Ihrer Kompetenz, Ihrer Opferbereitschaft und Ihrem Leistungswillen ein ausgesprochen wertvoller Angestellter. Doch Vorsicht: Sie laufen Gefahr zu scheitern. Vom ersten Tag Ihrer Beförderung an wird Ihr Streber Ihnen einflüstern, wen Sie unbedingt kennenlernen sollten und wen nicht, vor wem Sie sich in acht nehmen müssen und wie lange

Sie am Stuhl Ihres Chefs sägen müssen, damit Sie selbst darauf Platz nehmen können – Sie werden keine Ruhe finden.

Da Ihr Streber die Neigung hat, die Fähigkeiten anderer freimütig zu verachten, wird es zwischen Ihnen und Ihren Kollegen eine unsichtbare Mauer geben. Sicher, Sie sind gut, Ihr klarer Kopf und Ihre Fähigkeiten werden in jeder Form der Zusammenarbeit geschätzt, aber den meisten Mitmenschen stößt die Art, wie Sie Ihre Heldentaten darstellen, und Ihre Unart, sich in alles einzumischen, unangenehm auf. Ihr Streber bemerkt bei all dem einfach nicht, wie sehr Sie auf die Zusammenarbeit mit Ihren Kollegen angewiesen sind.

Diese bittere Erfahrung mußte auch Mirko machen, als er im Landwirtschaftsministerium seine neue Stelle antrat. Er war in seiner Abteilung der einzige Agrarwissenschaftler, der einen Doktorgrad und mehrere Publikationen vorzuweisen hatte. Diese Beiträge sandte er zusammen mit der Anweisung an seine Kollegen, dies sei der zukünftige Standard, an dem sie ihre Arbeit zu messen hätten, was ihm selbstverständlich verübelt wurde. Vor allem mit den älteren Mitarbeitern hatte Mirko ständig Auseinandersetzungen über seine Vorstellungen von der Neugestaltung der Abteilung.

Dem von ihm angesetzten Leistungsstandard konnte er jedoch bald selbst nicht mehr genügen, was alles nur noch schlimmer machte. Zudem war der Kontakt mit der Forschungsabteilung sehr schlecht, und als man ihm dort schließlich die Zusammenarbeit verweigerte, war er außer sich vor Wut. Ein älterer Kollege klärte ihn über die Situation schließlich auf:

»Nur um Ihnen einen Gefallen zu tun, ändert hier niemand seine Meinung. Und schon gar nicht, wenn Sie versuchen, Ihre Ansichten in deren Köpfe zu hämmern. Wenn Sie weniger selbstgerecht und umsichtiger wären, könnten Sie vielleicht mehr Zusammenarbeit erwarten. Was nutzen Ihnen all die guten Ideen, wenn sie keiner hören will?«

Nora war eine ausgesprochen erfolgreiche Börsenmaklerin. Da sie eine der wenigen Frauen war, die seit den frühen 80er Jahren in diesem Bereich arbeiteten, betrachtete sie ihren Erfolg auch als eine Pionierleistung. Mit 39 Jahren mußte sie jedoch aufhören zu arbeiten, da sie chronisch erschöpft war und unter Bluthochdruck litt.

»Jahrelang dachte ich, nur durch Wettbewerb hochzukommen. Ich wollte etwas beweisen. Als ich zehn Jahre alt war, starb meine Mutter, und von meinen beiden Brüdern war keiner so clever oder fähig wie ich. Mein Vater dachte, ich würde in die Hausfrauenrolle meiner Mutter schlüpfen und die drei Männer versorgen. Aber das war nicht mein Ding. Ich wollte mir beweisen, daß ich es in einer Männerwelt schaffen und die Männer mit ihren eigenen Waffen schlagen konnte.«

Trotz ihres Erfolgs fühlte sie sich nicht wohl. Sie lernte in unserer Therapie zwar viel über ihren Streber, wollte ihn aber nicht so einfach ziehen lassen. Sie wußte nicht, was sie ohne diesen Teil ihres

Selbst anfangen sollte. Also brach sie die Therapie ab und suchte sich eine noch anspruchsvollere Arbeit. Zwei Jahre später trafen wir sie zufällig beim Frühstück in einem Hotel, in dem sie einen Workshop leitete. Wir fragten sie, wie es ihr ginge, und sie antwortete, daß Ihr Streber sie immer noch kräftig antreiben würde. Sie würde nun im ganzen Land herumreisen und wäre weiterhin eine Spitzenkraft. Allerdings, und nun senkte sie die Stimme, würde sie ziemlich viel trinken.

Wie so viele andere Workaholics konnte auch Nora dem verführerischen Charme dieser Streßpersönlichkeit nicht widerstehen. Da ihr Streber sie ständig weitertrieb, mußten sich zwangsläufig Krankheiten wie Bluthochdruck, Herzbeschwerden, Alkoholismus, Depressionen und Magengeschwüre einstellen

Gehen Sie mit sich selbst ins Gericht, fragen Sie sich, was Ihr Streber Ihnen wert ist. Macht er Sie gegenüber Ihren Freunden und der Welt um Sie herum nicht blind? Läßt er Sie nicht nach etwas streben einfach um des Strebens willen? Werden Sie jemals zufrieden sein?

Das Geheimnis im Umgang mit dem Streber liegt in der Zeiteinteilung. Das berühmte chinesische I Ging gibt dazu einen Ratschlag, den Sie beherzigen sollten:

»Bewegung und Innehalten gehören beides zur rechten Zeit zur Ruhe: Das eine ist die Beharrung im Ruhezustand, das andere Beharrung im Bewegungszustand

Stillhalten bedeutet innehalten.

Wenn es Zeit ist, innezuhalten, dann innehalten.

Wenn es Zeit ist, voranzuschreiten, dann voranschreiten.

So verfehlen Bewegung und Ruhe nicht die rechte Zeit, und ihr Lauf wird hell und klar.«

Ihr Besserer Ratgeber wird Ihnen ein Zeichen geben, daß Sie bereit sind für den nächsten Schritt. Es ist sowohl Zeit- als auch Energieverschwendung, vorwärtszudrängen, wenn man nicht dazu bereit ist. Daher sollten Sie häufiger auf Ihren Besseren Ratgeber hören und Ihrem Streber klarmachen, daß Sie ohne ihn auskommen wollen. Er gefährdet Ihre Beziehungen, Ihren inneren Frieden, Ihre Gesundheit und Ihr Wohlergehen.

Der Streber und Ihre Gesundheit

Der Teufel sagte: »Ich will dir ein Angebot machen. Du bist 25 Jahre alt, bei bester Gesundheit und guten Kräften. Du kannst soviel Erfolg haben, wie du willst, und du bekommst soviel Geld, wie du möchtest. Du brauchst nie wieder etwas zu lernen, weil du es sofort kannst. Vor dir liegt eine glänzende Zukunft, und du kannst essen, was du willst. Und du bekommst soviel Liebe, wie du willst, ohne daß du dich allzu tief binden müßtest.«

»Und was ist der Haken bei der Sache?« fragen Sie.

»Ich will dich zehn Jahre vor Ende deines Lebens haben.«

Sie geraten ins Grübeln. Die durchschnittliche Lebenserwartung liegt bei etwa 75. Das würde bedeuten, schon mit 65 abzutreten. Das hört sich nach einem guten Angebot an, denn jetzt sind Sie 25, vor Ihnen liegt eine Ewigkeit. Also dann, beschließen Sie, volle Kraft voraus.

Sie haben gerade einen Pakt mit dem Teufel geschlossen, und Ihr Streber hat die Bedingungen ausgehandelt. Wie riskant es ist, Ihr Schicksal in die Hände dieser Scharlatane zu legen, werden Sie schneller erfahren, als Ihnen lieb ist. Schon bald werden Sie sich an ein Leben an der Streß-Klippe gewöhnen müssen, und bereits weit vor Ihrem 60. Geburtstag werden Sie es mit ernsthaften gesundheitlichen Schwierigkeiten zu tun bekommen.

Die Streber-Streß-Klippe ist wahrlich kein beschauliches Plätzchen an der Sonne: Sie benötigen stimmungsaufhellende Medikamente, literweise Kaffee oder andere Stimulanzien, um Ihre Energiespeicher aufzufüllen. Sie kommen früher als geplant aus dem Urlaub zurück, da Sie es ohne Arbeit nicht aushalten. Jeden Tag arbeiten Sie bis zur völligen Erschöpfung, bis Sie unter chronischer Müdigkeit, ständiger Angst, Ungeduld und steigender Anspannung leiden. Die Streß-Leiter werden Sie mit Siebenmeilenstiefeln erklimmen. Das persönliche Unbehagen beginnt mit Muskelverspannungen, Nackenversteifungen, Rückenschmerzen und Spannungskopfschmerzen. Mit diesen Symptomen gehen Langeweile, Angst und Depressionen einher. Das mag sich widersprüchlich anhören, doch ist Ihr Ziel erreicht, geht das Interesse an der Sache oder der Person verloren, in der Folge breitet sich Langeweile aus. Die durch den Streber ausgelöste Angst zeigt sich in rastloser und verbissener Unruhe. Der Versuch, dem unaufhörlichen Druck des Strebers zu entkommen, besteht in der Flucht in die die Depression. Dadurch allerdings wird die Angst wiederum verstärkt, denn vor nichts fürchtet sich der Streber mehr, als in einem Sumpf aus träger Niedergeschlagenheit steckenzubleiben. Um neuen Mut zu schöpfen und sich von den Fesseln der Depression zu befreien, wird der Streber Ihnen ein neues Angebot unterbreiten. Natürlich wird das Ihren Streß zusätzlich erhöhen. Ein Teil von Ihnen ist todmüde, will ruhen und kann nur mit Hilfe der Depression diese Ruhe finden. Der andere Teil treibt Sie wie einen Maulesel an, aus Angst, niemals mehr aus dieser Depression herauszukommen – eine brisante, für den ein oder anderen gar tödliche Mischung!

Marlis, Anfang 50, erzählte uns die tragische Geschichte ihres Mannes:

»Mein Mann hatte sein Geschäft ganz alleine aufgebaut. Vor zwanzig Jahren hatte er mit einer kleinen ortsansässigen Firma begonnen, heute ist es ein bundesweit operierendes Unternehmen. Als er fünfzig Jahre alt war, stand er ganz oben – er hatte ein gutgehendes Unternehmen und soviel

Geld, wie er wollte. Vor etwa einem Jahr bekam er allerdings heftige Depressionen und sah in seinem Leben keinen Sinn mehr. Nichts konnte ihn mehr herausfordern. Ich bat ihn, sich doch professionelle Hilfe zu suchen, aber das lehnte er mit der Begründung ab, er könne seine Probleme selbst lösen. Einige Wochen später beging er Selbstmord. Alle unsere Freunde waren entsetzt. Die Firma geriet in Schwierigkeiten, und ich beginne mich erst jetzt langsam wieder zu fangen.«

Daß es in seinem Leben keine Herausforderungen mehr gab, war nicht der wahre Grund für seine Depressionen. Er hätte, so fähig wie er war, neue Aufgaben finden können. Er war enttäuscht, als er sich auf der Höhe seines Erfolges wähnte und spürte, daß ihn dies überhaupt nicht berührte. Alle von ihm erwarteten Belohnungen in Form von Liebe und innerem Frieden stellten sich nicht ein. Hier tritt das Dilemma des Strebers deutlich zu Tage, und sowohl neu gesteckte Ziele als auch eine ständig zunehmende Betriebsamkeit können nur darüber hinwegtäuschen. Um seiner selbst willen geliebt zu werden setzt voraus, mit sich selbst im Einklang zu leben. Wer mit sich selbst jedoch nicht im Einklang lebt, wird irgendwann eine innere Leere empfinden, die mit Geld nicht zu füllen ist. Statt dessen besteht die Gefahr, depressiv zu werden. Manchmal allerdings kann diese Depression auch einen Erkenntnisprozeß auslösen, sie muß nicht zwangsläufig der Vorbote einer tragischen Entwicklung sein.

Achten Sie auf die Warnzeichen Ihres Körpers. Nehmen Sie nicht nur Anzeichen einer beginnenden depressiven Stimmung, innere Unruhe oder Erschöpfung, sondern auch ständige Kopfschmerzen, Nackenverspannungen oder Schmerzen in Armen und Beinen ernst. Werden solche körperlichen und psychischen Beschwerden ignoriert, kann es in der Folge zu ernsten Erkrankungen wie Bluthochdruck und Herzinfarkt kommen.

So war es auch bei Reiner, dem Leiter eines Krankenhauses, der die Warnzeichen seines Körpers nicht zur Kenntnis genommen hatte:

»Ich war schon immer arbeitssüchtig. Die Eigentümer des Krankenhauses hatten den Ehrgeiz, es zum besten der Stadt auszubauen, und so wurden wir alle ziemlich unter Druck gesetzt. Ich war angestellt worden, um die Betten zu füllen und die Erträge zu steigern. Darin war ich auch richtig gut. Ich überredete Stiftungen, uns die Ausstattung zu finanzieren, ich baute die Pressearbeit aus und arbeitete rund um die Uhr, inklusive der Wochenenden. Und ich war stolz, denn die Statistiken belegten, daß wir das am schnellsten wachsende Haus mit dem geringsten Personalbestand waren.

Zwei Jahre später hatten wir alle unsere Auflagen erfüllt. Ich hatte in dieser Zeit meinen Urlaub immer wieder verschoben, obwohl ich die ganze Zeit über müde war. Ich fühlte mich angespannt, war gereizt und litt ständig unter Kopfschmerzen. Wenn ich das im Rückblick betrachte, war es verrückt: Ich arbeitete für ein Krankenhaus und ruinierte meine Gesundheit. An einem Sonntagabend hatte ich dann einen Herzinfarkt: Wir hatten das ganze Wochenende durchgearbeitet und gerade eine unserer Marathon-Budgetverhandlungen beendet, als ich Schmerzen in der Brust und im Arm verspürte. Schmerzen hatte ich auch während der ganzen Woche zuvor schon gehabt, nahm sie aber einfach nicht zur Kenntnis. Meine Frau hat mich dann in die Notaufnahme der Klinik gefahren. Dort bin ich während der Untersuchung zusammengebrochen.«

Reiner kann heute, ein Jahr danach, immer noch nicht arbeiten. Dabei hätte er nicht nur seinen Herzinfarkt verhindern können, er könnte heute auch noch mitten im Arbeitsleben stehen, wenn er nur auf die Warnsignale seines Körpers gehört und sich einigen wenigen Untersuchungen unterzogen hätte.

Wenn der Streber sein strenges Regiment ausübt, treten vor allem Krankheiten des Herz-Kreislauf-Systems wie Herzinfarkt, Bluthochdruck sowie Migräne auf. Die beiden amerikanischen Herzspezialisten Meyer Friedman und Ray Rosenman haben das Verhalten von Reiner bei vielen Menschen beobachtet und als Typ-A-Verhalten bezeichnet. Sie unterschieden diese Typ-A-Persönlichkeiten mit ihrem sehr ausgeprägten Konkurrenzverhalten von Typ-B-Persönlichkeiten, deren Konkurrenzverhalten wesentlich schwächer ausgeprägt war. Menschen mit einem Typ-A-Verhalten trugen ein weitaus höheres Herzinfarktrisiko, waren aber nicht notwendigerweise erfolgreicher im Erreichen gesteckter Ziele als die Typ-B-Persönlichkeiten. Beide Autoren konnten in ihren Studien nachweisen, daß die Typ-A-Persönlichkeiten bei gleichen gesundheitlichen Ausgangsbedingungen ein siebenmal so hohes Herzinfarktrisiko aufwiesen wie Ihre Typ-B-Gegenspieler, und das, obwohl Variablen wie Ernährung und Sport bei beiden Gruppen gleich gehalten wurden.

Autogenes Training oder Meditation sind effektive Maßnahmen, um dem Streber entgegenzutreten. Die dadurch erzeugte Entspannung und Ruhe sorgen für körperliches und seelisches Wohlbefinden. Es gibt auch andere Ausgleichsmöglichkeiten wie beispielsweise Laufen, Schwimmen oder Gärtnern. Aber veranstalten Sie dabei in keinem Fall einen Wettbewerb.

Erfolg zu haben ist in Wahrheit mehr, als nur zu gewinnen. Es ist die stille, selbstzufriedene Freude über das Erreichte. Und Erfolg besteht auch in einer liebevollen, bereichernden Beziehung zu einem Partner, zu Kindern und Freunden – das ist sogar einer der größten.

■ *Spielanleitung für den Streber*

Verzerrte Wahrnehmung: **Wenn man will, daß es richtig gemacht wird, muß man es selbst machen.**

Hindernis: Sie haben nicht die Fähigkeit, Verantwortung und Aufgaben zu delegieren. Sie arbeiten viel mehr, als Sie müßten.

Ergebnis: Ob zu Hause oder in der Firma, Sie haben Schwierigkeiten, die Arbeitsbelastung mit anderen zu teilen.

Ihre neue Wahrnehmung: Nicht Sie selbst sind die Lösung, sondern Sie sind ein Teil der Lösung.

Ihr erster Zug: Führen Sie die Ideen und Vorschläge von anderen mit Ihrem Sachverstand im Sinne eines synergetischen Effektes zusammen.

Hindernis: Damit unterlaufen Sie Ihre Vorgaben. Ihr Streber wird an Ihr Ego appellieren und Sie glauben machen, niemand außer Ihnen könne diese Arbeit so gut machen. Warum sollten Sie plötzlich nicht mehr mit Ihrer Arbeit alleine zurechtkommen?

Ihr Gegenzug: Jeder geht seine Arbeit auf eine andere Weise an, und die muß nicht unbedingt schlechter als die eigene sein. Deshalb sollte Mitarbeitern bewußt Verantwortung übertragen werden. Treten Sie anderen Leuten nicht auf die Füße, wenn Ihr Streber auf der Jagd nach Erfolg ist. Nehmen Sie sich ein Beispiel an herausragenden Persönlichkeiten, die nicht auf Kosten anderer Karriere gemacht haben.

Verzerrte Wahrnehmung: **Die Durchführung Ihrer Aufgaben ist Ihnen wichtiger als gute zwischenmenschliche Beziehungen.**

Hindernis: Sie unterschätzen den Wert zwischenmenschlicher Beziehungen.

Ergebnis: Sie fühlen sich einsam und ausgeschlossen. Sie verlieren den Kontakt zu Menschen, denen Sie etwas wert sind.

Ihre neue Wahrnehmung: Es ist ebenso eine Lebensaufgabe, erfüllte und bereichernde Beziehungen zu pflegen.

Ihr erster Zug: Welche Person steht Ihnen am nächsten? Sie hat ein Recht auf die ihr gebührende Zeit. Ihre Arbeit hat in privaten Gesprächen keinen Platz. Sie sollten lernen, ruhig und aufmerksam zuzuhören.

Mögliche Fallen: Ihr Streber wird die Arbeit wieder an die erste Stelle plazieren.

Ihr Gegenzug: Weder Papier, noch Eigentum, noch Geld kann man wirklich lieben. Machen Sie das Ihrem Streber klar. Es ist Zeit für ein romantisches Wochenende, Zeit für Ausflüge, Kino und Opernbesuche mit dem Partner oder der Familie. Begrüßen Sie Ihre neugesteckten Ziele mit Freude. Und vergessen Sie nicht: Sie brauchen sich nicht zu entschuldigen, wenn Sie den Vertrag mit dem Teufel nicht einhalten.

Beginnen Sie nun selbst, indem Sie ein Hindernis beschreiben. Gehen Sie dann der Frage nach, zu welchen Folgen dieses Hindernis führt. Was wird Ihr erster Zug sein? Wo hat der Streber Fallstricke ausgelegt? Sie werden ihn mit einfallsreichen Gegenmanövern schon austricksen.

Verzerrte Wahrnehmung:

Hindernis:

Ergebnis:

Ihre neue Wahrnehmung:

Ihr erster Zug:

Mögliche Fallen:

Ihr Gegenzug:

Während Sie die Spielanleitung mit Leben zu füllen versuchen, können natürlich Schwierigkeiten auftauchen, die Sie zu einem Zwiegespräch mit Ihrem Streber nutzen sollten. Daraus kann sich ein weiteres Hindernis ergeben, das Sie dann Zug um Zug ausräumen.

Zwingen Sie den Streber durch Ihr neues Verhalten zum Rückzug!

- Was immer Sie tun – erst einmal tief durchatmen.
- Verbringen Sie mehr Zeit mit Ihrer Familie und Freunden.
- Beenden Sie die Arbeit zu einer vertretbaren Uhrzeit.
- Achten Sie die Meinungen anderer, und seien Sie kompromißbereiter.
- Fragen Sie sich, ob 110prozentiger Einsatz wirklich notwendig ist.
- Bevor Sie zu neuen Ufern aufbrechen, sollten Sie erst einmal die erreichten Ziele genießen.
- Arbeiten Sie auf fest definierte und erreichbare Ziele hin und nicht unter dem Druck von nach oben hin offenen Standards.
- Wenn Sie Vorgesetzter sind, sollten Sie Ihren Angestellten die erwarteten Ergebnisse erklären und ihnen die Freiheit lassen, den Weg, um dorthin zu gelangen, selbst auszuwählen.
- In einer unkontrollierbaren Situation sollten Sie mit dem »bestmöglichen Ergebnis« zufrieden sein.

6

Der Sorgenmacher

Ob das wohl gutgeht?

Sanft entgleiten Sie in Morpheus' Arme, als Sie plötzlich eine äußerst unwillkommene Stimme aus dem Schlaf reißt. Sie gehört Ihrem Sorgenmacher, der sie unmißverständlich dazu auffordert, nachzuprüfen, ob auch die Haustür richtig verschlossen ist. Ob Sie denn wohl gerne ausgeraubt werden wollen, fragt er weiter, und als Sie hochschrecken, legt er nach:

»Laß nur die Türe offen, gib den Einbrechern eine Chance.«

Also verlassen Sie das warme Bett, um die Tür zu überprüfen. Aber Sie ist, wie Sie vermutet haben, bombenfest verschlossen. Verdrossen steigen Sie wieder in Ihr Bett.

Kaum liegen Sie, geht es schon wieder los:

»Ja, ja, leg dich nur schlafen. Geld wird dir ja bestimmt keines gestohlen. Du wärst ja froh, wenn du welches hättest.«

Zunehmend fühlen Sie sich beunruhigt durch die wachsende Bedrohlichkeit in der Stimme Ihres Sorgenmachers. Er spricht das Thema Geld an, was Ihnen zu dieser nachtschlafenden Zeit äußerst lästig ist. Mit dem Hinweis, daß Sie morgen einen schweren Tag haben, versuchen Sie, Ihren Sorgenmacher zur Ruhe zu bringen.

»Richtig«, erwidert er, »morgen mußt du wieder Geld verdienen, du kannst dich noch lange nicht auf dein Altenteil zurückziehen.«

Und, schwups, ist die nagende Sorge über Ihre mangelhafte Altersversorgung wieder da. Mittlerweile ist es drei Uhr nachts, Sie liegen mit weit aufgerissenen Augen im Bett und stellen sich vor, wie Sie von der staatlichen Fürsorge leben müssen. Diese schlaflose Nacht darf Ihr Sorgenmacher durchaus als einen weiteren Erfolg verbuchen.

Das Verhalten des Sorgenmachers ist zutiefst widernatürlich: Wer kann schon mitten in der Nacht Strategien zur Lösung von Problemen entwickeln? Und er löst immer wieder die gleichen Assoziationsketten aus: Fällt beispielsweise der Begriff Inflation, sehen Sie vor Ihrem geistigen Auge, wie Ihre Ersparnisse dahinschwinden und Sie mit ihrem festgelegten Gehalt in der Klemme stecken. Lesen Sie in der Zeitung etwas über einen Autounfall, sehen Sie Ihren gerade 18 Jahre alt gewordenen Sohn verblutend auf der Autobahn liegen. Ihr Sorgenmacher sucht nach Sicherheiten, aber Sie können ihn niemals zufriedenstellen. In welche Richtung sich die Dinge auch immer entwickeln, Sie machen sich Sorgen: »Was, wenn mich von dieser Feier niemand mit nach Hause nimmt? Was, wenn es doch jemand tut?«

Bei Ihren Mitmenschen erkennen Sie den Sorgenmacher an deren permanent verlautbarten Warnungen und dem Heraufbeschwören unheilvoller Szenarien: Der Dritte Weltkrieg steht unausweichlich vor der Tür, ein Erdbeben wird alle Menschen in der Stadt vernichten, und, etwas weniger dramatisch, es wird ausgerechnet zum Familienfest in Strömen gießen. Natürlich gibt es gute Gründe, sich um all diese Dinge Gedanken zu machen, aber sie lassen sich durch noch so viele Sorgen nicht verändern. Doch der Sorgenmacher erzeugt unbeirrt eine Panik, wie sie auch kleine Kinder empfinden.

Rationalen Argumenten gegenüber ist der Sorgenmacher nicht gerade aufgeschlossen. Er findet immer gute Gründe, um sich Sorgen zu machen. So hat beispielsweise Ihre Sekretärin eine Schwester, deren Schwager an einer sehr seltenen Malariaform erkrankt ist. Selbst lange nachdem die Sekretärin gekündigt hat, ist ihr Sorgenmacher immer noch davon überzeugt, daß von der damals benutzten Computertastatur Ihrer Sekretärin eine Gefahr ausgeht. Oder es wird in der Presse von einem Frauenschänder und Mörder berichtet, der sich in einem allerdings 1000 Kilometer entfernten Ort herumtreibt. Selbstverständlich möchte der Sorgenmacher alle Mädchen in der Nachbarschaft warnen, erst nach Einbruch der Dunkelheit zu Hause zu sein. In einem unserer Seminare erzählte uns eine Frau sogar, daß sie sich immer noch um die Opfer der Titanic-Katastrophe Sorgen mache.

Der Sorgenmacher öffnet der Panik Tür und Tor. In einem unserer Seminare ereignete sich der folgende Zwischenfall: Von Anfang an kam uns Marion irgendwie verdächtig vor. Noch bevor das Seminar begann, machte sie sich ernsthafte Gedanken darüber, wo, wann und wie ihr Mann sie nach dem Seminar aufgabeln würde. Aus Angst, sich zu verfahren, war sie nicht selbst mit dem Wagen gekommen. Schon zu Beginn der Sitzung begann sie, mürrisch Fragen zu stellen. Würde man sich jeden Abend in demselben Zimmer treffen? Gab es mehr als einen Eingang? Würde das Treffen jeden Abend zur selben Zeit enden? Sie checkte alles ab, damit ihr Mann sie beim Abholen auch wirklich finden würde. Am zweiten Abend geriet sie in Panik, denn ihr Mann hatte sich zehn Minuten verspätet. Sie befürchtete, er könnte sie vergessen haben oder wäre in einen Verkehrsunfall verwickelt worden. Sie wollte das Gebäude verlassen, um nach ihm zu suchen. Obwohl wir Marion darauf hinwiesen, daß ihr Verhalten panisch sei, konnte sie sich nicht beruhigen. In der dritten Sitzung brach sie die Entspannungsübung ab. Sie tippelte auf Zehenspitzen zwischen den am Boden liegenden Menschen umher und flüsterte, daß sie wohl besser draußen warten würde, die Räume seien so abgedunkelt, daß ihr Mann denken könnte, der Kurs wäre vorzeitig beendet worden.

Marion zu helfen war ein hartes Stück Arbeit. Nur mit der Unterstützung durch die Gruppe schaffte Sie es, auch an der letzten Sitzung teilzunehmen. Diesmal war sie selbst mit dem Auto gekommen. Ihr Mann hatte ihr auf einer Karte den Heimweg genau eingezeichnet, sie aber machte sich Sorgen über den hinderlichen Feierabendverkehr. Dann verließ sie gemeinsam mit den anderen das Gebäude, und es schien uns, als hätte sie die Situation im Griff. Völlig panisch kam sie nach wenigen Minuten zurück.

Sie erklärte uns, ihre Autoschlüssel würden nicht ins Türschloß passen, da sei irgend etwas nicht in Ordnung. Wir beruhigten sie zunächst und meinten, sie solle es noch einmal versuchen. Wir fanden sie etwa zwanzig Minuten später an einem vor dem Gebäude geparkten Auto, nach wie vor mit den Autoschlüsseln kämpfend. Wieder versuchten wir sie zu beruhigen, bis wir plötzlich erkannten, was die Ursache des Problems war. Wir machten sie darauf aufmerksam, daß in der Straße noch ein weiteres Fahrzeug parken würde. Wir baten sie, sich das andere Auto doch einmal genauer anzusehen. Natürlich wollte sie wissen, warum. Nun, es verhielt sich ganz einfach so, daß dieser andere Wagen der ihrige war und sie die ganze Zeit versucht hatte, mit ihrem Schlüssel unseren Wagen aufzuschließen.

Dem Sorgenmacher war es einmal mehr gelungen, völlige Verwirrung auszulösen. Hat er von Ihnen einmal Besitz ergriffen, spüren Sie an allen Ecken und Enden Ihres Lebens Desaster heraufziehen. Die damit einhergehende Angst, die Zweifel, die Furcht und die eingebildete Bedrohung verursachen Streß und erschöpfen Sie sowohl körperlich als auch psychisch. Sich immer und überall übertriebene Sorgen zu machen, kann ein von den Eltern bereits auf das Kind übertragenes Verhaltensmuster sein. Aus dem vorgelebten Verhalten der Eltern muß das Kind rückschließen, daß es ein wichtiges Überlebenswerkzeug ist, über alles und immer besorgt zu sein.

Ein klassisches Beispiel: Die Eltern bereiten das Kind auf den Aufenthalt in einem Sommerzeltlager vor. Name, Adresse, Telefonnummer werden dem Kind nicht nur eingebleut, auch alle Taschen sowie die gesamte Kleidung werden mit kleinen Schildern versehen, auf denen darüber hinaus auch noch Angaben zu finden sind, wo und wie der nächste Verwandte zu erreichen ist – für den Fall, daß das Kind von einem Bären gefressen wird, sich im Wald verläuft oder entführt wird.

Gemeinsam mit den Wünschen für einen schönen Aufenthalt werden dem Kind noch einige Verhaltensmaßregeln mit auf den Weg gegeben:

»Kletter nicht auf Bäume, geh nicht alleine in den Wald, und schwimm auf keinen Fall, wo es nicht wirklich sicher ist. Und streichle keine fremden Tiere!«

Was um Himmels willen für fremde Tiere, fragt sich das Kind. Ob die Erwachsenen mich wohl für dämlich halten? Warum werde ich nur vor allem und jedem gewarnt? Aber vielleicht bin ich wirklich nicht in der Lage, auf mich selbst aufzupassen.

Kurz vor Abfahrt bittet der Vater den Busfahrer

noch darum, das Kind vorne sitzen zu lassen, weil es ihm sonst während der Fahrt schlecht wird. Die Mutter schwenkt weinend das Taschentuch und ermahnt ihr Kind noch einmal, immer vorsichtig zu sein. Und plötzlich fühlt es sich bedrückt: Sommerzeltlager scheinen irgendwie gefährlich zu sein!

Derart überbesorgte Eltern meinen es zwar gut mit ihren Kindern, aber unbeabsichtigt schaden sie ihnen. Die Eltern wollen, daß ihre Kinder geschützt und sicher in einer Welt aufwachsen, die sie selbst offensichtlich als unwirtlich und gefährlich empfinden. Aber wie soll ein Mensch Selbstvertrauen entwickeln, wenn er das Gefühl vermittelt bekommt, für sich selbst keine Verantwortung übernehmen zu können? Nicht alle Kinder lassen sich von ihren besorgten Eltern einschüchtern. Doch auch in diesem Fall wird ihre Jugend nicht problemfrei verlaufen: Im Sommerzeltlager steht alles bestens. Und welch ein wunderbares Gefühl, zu schwimmen, zu tauchen und im Wasser zu toben. Doch jedesmal, wenn unser Kind zu weit rausschwimmt, hört es im Geiste die gellenden Schreie der Mutter, sofort zurückzukommen, das sei doch viel zu gefährlich. Doch das Kind weiß, daß es ein guter Schwimmer ist, und empfindet die Situation überhaupt nicht als bedrohlich. Kann es sich denn nicht auf sich selbst verlassen? Zwischen dem Kind und seinen überbesorgten Eltern entsteht eine Vertrauenslücke, denn wenn es seinen Eltern Glauben schenkt, muß es seine eigenen Wahrnehmungen verleugnen. Wenn es aber seinen Eltern nicht glaubt, muß es damit auch eingestehen, daß deren Sicht der Dinge unglaubwürdig ist. Das Kind steckt also in einem Dilemma, das es nicht zu lösen in der Lage ist, denn es liebt ja seine Eltern und möchte sich an ihnen orientieren.

In einem unserer Seminare schilderte uns Bernd sehr anschaulich, wie sehr ein von übertriebenen Sorgen geprägtes Familienleben ein Kind bedrükken kann:

»Ich kann mich noch daran erinnern, wie meine Großmutter damals zu uns zog. In ihrem Auftreten lag etwas Schweres, jeder spontanen Regung und Freude in der Familie verpaßte sie einen Dämpfer. Wir Kinder mußten nach dem Essen immer den Raum verlassen, damit die Angelegenheiten der Erwachsenen besprochen werden konnten. Ich hatte immer ein wenig Angst davor, was denn wohl hinter diesen verschlossenen Türen besprochen wurde. Eines Tages habe ich an der Küchentür gelauscht und mitbekommen, wie meine Mutter mit meiner Großmutter darüber sprach, ob unser Vater uns alle noch versorgen könnte oder ob sie sich selbst auch um eine Arbeitsstelle bemühen müßte. Als damals Zehnjähriger konnte ich aus dem Ton ihrer Stimme nur schließen, daß wir alle demnächst verhungern müßten. Voller Besorgnis pflückte ich die Äpfel von den Bäumen in unserem Garten und versuchte, sie an der Straße zu verkaufen. Ich wollte ihre Sorgen teilen und zur Versorgung der Familie beitragen. Ich hatte den Eindruck, damit geholfen zu haben, denn es gab immer genug zu essen, und meine Mutter mußte nicht arbeiten gehen. Als Erwachsener machte ich mir dann über alles Sorgen: Über meine Arbeit, über das Auto meiner Frau und darüber, ob wir uns, wenn die Kinder älter wären, ein größeres Haus würden leisten können. Ich machte mir Sorgen über den Schulweg der Kinder, ob wir zu streng seien, und ich machte mir Sorgen darüber, daß ich mir Sorgen machte. Ich war ein reines Nervenbündel.«

Unter der Regie des Sorgenmachers stellt sich mit der Zeit eine Wahrnehmungsverzerrung ein, derzufolge es gleichbedeutend ist, sich um ein Problem zu sorgen wie etwas für seine Lösung zu tun. Natürlich mußte Bernd in seiner Phantasie das Schlimmste annehmen, wenn die Probleme der Familie hinter verschlossenen Türen besprochen wurden. Dabei hätte die Wahrheit durchaus eine Chance gehabt, hätte die Familie nur offen über alles gesprochen. Mit seiner Idee lag Bernd im Grunde genau richtig, denn anstatt sich Sorgen über das Problem zu machen, ging er die Lösung direkt an.

Wer seinem Sorgenmacher folgt, ist immer auf das Schlimmste gefaßt. Falls der Himmel über einem einstürzt, ist man wenigstens darauf vorbereitet. Aber was, wenn der Himmel nicht einstürzt? Angst und Furcht sind sicher keine guten Ratgeber, um Probleme zu lösen. Es gibt Schwierigkeiten, die ohne eigenes Zutun mit der Zeit gegenstandslos werden, und es gibt Zeiten, in denen man ein bestimmtes Problem nicht lösen kann. Erst wenn man genau weiß, was zu tun ist, sollte man sich mit dem entsprechenden Problem beschäftigen. Hilfreich ist eine innere Sicherheit und ein Grundvertrauen in sich selbst und seine Fähigkeiten sowie die Überzeugung, das Leben meistern und Verantwortung für sich selbst übernehmen zu können. Der Sorgenmacher steht einem dabei nur im Weg – weisen Sie ihn in seine Schranken!

Finden Sie heraus, welche charakteristischen Eigenschaften Ihren Sorgenmacher auszeichnen.

Anhand der Antworten auf die folgenden Fragen können Sie herausfinden, welche charakteristischen Eigenschaften Ihren Sorgenmacher auszeichnen. Sie haben jeweils fünf Auswahlmöglichkeiten. Die jeweilige Ziffer sollten Sie auf der Linie eintragen, die neben der Frage steht. Am Schluß zählen Sie zusammen und schreiben den Wert auf die unter den Fragen stehende Linie. Fragen, die Sie mit 6 oder 8 Punkten versehen, sollten Sie besonders gewissenhaft prüfen. Wenn Sie mehr als 48 Punkte erreichen, stehen Sie deutlich unter dem Einfluß Ihres Sorgenmachers.

(Nahezu immer=8) (Häufig=6)
(Manchmal=4) (Gelegentlich=2) (Nie=1)

1. Haben Sie Angst, gekündigt zu werden, wenn Sie Fehler bei der Arbeit machen? ......
2. Beschäftigen Sie die Schwierigkeiten eines Projektes so sehr, daß sowohl Ihre Kreativität als auch Ihre Leistungsfähigkeit eingeschränkt sind? ......
3. Sind Sie vor einer Beurteilung beunruhigt, oder spüren Sie Angst? ......
4. Wenn Sie einen Fehler gemacht haben, trauen Sie anschließend Ihren eigenen Entscheidungen nicht mehr über den Weg? ......
5. Kontrollieren Sie Ihre Arbeitskollegen häufig, indem Sie ihnen über die Schulter schauen? ......
6. Befürchten Sie in schwierigen Situationen immer das Schlimmste? ......
7. Meinen Sie, es sei dasselbe, sich über die nächsten Angehörigen Sorgen zu machen wie sich um sie zu sorgen? ......
8. Finden Sie, Ihre Familie oder Freunde nehmen Ihre Warnungen vor möglichen Gefahren nicht ernst genug? ......
9. Nehmen Sie an bestimmten Aktivitäten nicht teil, weil Sie Angst vor dem Eintreten eines unbestimmten Ereignisses haben? ......
10. Brauchen Sie von Ihrer Familie oder Freunden auch für kleine Entscheidungen ständig Rückversicherung? ......
11. Sind Sie so sehr mit Ihren Sorgen beschäftigt, daß es Ihnen schwerfällt, anderen zuzuhören? ......
12. Wie häufig wachen Sie mitten in der Nacht auf, weil Sie sich Sorgen machen? ......

...... Gesamt

0 48 96

Der Sorgenmacher und Ihre Freunde

Niemand wird behaupten können, Sie seien ein besonders großer Spaßvogel. Mag sein, daß Sie ein sehr ergebener Freund sind, ein Abenteurer sind Sie sicher nicht. Und das ist kein Wunder, denn Ihr Sorgenmacher ist mit einem wöchentlichen Abendessen bei Nachbarn bereits mehr als zufrieden. Alles, was den Anschein nach weiterreichender Exotik hat, wird mit der Begründung abgelehnt, daß man ja nie weiß, was woanders passieren kann. Geht zu Hause etwas schief, weiß man wenigstes, wo das Telefon steht und wo man anrufen muß. Eine Reise nach Amerika? Schier unmöglich! Wie wird man sich dort nur verständigen? Das Gepäck könnte verloren gehen, das Flugzeug abstürzen. Oder man wird Opfer eines Raubüberfalls. Eine Party? Sehr problematisch! Wer wird da sein? Wie komme ich hin? Was ziehe ich an? Über was werden wir reden?

Ihr Sorgenmacher verwandelt Sie in einen Langweiler. Mit einem Langweiler befreundet zu sein, ist nicht unbedingt erfrischend. In einem unserer Seminare erzählte uns die Buchhändlerin Lore von einem Erlebnis besonderer Art: »Letzten Sommer habe ich meine Freundin Hellen gemeinsam mit anderen Freunden zu einem Campingwochenende eingeladen, weil sie sich immer über ihr Alleinsein beschwert hatte. Daß dieses Wochenende in einer Katastrophe enden würde, war von Anfang an vorauszusehen. Als ich sie mit meiner Freundin abholen wollte, hatte sie nur die Hälfte gepackt und rannte völlig mutlos im Wohnzimmer auf und ab. Sie fand tausend Ausreden, nicht mitzukommen, so daß meine Freundin schon ganz ungeduldig wurde. Da ich wußte, wie einsam sie sich fühlte, hoffte ich, sie könnte loslassen, sich keine Sorgen mehr machen und den Ausflug dann richtig genießen. Also überzeugte ich sie, doch noch mitzukommen. Das führte zu einem Angstanfall vor der Autobahn, so daß ich ihren Wagen fahren mußte.

Unsere Freunde ließen es sich auf dem Campingplatz schon richtig gut gehen und schwammen im See, grillten oder sonnten sich. Also pellten wir uns aus unseren Kleidern und zogen die Badeanzüge an. Als ich Hellen meinen Freunden vorstellen wollte, konnte ich es kaum fassen. Sie hatte einen breitkrempigen weißen Hut auf, war im Gesicht dick mit Sonnencreme eingeschmiert und trug Handschuhe. Zur Begründung für ihren Aufzug führte sie an, eine Sonnenallergie zu haben. Den eigentlichen Grund für ihre Anwesenheit, nämlich Männer kennenzulernen, schien sie völlig vergessen zu haben. Nach diesem Auftritt konnte kein normaler Mensch sie anziehend finden.

So ging es die ganze Zeit weiter. Sie war an diesem Wochenende wirklich kein Gewinn. Das Traurige an der Geschichte war, daß ich sie eigentlich sehr mochte. Mit ihren Sorgen konnte ich allerdings nichts anfangen. Sie machte es mir wirklich nicht leicht, mit ihr befreundet zu bleiben.«

Der Sorgenmacher fühlt sich unter Menschen, die verschieden von Ihnen sind, unwohl. Er sucht lieber nach seinesgleichen, nach Menschen, die der gleichen Religionsgemeinschaft angehören, die gleiche politische Ansichten vertreten oder im selben Beruf tätig sind. In allen ungewohnten Situationen fühlt er sich linkisch und unbeholfen, Ihr Sorgenmacher wählt immer nur das Bekannte und Vertraute. Sein Motto lautet: Geh' auf Nummer Sicher! Interessante Menschen wird man auf diesen ausgetretenen Pfaden allerdings nicht treffen.

Wie können Sie einem Freund helfen, dessen Sorgenmacher Ihre Freundschaft bedroht? Am besten ist es, Ihrem Freund direkt ins Gesicht zu sagen, wie sehr Sie sein Verhalten stört. Den Sorgenmacher beruhigen zu wollen ist ein zum Scheitern verurteiltes Unterfangen. Der Brunnen, aus dem er seine Sorgen schöpft, ist unermeßlich tief. Setzen Sie Ihrem Freund Grenzen. Bestimmte nicht lösbare Probleme sollten einfach nicht mehr angesprochen werden. Kann aber ein Problem von Ihrem Freund gelöst werden, sollte er dafür auch für zuständig erklärt werden. Erklären Sie Ihrem Freund die Regeln, und erläutern Sie ihm, warum Sie so direkt sind.

Und was ist zu tun, wenn Sie selbst von einem Sorgenmacher geplagt werden? Bitten Sie Ihre Freunde, Sie auf Ihr Verhalten anzusprechen – wozu sind Freunde schließlich da.

Der Sorgenmacher und Ihr Partner

Sie brauchen unendlich viele Liebesbeweise. Egal wie oft Sie »Ich liebe dich« hören, Ihrem Sorgenmacher reicht es nicht, um beruhigt zu sein. Denn seiner Ansicht nach ist die Liebe vergänglich – Grund zu stetiger Sorge! Und so verlangen Sie von Ihrem Partner permanent, seine Liebe und Redlichkeit unter Beweis zu stellen.

Wie sehr der Sorgenmacher eine Beziehung belasten kann, erzählte uns Ernst. Seine Frau machte sich ständig Gedanken um ihre Eltern:

»Bis auf einen Punkt habe ich mich mit meiner Frau eigentlich sehr gut vertragen, und das waren ihre Eltern. Es war schon schlimm genug, mit ihrem Sorgenmacher zu leben. Kam dann allerdings noch der ihres Vaters hinzu, wurde es unerträglich. Zudem lebten die Eltern auch noch direkt um die Ecke. Unser Sohn war damals fünf Jahre alt und behindert, und alle machten sich nun gemeinsam um ihn Sorgen. Michael ging auf eine Behindertenschule und wurde von einem Bus direkt vor unserer Haustür mitgenommen und dort auch wieder abgesetzt. Gleichwohl machte sich meine Frau Sorgen, Michael könnte aus dem Bus fallen und überfahren werden. Ihr Vater erzählte ihr dazu auch noch ständig Geschichten von Unfällen mit Schulbussen, über die er gehört oder gelesen hatte. Dann rief sie mich völlig aufgelöst im Büro an und obwohl ich ihr riet, nicht auf Ihren Vater zu hören, konnte sie diese Geschichten einfach nicht vergessen. Statt dessen bekamen wir Streit, denn sie beschuldigte mich, Michael gegenüber gleichgültig zu sein.

Nachdem wir neun Jahre lang Haus an Haus mit ihren Eltern gelebt hatten, zogen wir weg. Da meine Frau fast schon eine Abhängigkeit zu ihren Eltern entwickelt hatte, fiel ihr das zu Beginn sehr schwer. Wegen allem und jedem rief sie ihre Mutter an. Als die Ferngespräche überhand nahmen, sagte ich ihr meine Meinung. Wir führten viele Gespräche, bis sie mich schließlich verstehen konnte und von da an ihren eigenen Entscheidungen vertraute.

Sie macht sich jetzt viel weniger Sorgen und ruft nur einmal im Monat bei ihren Eltern an. Neulich ist sie sogar mit Freunden ausgegangen, obwohl sie wußte, daß ihre Eltern abends anrufen würden. Seit sie gelernt hat, auf eigenen Füßen zu stehen, geht es auch mit uns beiden besser.«

In solch einer vertrauensvollen Beziehung können derartige Strategien ausprobiert werden, und wie man sieht, führen sie sogar zum Erfolg. Macht sich der Sorgenmacher bemerkbar, sollte Ihr Partner Ihnen das ruhig aufzeigen dürfen. Ermuntern Sie Ihn, gemeinsam nach Lösungen für Ihre Sorgen zu suchen. Beruhigen, das wissen Sie bereits, können Sie Ihren Sorgenmacher nicht.

Symptomatisch für den Sorgenmacher ist es auch, gewöhnliche Ereignisse völlig zu übertreiben. Im Vordergrund steht dabei die Angst, nicht zu Gehör zu kommen, eine Sorge, die nicht unberechtigt ist, denn wer täglich den Weltuntergang vorhersagt, wird kaum mehr ernst genommen. Also werden bestimmte Situationen vor allem dem Partner gegenüber dramatisiert, so daß er darauf reagieren muß. Endlich, so sagt er sich dann, erkennt jemand, wie ernst die Angelegenheit wirklich ist.

Dieses Spiel spielten auch Gloria und Claus. Schon an der Tür begrüßt Gloria ihren gerade von der Arbeit kommenden Mann.

»Es hat doch geschneit. Warum hast du denn keine Handschuhe und keine Mütze mitgenommen? Du wirst dich noch erkälten.«

Die Antwort von Claus kennt Gloria bereits, er versucht sie zu beruhigen und ihr zu bescheinigen, daß es ihm gutgeht.

In der Küche geht es dann weiter: »Nach der heutigen Inspektion können wir unseren Wagen wahrscheinlich verschrotten lassen«, sagt Gloria.

Nun hat sie die ganze Aufmerksamkeit Ihres Mannes. »Welche Inspektion? Was ist denn mit unserem Auto?«

»Letzte Woche machte der so komische Geräusche. Ich fand das ziemlich beunruhigend.«

»Was denn für Geräusche? Ich hab' davon überhaupt nichts bemerkt. Was haben sie denn gefunden?« fragt Claus besorgt.

»Das ist es ja gerade«, sagt Gloria, »sie finden nichts und wissen auch nicht, was es ist. Das ist ja so besorgniserregend.«

Nun beginnt Claus sich aufzuregen. »Willst du damit sagen, du hast Hunderte von Mark ausgegeben, um herauszufinden, daß das Auto völlig in Ordnung ist?«

»Nicht Hunderte. Zweitausend, um genau zu sein. Diese Geräusche waren mir unheimlich, aber das habe ich dir ja schon gesagt.«

Claus ist von seinem Stuhl aufgesprungen, sein Gesicht ist rot vor Wut.

»Du hast zweitausend Mark ausgegeben, um festzustellen, daß das Auto o.k. ist?«

»Beruhige dich doch. Du weißt, das ist nicht gut für deinen hohen Blutdruck.«

»Ich soll mich beruhigen? Du schmeißt zweitausend Mark wegen irgendwelcher imaginären Geräusche zum Fenster raus, und ich soll mich beruhigen?«

Was tun in einer solchen Situation? Vor allem: Lassen Sie sich nicht mit Ihrem Partner auf die Verrücktheiten seines Sorgenmachers ein, und schenken Sie seinen Schlußfolgerungen keine Beachtung. Beschränken Sie sich auf den Umgang mit der Wirklichkeit, um den Würgegriff dieser Streßpersönlichkeit zu lösen.

In bestimmten Situationen werden auch gerne Sorgen vorgetragen, obwohl eigentlich andere Gefühle empfunden werden: Sie verspäten sich zwei Stunden, und Ihre Frau ist eigentlich wütend und rasend vor Eifersucht, weil Sie vermutet, daß Sie die Zeit mit Ihrer Sekretärin und einigen Gläsern Champagner verbracht haben. Begrüßt werden Sie aber wie folgt:

»Mein Gott, wo bist du denn gewesen? Ich habe mir solche Sorgen um dich gemacht. Ich hatte solche Angst, daß dir was passiert ist!«

Wer anderen Menschen Sorge bereitet, fühlt sich automatisch schuldig. Und so fühlen Sie sich jetzt auch. Es wäre von Ihrer Frau wesentlich ehrlicher gewesen, den Ärger zuzugeben und damit zwischen Ihnen beiden wieder reinen Tisch zu machen. Doch das läßt ihr Sorgenmacher nicht zu. Versuchen Sie also, die Hintergründe der vorgetragenen Sorgen herauszufinden, um sie mit Ihrem Partner offen und ehrlich zu besprechen.

Sind Sie der Sorgenmacher der Familie? Dann wundern Sie sich nicht, wenn die übrigen Familienmitglieder die kleinen und großen Privatkatastrophen vor Ihnen zu verheimlichen suchen, weil sie verhindern möchten, daß Sie sich Sorgen machen. Doch damit setzt sich Ihre Familie auch gehörig unter Druck, denn solche Mitteilungen von Ihnen fernzuhalten ist anstrengend. Darüber hinaus fehlen Sie zur Bewältigung der Probleme.

Ihre Familie sollte Ihnen sagen können, was los ist, und Sie sollten dafür Sorge tragen, daß dies möglich ist. Bemühen Sie sich zunächst, den Wirklichkeitsgehalt einer Situation zu erfassen. Häufig wird Ihnen dann von ganz alleine klar, mit welchen unterschwelligen Wahrnehmungsverzerrungen der Sorgenmacher arbeitet. Allein die offene Suche nach den Tatsachen hilft gegen die nebulösen Vermutungen dieser Streßpersönlichkeit.

Wer mit seinem Sorgenmacher nicht zu Rande kommt, wird keinen Frieden finden. Selbst wenn die Kinder groß und aus dem Haus sind, wird man sich noch um sie sorgen. So ging es auch Liselotte, die von ihren Ängsten derart überwältigt war, daß sie an nichts anderes mehr denken konnte.

»Unsere älteste Tochter zog im Alter von zwanzig Jahren in eine eigene Wohnung. Als sie allein lebte, machte ich mir Sorgen, aber als dann ein Mann mit einzog, sorgte ich mich noch mehr. Er war achtundzwanzig, geschieden und hatte einen Sohn. Es ging ihm finanziell nicht so gut, und er schien auch nicht besonders verantwortungsbewußt zu sein. Ich verbrachte schlaflose Nächte wegen unserer Tochter. Wir hatten so gehofft, sie würde einen Mann mit einer glänzenden Zukunft finden. Als mein Mann dann von einem Kollegen erzählte, dessen Tochter von ihrem Freund mißhandelt worden war, machte ich mir ernste Sorgen, ob unserer Tochter etwas Ähnliches zustoßen könnte. Am Ende war alle Aufregung umsonst. Unsere Tochter beendete die Beziehung. Aber ich konnte dennoch nicht aufhören, mir Sorgen zu machen.«

Schließlich entschied Liselotte, ihr Leben von Grund auf zu ändern. Sie hatte gemeinsam mit ihrem Mann die beiden Kinder, so gut sie konnten, großgezogen, und nun war es an der Zeit, daß die Kinder für ihr eigenes Leben Verantwortung übernahmen. Ihr Mann und sie waren nun frei. Liselotte sah ein, daß sie ihre Kinder nicht weiterhin beschützen konnte und sich nun auf ihre eigenen Probleme konzentrieren durfte. Sie bot Hilfe nur noch dann an, wenn sie darum gebeten wurde, aus allem anderen hielt sie sich raus.

Es ist ein weitverbreiteter Irrtum zu glauben, die Beziehung zu seinen Kindern könne man nur aufrechterhalten, wenn man sie wie gewohnt umsorgt. Verlorene Liebesmüh, denn sowohl Ihnen als auch Ihren Kindern nimmt der Sorgenmacher jede Freude. Ob Sie nun Kinder haben oder nicht, lassen Sie Ihre Streßpersönlichkeit wissen, daß Sie Ihr Leben in Zukunft genießen werden, statt sich permanent darüber zu grämen.

Der Sorgenmacher als Chef

Zum vierten Male in dieser Woche schleichen Sie nun schon über das Gelände des Autohändlers und grübeln darüber nach, ob Sie nun diesen flotten Sportflitzer kaufen sollen oder nicht. Na ja, denken Sie, man sollte schon genau das Für und Wider gegeneinander abwägen und es sich noch einmal in Ruhe überlegen.

Nun beginnt Ihr Zwiegespräch mit dem Sorgenmacher:

»Warum soll ich denn den Wagen nicht kaufen? In genau zwei Wochen bin ich Generalmanager und beziehe ein Bombengehalt. Ich möchte einmal in meinen Leben etwas Verrücktes machen und mir einen Traum erfüllen.«

»Nur nicht so überstürzt«, weist Sie Ihr Sorgenmacher zurecht. »Du weißt nie, was noch alles passieren kann. Noch bist du nicht befördert worden, noch hast du die Gehaltserhöhung nicht bekommen. Dieses Auto könnte dich finanziell ruinieren.«

»Warum sollte ich denn nicht befördert werden? Es ist doch sogar schon öffentlich bekanntgegeben worden«, antworten Sie leicht irritiert.

Es wird allmählich dunkel, und der Verkäufer lädt Sie lächelnd ein, doch hereinzukommen. Sie bedeuten ihm mit einem Kopfschütteln, daß Sie lediglich schauen wollen.

Ihr Sorgenmacher hakt nach. »Meinst du nicht, man würde dich mit so einem Wagen für einen ziemlichen Angeber halten?«

Sie werden immer unsicherer: »Das stimmt. Daran hatte ich noch gar nicht gedacht.«

Dieser Sportwagen ist vielleicht doch eine Nummer zu groß, was sollen die neuen Mitarbeiter wohl von Ihnen denken. Also steigen Sie mit hängenden Schultern in Ihren alten Wagen und fahren heim in die triste Vorstadt.

Der Sorgenmacher flößt Ihnen in allen wichtigen Situationen immer wieder Angst vor den Folgen einer falschen Entscheidung ein. Als Chef werden Sie sich aber nicht nur vor Ihren eigenen Fehlern fürchten, Sie werden sich auch Sorgen um die Fehlentscheidungen Ihrer Mitarbeiter machen.

An einem unserer Seminare nahm auch der Leiter eines Rehabilitationsprogrammes für alkoholkranke Patienten einer großen Firma teil. Er gab offen zu, Berichte über Angestellte an die hundert Mal zu lesen, aus Angst, ihm könne ein Fehler unterlaufen. Er fühlte sich für alles, was auch immer schiefgehen konnte, verantwortlich. Hätte ihm jemand einen Flüchtigkeitsfehler nachweisen können, wäre er den ganzen restlichen Tag unfähig gewesen, sich auf seine Arbeit zu konzentrieren. Und natürlich nahm er die Sorgen auch mit nach Hause.

Angestellte spüren in der Regel sofort, ob ihr Chef von einem Sorgenmacher beherrscht wird oder nicht. Sie ärgern sich über die ständigen Kontrollen und sind mißtrauisch. Jeder kreative Vorschlag zur Innovation wird von oben abgelehnt, denn Erfolgsgarantien können natürlich nicht gegeben werden. Die Folge: Die Kreativen der Belegschaft verlassen die Abteilung oder das Unternehmen oder ziehen sich in die innere Emigration zurück.

Der Sorgenmacher des Chefs trägt in beihnahe jeder Situation zur Verunsicherung der Angestellten bei: Gibt es beispielsweise zuwenig Arbeit, hat der Chef Angst vor der Pleite, gibt es zuviel Arbeit, hat er Angst, daß sie nicht zeitgerecht bewältigt werden kann. Eine junge Frau, Miteigentümerin einer Theatertruppe, erzählte uns in einem unserer Seminare, wie der Sorgenmacher ihr Geschäft torpedierte:

»Die ganze Truppe war hoch motiviert, und ich liebte meine Arbeit. Wir fingen ganz klein an, aber als das Geschäft besser lief, wurde sehr schnell klar, daß wir so etwas wie einen kaufmännischen Geschäftsführer brauchten. Da ich Buchführung haßte, stellte ich eine Buchhalterin ein und wies sie an, mich erst zu informieren, wenn der finanzielle Ruin der Firma unmittelbar bevorstünde. Ich bekam Panikattacken, wenn sie mir dann mitteilte, daß unsere Geldmittel knapp würden. Jedem, ob er es hören wollte oder nicht, erzählte ich dann, wir müßten bald schließen. Zwar haben wir es dann doch immer wieder geschafft, aber ich hatte häufig Angst. Irgendwann beschäftigte ich mich dann doch mit den Finanzen, was mich furchtbar bedrückte. Aber mir wurde bald klar, daß Unwissenheit mich noch mehr verunsicherte. Es war wohl mein Besserer Ratgeber, auf den ich hörte, als ich beschloß, mich verantwortlich um die finanziellen Angelegenheiten und um die Bezahlung der Rechnungen zu kümmern. Und seitdem ich das tue, läßt auch der Sorgenmacher von mir ab. Die nackten Zahlen sind jetzt an die Stelle von Sorgen und Vermutungen getreten. Heute weiß ich schon Monate im voraus, was zu tun ist, damit wir finanziell nicht ins Schleudern geraten.«

Sorgen werfen diffuse Schatten, die sich nur auflösen, wenn das Licht der Wahrheit auf sie fällt, wenn die Zweifel zerstreut werden. Ihre Angestellten haben ein Recht darauf, von Ihnen klare Stellungnahmen zu allen Fragen, auch zu ihrer Leistung, zu erhalten. Wer Personalverantwortung trägt, kann kaum einen schwerwiegenderen Fehler begehen, als Zweifel zu streuen und Verunsicherung auszulösen. Anweisungen wie »Machen Sie ruhig mit dem Projekt weiter, aber lassen Sie besondere Vorsicht walten. Machen Sie keine Fehler, und bei dem kleinsten Anzeichen von Schwierigkeiten steigen wir aus der Sache aus« verunsichern Ihre Angestellten. Mit dieser Form des an bestimmte Bedingungen geknüpften Vertrauens können Angestellte nichts anfangen. Verlassen Sie sich auf Ihre Angestellten ebenso wie auf sich selbst. Nur so werden Sie Ihren Sorgenmacher erfolgreich in die Schranken verweisen.

Der Sorgenmacher als Angestellter

Der Sorgenmacher bläst selbst die unbedeutendsten Ereignisse über die Maßen auf, aus sanften Hügeln werden unüberwindbare Berge. Was als leichtes Unbehagen beginnt, endet in Panik. Verfolgen wir, wie Sybille ihren Kollegen Leo, der gerade aus dem Urlaub zurückgekehrt ist, in Verwirrung stürzt.

»Wo bist du denn gewesen, Leo? Ich dachte schon, du wärst gekündigt.«

Ob dieser Bemerkung muß Leo lachen. »Gekündigt? Oh nein, ich komme gerade aus meinem Urlaub von Tahiti zurück.«

Ungläubig blickt Sybille ihn an: »Da bist du hingeflogen? Glück gehabt, daß das Flugzeug nicht zu Bruch ging.«

Immer noch gut gelaunt, überhört Leo diese Äußerung und antwortet: »Schneller kann man gar nicht in die Sonne kommen.«

»Hoffentlich hast du auch an deinen Sonnenschutz gedacht. Von zuviel Sonne kann man Hautkrebs bekommen.«

»So ein Unfug. Das entspannt, und wenn man ein bißchen aufpaßt, kann nichts passieren. Was war denn zwischenzeitlich hier los?«

Sybille beugt sich vor, um im leisen vertraulichen Ton weiterzusprechen. »Hast du noch nichts von den Entlassungen gehört?« Jetzt sitzt Leo mit klopfendem Herzen senkrecht im Stuhl. »Entlassungen? Welche Entlassungen?«

»Na, das kann ich dir sagen. Neulich habe ich Christine mit roten Augen aus dem Büro des Chefs kommen sehen. Sie hat offensichtlich geweint, und das bedeutet Entlassungen.«

Ein leichtes Panikgefühl packt Leo. »Mir können die nichts«, versichert er sich selbst, »ich bin schon seit zehn Jahren dabei.«

»Mir wurde zugetragen, daß die Länge der Zugehörigkeit dabei gar keine Rolle spielt.«

»Oh nein. Ich habe gerade einen Kredit aufgenommen. Wie hast du denn das überhaupt herausbekommen?«

»Es ist ja eigentlich nicht sicher, und ich bin ja hier die unwichtigste Person. Aber irgendwas ist los – und es ist etwas Großes.«

»Aber wer weiß denn darüber Bescheid? Woher hast du denn das alles?« fragt Leo aufgebracht, und sein tahitigebräuntes Gesicht verfärbt sich weiß. Da nun jedoch auch andere im Büro auf das Gespräch der beiden aufmerksam werden, tritt Sybille den Rückzug an. Sie versucht Leo noch zu beruhigen und wendet sich dann wieder ihrer Arbeit zu.

Vor allem in unsicheren Zeiten ist der Sorgenmacher ausgesprochen lästig. Ob Kurzarbeit, Umstellungen in der Organisation, personelle Veränderungen oder eine Fusion, solche Übergangsstadien werden vom Sorgenmacher zur Hölle deklariert, und jede kleinste Unsicherheit wird zur Existenzfrage. Doch wer sich übertriebene Sorgen macht, kann nicht vernünftig arbeiten – halten Sie sich an die Tatsachen, und schenken Sie gerade in solchen Situationen Ihrem Sorgenmacher keinen Glauben!

Es gibt eine alles blockierende Emotion, und das ist die Panik. Krisen können jedoch nicht bewältigt werden, wenn man von Panik getrieben wird. Ihr Sorgenmacher wird Ihren Besseren Ratgeber ausgerechnet und immer dann verdrängen, wenn Sie einen besonders klaren Kopf brauchen, und verhindert so, die Fakten richtig zuzuordnen und ensprechend zu handeln. Ronald erzählte uns folgende Geschichte, die er mit seiner Freundin Susanne erlebt hatte:

»Susanne rief mich um drei Uhr nachmittags an. Sie war völlig verzweifelt, denn in ihrem Aufnahmestudio hatte es einen Stromausfall gegeben, und so saß ihr ganzes Team nutzlos herum. Alle anderen Studios waren belegt, aber ihre Show mußte aufgezeichnet werden, um rechtzeitig gesendet werden zu können. Da Susanne und ich gute Freunde sind, habe ich bei meinem Chef für drei Stunden einen Studioplatz freigemacht, indem einer unserer Kunden umdisponiert wurde. Gerade als in unserem Studio die Kameras aufgestellt wurden, rief Susanne an. Bei ihnen würde die Elektrik nun doch wieder funktionieren, und sie würden nun doch in ihren Studios bleiben. Zehn Minuten später rief sie wieder an. Sie kämen jetzt doch rüber, denn bei ihnen würden die Lichter an- und ausgehen, und sie wolle kein Risiko eingehen.

Als Susanne mit ihrem Gefolge eintraf, waren

alle von ihrem Gejammer schon völlig entnervt. Hoffentlich könnten sie alles zu Ende drehen, und hoffentlich würde die Beleuchtung in unserem Studio stimmen. Wäre es nicht doch besser gewesen, in den anderen Studios zu bleiben? Ich versuchte zuerst einmal, sie zu beruhigen und davon zu überzeugen, daß alles ganz wunderbar laufen würde, wenn sie sich erst einmal eingerichtet hätte. Als wir endlich mit der Aufzeichnung beginnen konnten, gab es, wie immer, einige unvermeidbare Verzögerungen. Als wir fast schon die Hälfte aufgezeichnet hatten, beschloß Susanne, wieder in ihr altes Studio umzuziehen. Sie entschied einfach, daß die elektrischen Probleme nun wieder behoben sein müßten, und außerdem traute sie der dortigen Technik mehr als unserer. Man konnte in diesem Stadium nicht mehr vernünftig mit ihr reden. Sie bezahlte für unser Studio den vollen Preis und zog mit Sack und Pack wieder um. Nach dieser Aktion war ich völlig fertig. Aber natürlich rief sie eine Stunde später wieder an. Totaler Stromausfall. Ob sie noch mal in unser Studio könne. Diesmal hatte Susanne kein Glück. Dabei schaffte mich eigentlich mehr ihre Unentschlossenheit als die Verwirrung, die sie stiftete. Anstatt sich auf die Arbeit zu konzentrierten, machte sie sich die meiste Zeit Sorgen über alles mögliche.«

Nur ja nicht an einer Entscheidung festhalten, mußte sich Susannes Sorgenmacher gedacht haben. Nur ja nicht den Zipfel des Erfolges festhalten, den man schon in der Hand hält. Wäre Susanne nur lange genug geblieben, um sich die Sorgenfalten glattzustreichen, hätte jedes Studio ihre Ansprüche erfüllen können. Es ist eben so: Wo gehobelt wird, fallen auch Späne. In jeder Arbeitssituation müssen Entscheidungen getroffen werden, und erst hinterher stellt sich heraus, daß einige Entscheidungen besser waren als andere. Der Sorgenmacher aber versucht immer, sich nach allen Seiten abzusichern.

Treffen Sie Entscheidungen! Erfahrungen wird nur sammeln, wer auch einmal ein Risiko eingeht. Dabei ist es sicher sinnvoll, vor wichtigen Entscheidungen einige Minuten zu entspannen. Konzentrieren Sie sich, und atmen Sie tief durch, das wird das Panikgefühl vertreiben und Ihnen Sicherheit und Stärke vermitteln.

Die Meinungen anderer sollten auf keinen Fall ungeprüft übernommen werden. Sie werden immer das Gefühl haben, andere könnten bessere Entscheidungen treffen als Sie. Fragen wie »Hat mein Chef das wirklich so gewollt?«, »Ist die Ausschreibung so richtig formuliert?«, »Ist das wirklich gut genug?«, »Sollte ich vielleicht noch jemanden um Hilfe bitten?« werden Ihnen aber in einer solchen Situation das Leben nur unnötig schwer machen.

Helen arbeitete in der Elektronikindustrie und hatte immer Angst davor gehabt, beruflich Verantwortung zu übernehmen. Deshalb holte sie sich die notwendige Rückendeckung bei ihren Mitarbeitern. »Ich mußte ständig anderen Mitarbeitern

Fragen stellen, die ich eigentlich sehr gut selbst beantworten konnte. Häufig wußten diese Mitarbeiter weit weniger als ich, und viele ihrer Ratschläge hatte ich inhaltlich entweder schon verworfen oder bereits berücksichtigt. Ich weiß nicht, warum ich sie trotzdem immer wieder um Rat fragte.« Die Antwort darauf kennt allein der Sorgenmacher: »Stell dich dumm, dann mußt du hier keine Verantwortung übernehmen.«

Helen gefiel diese Antwort aber nicht besonders, denn sie hatte gute Zeugnisse und die Möglichkeit, befördert zu werden. Doch ihr Sorgenmacher gab die Verantwortung lieber an andere ab, und das raubte nicht nur Zeit, sondern kostete sie auch das Vertrauen ihrer Vorgesetzten.

Also prüfen Sie sich das nächste Mal vorher selbst, wenn Sie einen Kollegen um Hilfe bitten. Brauchen Sie die Auskunft wirklich, oder zweifeln Sie nur wieder an Ihrer eigenen Urteilsfähigkeit? Meist durchschauen Sie doch ein anstehendes Problem von allen Beteiligten am besten und sind daher auch am ehesten qualifiziert, die richtigen Entscheidungen zu treffen.

Der Sorgenmacher und Ihre Gesundheit

Die finstere Herrschaft des Sorgenmachers kann zu einer dramatischen Belastung für den Betroffenen werden. Viele Menschen steigern sich in düstere Ahnungen, Sorgenberge türmen sich zu unüberwindlichen Hindernissen auf, bis man sich wie gelähmt und völlig erschöpft fühlt.

So erging es auch Markus, Fahrdienstleiter in einer Spedition: »Morgens lief immer alles ganz normal. Betrat allerdings jemand den Raum, auch jemand, mit dem ich zusammenarbeitete, erschrak ich jedesmal heftig. Um die Mittagszeit hatte ich bereits schwere Angstattacken, ich machte mir Gedanken, ob ich die LKWs nicht alle in die falsche Richtung geschickt hätte. Manchmal hat mich dann auch Panik ergriffen. Im Schlaf, so erzählte mir meine Frau, wälzte ich mich ruhelos umher, und manchmal saß ich mitten in der Nacht plötzlich kerzengerade im Bett und wußte überhaupt nicht, warum ich aufgewacht war.«

Der Körper reagiert auf die offensichtlich unumgänglichen, stündlichen Katastrophenmeldungen mit Anfällen höchster Erregung und befindet sich damit quasi in einer Art Daueralarmzustand, denn er kann zwischen einer eingebildeten Gefahr und einer wirklichen nicht unterscheiden. Folge: Der Puls steigt, das Blut pulsiert in Ihren Adern, die Angst nimmt zu. Der Sorgenmacher verursacht also sowohl emotionalen als auch physischen Streß, und um diesen Streß zu verringern, sollten Sie auf die besonderen Streßwarnzeichen achten.

Die ersten Warnsignale sind ständig auftretende, unbestimmte, nicht näher zu benennende Ängste. Auch für einfachste Entscheidungen sucht man immer wieder Rückversicherung bei seinen Mitmenschen. Häufig stellen sich Schlaflosigkeit, dauerhafte Müdigkeit, Erschöpfung und eine sinkende Widerstandskraft ein. So entsteht ein Teufelskreis, denn der Betreffende beginnt sich nun auch Sorgen um diese Symptome zu machen. Folge: Man reagiert überdurchschnittlich gereizt, ist sprunghaft und nervös. In allen westlichen Industrienationen leiden Millionen von Menschen unter Schlaflosigkeit, eins der auffälligsten Streßsymptome des Sorgenmachers, das gemeinsam mit den Angstzuständen auf Dauer zu schweren Erschöpfungszuständen bis hin zum Nervenzusammenbruch führt.

Angst und Panik können bei Allergikern oder Asthmatikern sogar schwere Anfälle auslösen, weshalb besonders diese Menschen ein vitales Interesse daran haben sollten, die Herkunft ihrer Ängste zu verstehen und dagegen anzugehen.

Spielanleitung für den Sorgenmacher

Verzerrte Wahrnehmung: **Sich Sorgen zu machen hilft, unvorhersehbare und unheilvolle Ereignisse fernzuhalten.**

Hindernis: Anstatt Entscheidungen zu treffen, machen Sie sich Sorgen.

Ergebnis: Sie sind unsicher, und man merkt es Ihnen auch an. Einmal getroffene Entscheidungen würden Sie gerne rückgängig machen.

Ihr neue Wahrnehmung: Sie haben in der Vergangenheit unter Beweis gestellt, daß Sie durchaus richtige Entscheidungen treffen können, also sind Sie auch heute dazu in der Lage.

Ihr erster Zug: Lassen Sie sich Zeit für die Entscheidungsfindung. Alle möglichen Optionen werden innerhalb einer von Ihnen festgelegten Zeitspanne untersucht und nach und nach aussortiert. Sie entscheiden sich für die zuletzt übriggebliebene und gratulieren sich selbst zu Ihrem wohlüberlegten Vorgehen.

Mögliche Fallen: Ihr Sorgenmacher wird den Prozeß der Entscheidungsfindung erneut eröffnen. Er macht sich Sorgen, was passieren wird, wenn Sie die falsche Entscheidung getroffen haben. Er wird versuchen Sie umzustimmen.

Ihr Gegenzug: Lassen Sie sich einen Monat Zeit, bevor Sie das Ergebnis einer Entscheidung beurteilen. Erst dann untersuchen Sie, was genau passiert ist.

Verzerrte Wahrnehmung: **Sich um Angehörige oder Freunde Sorgen zu machen bedeutet, sie zu umsorgen.**

Hindernis: Indem Sie sich übermäßige Sorgen um Angehörige oder Freunde machen, werden Sie ihnen fremd.

Ergebnis: Wichtige Informationen werden Ihnen von der Familie vorenthalten, aus Angst, daß Sie sich Sorgen machen.

Ihre neue Wahrnehmung: Ohne Ihre Sorgen wird Ihre Familie weitaus mehr gegenseitiges Vertrauen entwickeln.

Ihr erster Zug: Sich über jemanden Sorgen zu machen ist kein Beweis für Liebe. Sie sollten mit Ihren Freunden und Ihrer Familie über die merkwürdigen Verhaltensweisen Ihres Sorgenmachers reden. Sie benötigen im Gegenzug Rückmeldung über die Wirkung Ihres Verhaltens.

Mögliche Fallen: Ihr Sorgenmacher wird Ihnen vorgaukeln, durch Ihre Sorgen über andere Menschen Kontrolle ausüben zu können, die Ihr Sorgenmacher nur allzu ungern aufgeben wird. Er wird Ihnen immer wieder einreden, daß »sich sorgen« gleichzusetzen ist mit »umsorgen«.

Ihr Gegenzug: Statt sich über die Probleme anderer Sorgen zu machen, sollten Sie Ihnen helfen, die Probleme zu lösen.

Beginnen Sie nun selbst, indem Sie ein Hindernis beschreiben. Gehen Sie dann der Frage nach, zu welchen Folgen dieses Hindernis führte. Was wird Ihr erster Zug sein? Wo hat der Sorgenmacher Fallstricke ausgelegt? Sie werden ihn mit einfallsreichen Gegenmanövern schon austricksen.

Verzerrte Wahrnehmung:

Hindernis:

Ergebnis:

Ihre neue Wahrnehmung:

Ihr erster Zug:

Mögliche Fallen:

Ihr Gegenzug:

Während Sie die Spielanleitung mit Leben zu füllen versuchen, können natürlich Probleme auftauchen, die Sie zu einem Zwiegespräch mit Ihrem Sorgenmacher nutzen sollten. Daraus kann sich ein weiteres Hindernis ergeben, das Sie dann Zug um Zug ausräumen können.

Zwingen Sie Ihren Sorgenmacher durch Ihr neues Verhalten zum Rückzug!

- Was immer Sie tun – vertrauen Sie dem Leben.
- Befassen Sie sich mit dem Hier und Jetzt und nicht mit der Zukunft.
- Zusammen mit Ihrem Besseren Ratgeber sollten Sie auf das große Ganze achten und sich nicht in Details verlieren.
- Wann immer möglich, sollten Sie handeln, anstatt sich Sorgen zu machen.
- Sie sollten sich erst Gedanken über ein Problem machen, wenn es sich stellt.
- Veränderungen sind positiv und begrüßenswert.
- Vertrauen Sie sich selbst: Ihre Arbeit muß nicht ständig überprüft werden.
- Lassen Sie sich von Problemen nicht überwältigen. Viele kleine Schritte führen auch zu einer Lösung.
- Gerüchte sind keine Tatsachen. Nehmen Sie nur Fakten zur Kenntnis.

7

Der Innere Betrugskünstler

Auf dem Weg des geringsten Widerstandes

Ein neuer Tag beginnt, Sie sind aus einem erholsamen Schlaf erwacht, gehen unter die Dusche und beschließen nach einem kritischen Blick in den Spiegel, nun endlich mit der so lange hinausgeschobenen Diät zu beginnen. Also gönnen Sie sich zum Frühstück eine halbe Grapefruit, schwarzen Kaffee und ungebutterte Toasts, mittags gibt es etwas Frischkäse. Abends gehen Sie mit Freunden ins Kino, und schließlich endet der Tag in Ihrer Lieblingspizzeria. Sie haben sich fest vorgenommen, lediglich einen kleinen Salat zu verzehren, was bei Ihren Freunden, die Ihnen zu verstehen geben, das ewige Gerede über Diäten nicht mehr hören zu können, auf Unverständnis stößt. Und als die Bestellungen aufgenommen werden, hören Sie sich doch tatsächlich statt des kleinen Salates als Vorspeise, eine reichhaltig belegte Pizza und als Nachtisch eine Zabaione bestellen.

Was war denn das? Wer hat da bestellt? Sie können das nicht gewesen sein! Es war jene Streßpersönlichkeit, die wir den Inneren Betrugskünstler nennen. Immer wieder verleitet er die betreffenden Menschen zur Inkonsequenz, zur Aufgabe von neu gesteckten Zielen. Der Innere Betrugskünstler bevorzugt den Weg des geringsten Widerstandes und deaktiviert somit Ihre Selbststeuerung.

Was nicht wie von selbst geht, ist die Anstrengung nicht wert, das ist die Überzeugung Ihres Inneren Betrugskünstlers. Er neigt dazu, jede innere Auseinandersetzung geflissentlich zu umgehen, er ist undiszipliniert und sucht immer die sofortige Belohnung. Eine Reihe von Verhaltensweisen, wie beispielsweise der Kaufrausch, die Freßsucht oder die Spielleidenschaft, lassen sich auf seinen Einfluß zurückführen.

Menschen, die von einem Inneren Betrugskünstler gesteuert werden, kennt wohl jeder: Es sind jene Zeitgenossen, die heute großspurig ankündigen, morgen mit dem Rauchen aufzuhören oder zehn Pfund abnehmen zu wollen, es aber jedesmal bei der Ankündigung belassen und keins dieser Vorhaben auch wirklich umsetzen. In jedem von uns sitzt so ein kleiner Innerer Betrugskünstler, beim einen ist er stärker ausgeprägt, beim anderen weniger. Wenn sein Zaudern und seine permanente Nachsichtigkeit jedoch selbstzerstörerischen Charakter annimmt, sollte man sich genauer mit ihm auseinandersetzen.

Sehr häufig entwickelt sich das Verhalten dieser Streßpersönlichkeit aus dem Verhältnis zwischen Eltern und Kind. Die Eltern schrauben ihre Ansprüche immer weiter zurück, Grenzen werden sehr weit gesteckt, und das Kind widersetzt sich erfolgreich den halbherzig vorgetragenen Anweisungen.

»Thomas, das ist jetzt das dritte Mal, daß ich dich gebeten habe, den Fernseher auszumachen. Geh bitte in den Garten und sammel das Spielzeug ein, das Dir unsere Nachbarn geliehen haben, und gib es ihnen zurück.«

»Oh nein, bitte nicht, Mami. Der Film hat gerade angefangen, und außerdem habe ich keine Schuhe an.«

»Na schön, dann kannst du das später machen, aber vergiß es nicht, hörst du?«

Thomas gerade aufkeimender Innerer Betrugskünstler ist wieder einmal von Mutters Schmeichler ermuntert worden. Es wird natürlich kein Später geben, und das Spielzeug wird Thomas' Mutter zähneknirschend selbst einsammeln und dem Nachbarn zurückgeben. Das Verhalten ihres Kindes wird sie auf seine »Schusseligkeit« zurückführen oder damit entschuldigen, daß Kinder in diesem Alter noch nicht in der Lage sind, Verantwortung zu übernehmen.

Für Thomas ist das wechselhafte Verhalten seiner Mutter beim Beachten von Regeln ein Modell für sein eigenes Verhalten. So bittet seine Mutter ihn am Montag, sein Zimmer aufzuräumen. Am Dienstag kann er seine Mutter beobachten, wie sie es, fluchend vor Enttäuschung, selbst tut. Am Mittwoch vergibt sie ihrem Sohn und redet sich ein, man könne von Thomas soviel Disziplin nicht verlangen. Was ihr bleibt, ist die Hoffnung darauf, daß er spätestens bei der Bundeswehr Disziplin und Ordnung lernen wird.

Thomas' Vater scheint das genaue Gegenteil der Mutter zu sein, und trotzdem ist seine Art, mit Thomas umzugehen, kaum wirksamer. Er hat kein wirkliches Interesse an Disziplin und gibt nur vor, mit »eiserner Hand« durchzugreifen. Sein Vater, das erkennt auch Thomas, ist vor allem mit sich selbst beschäftigt und reagiert nur auf die Aufforderungen seiner Frau, er solle doch »irgend etwas mit dem Jungen« tun. Er erreicht Thomas aber nicht, und das enttäuscht ihn, denn seiner Meinung nach sollte Thomas ihm wenigstens aufgrund seiner Vaterrolle Respekt zollen.

»Also, Thomas, du wirst jetzt jeden Tag dein Zimmer aufräumen und deiner Mutter gehorchen, sonst...« Seine leeren Drohungen beeindrucken Thomas nicht, denn auf Vaters Worte folgen niemals Taten. Thomas kann sein rigides Moralisieren ebensowenig ernst nehmen wie das wechselhafte Verhalten seiner Mutter.

Den Versuchen seiner Eltern, ihm etwas vorzumachen, was sie eigentlich nicht sind, wird Thomas sehr bald Widerstand entgegensetzen. So leicht Kinder auch zu beeindrucken sind, so wenig glauben oder vertrauen sie doch Eltern, die ein Bild von sich aufrechtzuerhalten versuchen, das nicht der Realität entspricht. Auf diesem Boden kann das Verhalten des Inneren Betrugskünstlers prächtig gedeihen. Jeder, der nun in Zukunft versucht, Thomas Grenzen zu setzen, wird von ihm nicht sonderlich ernst genommen. Wenn er sich gegenüber seinen Eltern mit seinem Inneren Betrugskünstler durchzusetzen vermag, dann wird er das auch allen anderen Menschen gegenüber versuchen. Daraus resultiert ein Mangel an Selbstdisziplin, der sowohl ihm als auch anderen das Leben schwer machen wird.

Wenn Erwachsene die von ihnen gegenüber ihren Kindern vertretenen Normen selbst nicht einzuhalten in der Lage sind, wenn es dem Inneren Betrugskünstler immer wieder gelingt, Prinzipien wie Selbstdisziplin und Selbstkontrolle auszuhebeln, wird das Ergebnis die folgende Wahrnehmungsverzerrung sein: Sichgehenlassen ist die Regel, Selbstdisziplin ist die Ausnahme.

Wenn Thomas erwachsen ist, werden seine Mitmenschen ihn schnell durchschauen und sein Verhalten kaum gutheißen, Thomas wird dies aber aller Voraussicht nach überhaupt nicht registrieren. Vor allem daß Frauen, mit denen er eine Beziehung aufbauen möchte, im Gegensatz zu seiner Mutter, nicht auf seinen Charme und seine Verführungen reinfallen, wird ihn verwirren. Es wird ihm schwerfallen, Verpflichtungen einzuhalten, und wann immer es ihm möglich erscheint, wird er den Weg des geringsten Widerstandes wählen. Und er wird sehr viel mehr Energie darauf verwenden, herauszufinden, wie er es vermeiden kann, Verantwortung zu übernehmen, als sie anzunehmen. Er wird mit seinen schlechten Gewohnheiten ständig im Clinch liegen, die, je älter er wird, zunehmend auch Tribut von seiner Gesundheit fordern.

Wenn er selbst Kinder haben sollte, wird Thomas permanent das Gefühl haben, strenger sein zu müssen, aber Normen zu setzen fällt ihm schwer, weil er schon seine eigenen Prinzipien je nach Lage der Dinge verändert. Er wird seinem Inneren Betrugskünstler folgen, der ihn beschwichtigt und ihm suggeriert, daß die Dinge schon irgendwie laufen werden.

Auf lange Sicht gesehen, kostet es wesentlich mehr Kraft, eine unbequeme Wahrheit gewohnheitsgemäß zu verleugnen, als ihr ins Gesicht zu sehen. Unter der Regie des Inneren Betrugskünstlers werden Sie die Verantwortung für Ihr Leben nie wirklich übernehmen. Doch irgendwann kommen Sie nicht umhin, die Tatsachen anzuerkennen und ihnen gemäß zu handeln.

Funktionierende Überlebensstrategien entwikkeln sich allein über die Herausforderung und den erfolgreich geführten Kampf. Sinnfällig wird diese Erkenntnis in der überlieferten Geschichte von einem weisen alten Mann, der einem Kind die Wunder des Lebens erklärt. Das Kind beobachtet den Kampf eines Schmetterlings mit seinem Kokon, dem er zu entschlüpfen sucht. Da sagt der weise Mann zu dem Kind: »Schau dir das gut an. Dieser Kampf ist notwendig, denn er stärkt seine Flügel. Und ohne starke Flügel würde er niemals fliegen können.« Als das Kind alleine ist, bekommt es Mitleid mit dem Schmetterling und hilft ihm, sich aus dem Kokon zu befreien. Doch weil seine Flügel noch nicht voll entwickelt sind, taumelt er, unfähig zu fliegen, zur Erde.

Wer den Weg des geringsten Widerstandes geht, beraubt sich der Möglichkeit, an Herausforderungen zu wachsen und aus der Bewältigung von Problemen zu lernen. Sich Schwierigkeiten zu stellen, ungesunde Lebensgewohnheiten aktiv zu bekämpfen und die volle Verantwortung für das eigene Handeln zu übernehmen, löst selbstverständlich Streß aus, der jedoch zunehmend zurückgeht und an Bedeutung verliert, je geübter man im Umgang mit den Herausforderungen des Alltags ist. Wer sein Leben allerdings vom Inneren Betrugskünstler bestimmen läßt, wird die streßbedingten Auswirkungen zu spüren bekommen, denn man kann sich selbst vielleicht lange Zeit zum Narren halten, aber seinen Körper nicht.

Finden Sie heraus, welche charakteristischen Eigenschaften Ihren Inneren Betrugskünstlers auszeichnen.

Anhand der Antworten auf die folgenden Fragen können Sie herausfinden, welche charakteristischen Eigenschaften Ihren Inneren Betrugskünstler auszeichnen. Sie haben jeweils fünf Auswahlmöglichkeiten. Die jeweilige Ziffer sollten Sie auf der Linie eintragen, die neben der Frage steht. Am Schluß zählen Sie zusammen und schreiben den Wert auf die unter den Fragen stehende Linie. Fragen, die Sie mit 6 oder 8 Punkten versehen, sollten Sie besonders gewissenhaft prüfen. Wenn Sie mehr als 48 Punkte erreichen, stehen Sie deutlich unter dem Einfluß Ihres Inneren Betrugskünstlers.

(Nahezu immer=8) (Häufig=6) (Manchmal=4) (Gelegentlich=2) (Nie=1)

1. ...... Wie häufig folgen Sie dem Wahlspruch »Was du heute kannst besorgen, das verschiebe ruhig auf morgen«?
2. ...... Wie häufig begegnen Sie einer Tätigkeit mit der inneren Einstellung: »Warum sich so engagieren? Diese Arbeit ist doch nur vorübergehend.«?
3. ...... Behaupten Sie sich selbst und anderen gegenüber, daß Sie keinen Sport zu treiben brauchen, weil Sie jeden Tag vom Firmenparkplatz zum Büro laufen?
4. ...... Mißachten Sie Regeln, weil Sie meinen, es würde sich sowieso niemand daran halten?
5. ...... Wie häufig trinken Sie einen über den Durst oder essen mehr, als Sie sich vorgenommen haben?
6. ...... Ignorieren Sie Probleme so lange, bis es keine Möglichkeiten mehr gibt, sie zu lösen?

7.		Fühlen Sie sich auf Partys wohler und entspannter, wenn Sie etwas
	......	trinken können?
8.		Essen, trinken oder rauchen Sie mehr als üblich, wenn Sie niedergeschlagen, verärgert oder traurig
	......	sind?
9.		Investieren Sie Geld in der Hoffnung auf einen unerwarteten Glücksge-
	......	winn?
10.		Kaufen Sie völlig überraschend Dinge, die Sie eigentlich nicht benö-
	......	tigen?
11.		Wie häufig verkünden Sie, mit dem Rauchen aufzuhören, eine Diät
	......	anzufangen oder Sport zu treiben?
12.		Wie häufig hindern Sie innere Zweifel am erfolgreichen Verfolgen Ihrer
	......	Ziele?
	......	Gesamt

0 48 96

Der Innere Betrugskünstler und Ihre Freunde

Die 33jährige Luise begann zu jammern: Sie verstehe es einfach nicht, warum sie keinen Mann finde. Sie sei psychisch auf eine Beziehung eingestellt und wisse nicht, was ihr im Wege stehe. Was ihr im Weg stand, waren 65 Pfund Übergewicht. Ihr Vorhaben und ihre äußere Erscheinung standen in einem gewissen Widerspruch zueinander. Als wir Luise darauf ansprachen, war ihre Antwort jedoch, daß einem Mann, der sie wirklich liebe, ihr Gewicht egal sei. Der von ihr formulierte Anspruch wog doppelt schwer, denn ein Mann hätte nicht nur ihr Übergewicht, sondern auch noch ihren dafür verantwortlichen Inneren Betrugskünstler lieben müssen.

In ihrem Falle torpedierte er nicht nur jeden Versuch, Gewicht abzunehmen, er verhinderte auch, daß Luise sich selbst gegenüber eingestand, für eine Beziehung noch gar nicht bereit zu sein: Drei Jahre zuvor war ihr Mann an Krebs gestorben, den Schmerz und die Trauer über ihren Verlust hatte sie jedoch noch nicht verarbeitet. Statt dessen flüchtete sie in ein übertriebenes, geradezu krankhaftes Eßverhalten.

Ihr Innerer Betrugskünstler verhindert Ihren unverstellten Blick auf Sie selbst und Ihr Verhalten, und das verursacht Streß. Sie fühlen sich unzufrieden, aber da Sie die Gründe für Ihre Unzufriedenheit nicht kennen, können Sie auch nichts dagegen tun. Deshalb sind Freunde oder Partner, die Sie rechtzeitig auf Ihr Fehlverhalten aufmerksam machen, besonders wichtig. Doch Vorsicht: Der Innere Betrugskünstler tendiert nämlich dazu, sich von Freunden, die Ihnen die Augen öffnen wollen, lieber abzuwenden oder gar zu trennen, als sich mit ihren Argumenten auseinanderzusetzen.

Der Innere Betrugskünstler und Ihr Partner

In der Ehe sucht der Innere Betrugskünstler Zuflucht in Ausreden und Lügen. Daß der jeweilige Partner über kurz oder lang Verdacht schöpft, vielleicht sogar vermutet, betrogen zu werden, ficht den Inneren Betrugskünstler nicht an. Er lebt getreu dem Motto: »Was mein Partner nicht weiß, macht ihn oder sie nicht heiß.« Nach derselben Logik hält auch ein Kind die Wahrheit vor seinen Eltern zurück, um keine Schwierigkeiten zu bekommen. Kinder lieben solche Geheimnisse, denn sie verleihen ihnen eine gewisse Autonomie, für Erwachsene ist diese Gratwanderung ein gefährliches Spiel: Sie gehen beispielsweise mit Ihren Arbeitskollegen nach Büroschluß gerne noch ein Bier trinken. Und obwohl Ihr Partner sich weder beschwert noch die geringsten Anzeichen von Eifersucht zeigt, drängt Ihr Innerer Betrugskünstler Sie dazu, Ihren wahren Aufenthaltsort zu verschweigen, um mögliche Auseinandersetzungen zu vermeiden. Also erzählen Sie, bis spät in den Abend hinein arbeiten zu müssen.

Doch es kommt natürlich, wie es kommen muß: Ihr Partner ruft eines Abends im Büro an, um Sie an die Theaterkarten zu erinnern, und erfährt auf diesem Weg, daß Sie mit Kollegen in der Wirtschaft um die Ecke sitzen. Nun ist Ihr Partner zu Recht verunsichert, wird nach dem Grund Ihrer Lügen fragen. Spätestens jetzt ist es an der Zeit, eine ehrliche Auseinandersetzung zu führen und die Probleme, die der Innere Betrugskünstler verursacht hat, auszuräumen.

Allzu schnell verstrickt der Innere Betrugskünstler Sie und Ihren Partner in ein Netz aus Lügen, Betrug und Ausflüchten, aus dem man sich häufig nicht mehr befreien kann. So erging es auch dem 41jährigen Claus und seiner Frau:

»Ich begreife mich selber nicht. Ich bin glücklich verheiratet und habe eine tolle Frau und zwei phantastische Kinder. Ich liebe meine Familie. Und trotzdem setze ich meine Ehe immer wieder aufs Spiel. Meine Frau hat mich zwei- oder dreimal erwischt, wie ich sie betrogen habe. Das letzte Mal hat sie mir gedroht, wenn ich es noch einmal täte, würde sie sich von mir trennen. Etwa ein Jahr lang ging alles gut, bis ich dann eine Frau kennenlernte und anfing, mich mit ihr zu treffen. Und ehe ich mich versah, war ich wieder in dem alten Netz aus Lügen, Täuschungen, Ablenkungsmanövern und Heimlichtuereien verstrickt. Meiner Sekretärin gab ich eine Telefonnummer, unter der ich zu erreichen war, und vergaß ihr zu sagen, daß sie diese Nummer nicht meiner Frau weitergeben dürfe. Und wie es der Zufall will, rief meine Frau an, und meine Freundin ging ans Telefon. Daraufhin hat sich meine Frau von mir getrennt und ist mit den Kindern ausgezogen. Meine Freundin habe ich seitdem auch nicht mehr gesehen. Warum habe ich dieses Verhältnis nur angefangen? Ich habe meiner Frau versprochen, mich zu ändern, und sie überlegt, ob sie zu mir zurückkommt. Ich frage mich aber ernsthaft, ob ich nicht doch irgendwann wieder rückfällig werde.«

Claus war gefangen im Teufelskreis des Inneren Betrugskünstlers: Es beginnt mit dem guten Vorsatz, es folgen der Rückfall, heftige Selbstanklagen und Selbsterniedrigung, Reue, die Bitte um Vergebung und Verzeihung sowie das Versprechen, sich zu bessern. Doch bald schon gerät man erneut in Versuchung, und der Teufelskreis wiederholt sich. Der Innere Betrugskünstler redete Claus immer wieder ein, daß eine aufregende Affäre all die Lügereien und Täuschungsmanöver wert sei, zumal Claus panische Angst davor hatte, sein Leben könnte langweilig werden. Weder Claus noch seine Familie hatten eine Chance, diesen Teufelskreislauf zu durchbrechen.

Eine typische Eigenart des inneren Betrugskünstlers besteht auch darin, die Verantwortung für Mißerfolge auf den jeweiligen Lebenspartner abzuschieben. In einem unserer Seminare beschwerte sich ein Mann darüber, daß es ihm seine Frau mit ihren Kochgewohnheiten unmöglich mache abzunehmen. Obwohl sie wüßte, daß seine Diät es ihm verbiete, kalorienreich zu essen, koche sie italienische Pastagerichte. In Wahrheit jedoch hatte seine Frau in den letzten fünf Jahren versucht, an die zwanzig Diätversuche ihres Mannes zu unterstützen. Erst als ihr klar geworden war, daß ihr Mann nicht in der Lage war durchzuhalten, kochte sie wieder, wozu sie Lust hatte.

Ähnliche Verhaltensmechanismen lassen sich auch beim Umgang mit Alkohol beobachten. Häufig wird auch hier der Partner in das Problem mit einbezogen. Wir nennen das Phänomen Co-Alkoholismus. Der Alkoholabhängige bittet seinen Partner, die alkoholischen Getränke zu verstecken, um ihn kurze Zeit später zu terrorisieren, damit er die Verstecke verrät. Am Tag drauf hat der Partner ein schlechtes Gewissen, weil er dem Trinker nicht genügend Unterstützung gewährt hat. Es ist das böse Spiel des Inneren Betrugskünstlers, der versucht, die Verantwortung für mangelnde Selbstkontrolle abzuschieben.

Die impulsiven Bedürfnisse Ihres Inneren Betrugskünstlers unter Kontrolle zu bringen, liegt ganz alleine in Ihrer Verantwortung. Seine selbstzerstörerischen Verhaltensweisen aufzubrechen, wird Sie viel Energie kosten, aber es lohnt sich: Ihr Leben und Ihre Beziehungen werden sich deutlich zum Positiven entwickeln. Sind allerdings Alkohol- oder Nahrungsmittelmißbrauch im Spiel, sollten Sie professionelle Hilfe in Anspruch nehmen.

Der Innere Betrugskünstler als Chef

Wenn Sie eine verantwortliche Position bekleiden, haben Sie Macht. Ihr Innerer Betrugskünstler wird Sie überreden, von dieser Macht in seinem Sinne Gebrauch zu machen. Er wird Sie dazu verleiten, Entscheidungen zu vertagen und fragwürdige Strategien anzuwenden. Geben Sie ihm nach, verlieren Ihre Mitarbeiter und Angestellten nicht selten den Respekt vor Ihnen, vertrauen Ihnen und Ihren Entscheidungen nicht mehr. Hüten Sie sich also davor, sich durch Ihre eigene Macht und den Inneren Betrugskünstler verführen zu lassen.

Reinhold war als Investmentspezialist in einem Elektronikunternehmen beschäftigt, das rasant gewachsen war und hohe Gewinne verzeichnete. Die Eigentümer suchten nun nach geeigneten Investitionsmöglichkeiten. Der Direktor des Unternehmens, ein Mann, dessen Führungsrolle spürbar von seinem Inneren Betrugskünstler bestimmt wurde, beauftragte Reinhold, für die von ihm entwickelten Ideen einen durchführbaren Investmentplan auszuarbeiten, der dann dem Vorstand vorgeschlagen werden sollte. Reinhold kam nach eingehender Analyse jedoch zu dem Schluß, daß die Vorschläge seines Chefs kaum Aussicht auf Erfolg hatten.

»Der Direktor bat mich zu sich und hielt mir einen langen Vortrag über Loyalität. Dann führte er aus, wie die Firma sich unter seiner Führung von einem unbedeutenden Kleinbetrieb zu einem gewinnträchtigen Großunternehmen entwickelt hatte. Aufgrund seiner bisherigen makellosen Leistungen würde der Vorstand ihm Entscheidungen dieser Größenordnung auch zutrauen. Bis ich begriff, was er von mir wollte, dauerte es eine Weile. Er forderte mich indirekt auf, seine Sicht der Dinge zu unterstützen und meine Empfehlungen entsprechend zu ändern. Ich ließ mir die ganze Angelegenheit einige Tage durch den Kopf gehen, bis ich zu dem Entschluß kam, daß es unverantwortlich wäre, meine Empfehlungen zurückzunehmen oder in seinem Sinne zu modifizieren. Aber mein Chef versuchte weiterhin, mich von den Vorzügen seiner Ideen zu überzeugen. Er rechnete mir vor, wieviel Gewinn das Unternehmen machen würde und daß ich ohne Zweifel befördert werden würde. Schließlich gab ich nach, kapitulierte vor seiner Macht, ließ mich von seiner Schönrederei sogar überzeugen und änderte meinen Bericht entsprechend seinen Vorstellungen. Es kam, wie es kommen mußte: Das Geschäft wurde ein Reinfall, und das Unternehmen machte dank der genialen Idee meines Chefs große Verluste. Und da er mich dem Vorstand gegenüber auch noch als Sündenbock benutzte, wurde mir zu allem Übel auch noch gekündigt.«

Schönrederei sowie die Neigung, wider besseres Wissen nachzugeben, sind markante Charakteristika des Inneren Betrugskünstlers, die, wie das Beispiel Reinholds zeigt, in die Katastrophe führen können. Die vom Inneren Betrugskünstler ausgehenden Versuchungen können jedoch auch weniger spektakuläre, wenngleich deshalb nicht ungefährlichere Folgen für ein Unternehmen haben. Manager stehen im Rampenlicht der Belegschaft und haben folglich eine Vorbildfunktion. Fehlverhalten, das auf mangelnde Selbstkontrolle und -disziplin schließen läßt, wird von den Angestellten aufmerksam registriert und allzu schnell zum Maßstab für das eigene Verhalten. Mißachten Mitglieder der Unternehmensleitung Firmenregeln oder Gebote der Höflichkeit, werden diese auch für die Angestellten an Bedeutung verlieren. Wer jeden Tag zwei Stunden Mittagspause macht, braucht sich nicht zu wundern, wenn seine Angestellten ebenfalls ihre Pausen ungebührlich ausdehnen – Regelverletzungen, die der Innere Betrugskünstler des Managers vorlebt, werden in der Regel von der Belegschaft übernommen.

Für Selbständige und Freiberufler kann die Auseinandersetzung mit dem Inneren Betrugskünstler zur Existenzfrage werden. Über ihren Kampf mit sich selbst und seinen Verführungskünsten hat uns Karin berichtet:

»Ich muß mich jeden Tag selber motivieren, seitdem ich selbständig bin. Das geht an manchen Tagen ganz gut. Aber es gibt viele Situationen, in denen mein Innerer Betrugskünstler mich vom Arbeiten abhält. Dann mache ich beispielsweise die Küche sauber und wasche Wäsche, bevor ich mich an den Schreibtisch setze. Vor allem knappe Termine sind furchtbar, ich arbeite lieber an längerfristigen Projekten. An manchen Tagen schaffe ich es sogar, bis siebzehn Uhr durchzuarbeiten, aber wenn ich mir vornehme, auch abends noch zu arbeiten, ertappe ich mich dabei, wie ich bis Mitternacht mit meinem Freund telefoniere. Ich habe zwar noch nie einen Termin verpaßt, aber ich stehe jedesmal unter einem unglaublichen Druck. Es fällt mir richtig schwer, diese Verhaltensweisen zu verändern. Vielleicht habe ich nicht genügend Willenskraft, oder mir fehlt die nötige Selbstkontrolle.«

Der entscheidende Faktor im Umgang mit dem Inneren Betrugskünstler ist tatsächlich eine funktionierende Selbstkontrolle, was bedeutet, hart zu sich selbst zu sein. Diese Selbstkontrolle als eine hilfreiche, nutzbringende Eigenschaft zu definieren und anzuerkennen, ist ein erster Schritt im Umgang mit dem Inneren Betrugskünstler.

Der Innere Betrugskünstler als Angestellter

Millionen von Angestellten empfinden ihre Arbeit als langweilig und unrentabel. Gehören Sie auch dazu? Dann lohnt es sich, Ihre Einstellung zur Arbeit genauer unter die Lupe zu nehmen. Ihr Innerer Betrugskünstler hat nämlich für jede Art disziplinierter Anstrengung nichts weiter als Verachtung übrig. Es könnte also durchaus sein, daß

Ihr Unglück eng mit den Ausreden zusammenhängt, die diese Streßpersönlichkeit laufend erfindet. So redet er Ihnen beispielsweise ein, Sie seien eigentlich für etwas Besseres geschaffen. Doch wer wird mit seiner Arbeit zufrieden sein, wenn er glaubt zu Höherem berufen zu sein? Der Innere Betrugskünstler vermag jedoch eine noch radikalere Position zu vertreten, derzufolge eigentlich jede Arbeit eine Strafe Gottes ist. Wer sich dieser Lebenseinstellung ausliefert, wird jede Tätigkeit, egal welche, acht Stunden am Tag hassen, was auf Dauer einen unerträglichen Streßstau verursacht.

Von vielen Mitarbeitern wird heutzutage ein gehöriges Maß an Eigenmotivation und -verantwortung erwartet. Folgen Sie jedoch der Stimme des Inneren Betrugskünstlers, werden Sie den Weg des geringsten Widerstandes wählen und jeder Versuchung, sich durchzuschummeln, nachgeben. Nehmen wir an, Sie haben eine neue Arbeitsstelle und sollen während der ersten beiden Monate an einem Schulungslehrgang teilnehmen. Blitzschnell hat Ihr Innerer Betrugskünstler herausgefunden, daß niemand in der Firma überprüft, wer gerade an dieser Schulung teilnimmt. Also fällt es niemandem auf, daß Sie den ersten Lehrgang ausfallen lassen, weil Sie überzeugt sind, sich das hier vermittelte Wissen auch woanders aneignen zu können. Auch aus den nächsten beiden Lehrgängen verabschieden Sie sich frühzeitig, den letzten Lehrgang versäumen Sie vollständig.

Im Vorfeld einer anberaumten Konferenz sehen Sie jedoch unerwartet eine peinliche Situation auf sich zukommen: Es wird von Ihnen erwartet, daß Sie zu Teilbereichen des in der Schulung vermittelten Know-hows referieren. Ihr Innerer Betrugskünstler hält selbst jetzt eine gründliche Vorbereitung noch für überflüssig. So ist Ihnen noch am Abend zuvor die Konferenz verhältnismäßig gleichgültig, und statt sich mit Ihrem Referat zu beschäftigen, schauen Sie lieber fern, hat Ihr Innerer Betrugskünstler Ihnen doch versichert, es würde sowieso niemandem auffallen, ob Sie vorbereitet sind oder nicht. Panik überfällt Sie erst am nächsten Morgen, als Sie sehen, wie alle anderen letzte Vorbereitungen für die Konferenz treffen. Von jedem, der Ihnen über den Weg läuft, versuchen Sie nun hastig noch Informationen zu erhalten. Und nur einem glücklichen Zufall verdanken Sie es, daß Sie von einem Kollegen entsprechende Unterlagen erhalten, aus denen Sie während der Konferenz vortragen können.

Auf wichtige Situationen nicht vorbereitet zu sein wird während Ihres ganzen Arbeitslebens immer wieder Streß auslösen, der mit Angst und aufkommenden Schuldgefühlen einhergeht. Es gibt eine innere Stimme, die Sie darauf hinweist, diesmal noch davongekommen zu sein, die Ihnen aber auch unmißverständlich klarmacht, daß das Glück nicht immer auf Ihrer Seite sein wird. Es ist die Stimme Ihres Besseren Ratgebers. Auf die sollten Sie hören, wenn Sie sich Peinlichkeiten wie die oben beschriebenen und den daraus resultierenden Streß zukünftig ersparen wollen.

Ein beliebter Taschenspielertrick Ihres Inneren Betrugskünstlers ist es, Sie glauben zu machen, Ihre gegenwärtige Tätigkeit sei lediglich vorübergehend, Ihre tatsächliche Karriere, der große Erfolg, liege in einer vielversprechenden Zukunft. Diese Illusion raubt Ihnen die Freude an Ihrer gegenwärtigen Arbeit. Wenn Sie wirklich einen Traumjob vor Augen haben, dann setzen Sie lieber heute als morgen alles daran, ihn auch zu bekommen. Sonst laufen Sie Gefahr, sich ein Leben lang Illusionen hinzugeben.

Nachlassende Motivation, das Gefühl, die Arbeit sei langweilig, und mangelnde Selbstdisziplin können natürlich auch Hinweise auf das sogenannte Burn-out-Phänomen sein, was bei vielen Berufen, vornehmlich bei Sozialberufen, beobachtet und beschrieben worden ist. Doch dieses Burn-out-Phänomen wird häufig nur als Entschuldigung vorgeschoben. Jede Tätigkeit sollte also in regelmäßigen Abständen einer Bewertung unterzogen werden. Bietet Ihnen die Arbeit das, was Sie wollen? Haben Sie auch in Zukunft noch Chancen? Hat Ihre ursprüngliche Begeisterung nachgelassen? Geben Sie sich ehrliche Antworten. Nur dann können Sie auch vernünftige Konsequenzen ziehen.

Der Innere Betrugskünstler und Ihre Gesundheit

Offensichtlich halten die meisten Menschen wider bessere Einsicht an liebgewonnenen Gewohnheiten fest. Sie wissen, daß es gut für sie wäre, gesündere Lebensformen anzunehmen, bringen aber nicht die nötige Willensstärke für Verhaltensänderungen auf. Umfragen zufolge, betrifft dies in erster Linie die Eßgewohnheiten, dicht gefolgt von sportlicher Betätigung und Rauchen.

Dieses widersprüchliche Verhalten läßt sich in der Regel auf die Verführungskünste des Inneren Betrugskünstlers zurückführen. Sein Verhalten ist in hohem Maße vernunftwidrig. Wie sonst kann man sich beispielsweise erklären, daß Lungenfachärzte, die täglich mit den Folgen des Rauchens konfrontiert werden, bisweilen selber rauchen? Warum nehmen Lastwagenfahrer Amphetamine zu sich? Und warum ernähren sich ausgerechnet übergewichtige Menschen kalorienreich?

Besonders Raucher können ein Lied von den Verführungskünsten ihres Inneren Betrugskünstlers singen. Wenn Sie sich hustend, keuchend und schniefend durch eine Erkältung geschleppt haben, steht meist der Vorsatz fest, das Rauchen nun endgültig aufzugeben. Aber wie so oft wird dieses sinnvolle Vorhaben einfach nicht in die Tat umgesetzt. Die nächste Zigarette wird mit dem erneuten Versprechen, das Rauchen mit Sicherheit irgendwann aufzugeben, angezündet. Und zur

Beruhigung erinnert man sich an seinen Onkel oder an den Großvater, der trotz Rauchens weit über achtzig wurde.

Im Leugnen von Tatsachen ist Ihr Innerer Betrugskünstler besonders geübt. Die Warnzeichen Ihres Körpers versucht er herunterzuspielen oder gänzlich zu mißachten. Wer wird denn schon wegen dieser lächerlichen eingebildeten Schmerzen im linken Brustkorb zum Arzt gehen? Diese Schmerzen könnten ein typisches Warnsignal für eine Herz-Kreislauf-Erkrankung sein, und Sie sollten sie ernst nehmen. Dieselben Verdrängungsmechanismen sind auch von Bluthochdruck- und Krebspatienten bekannt. Viele Menschen spielen die Warnsignale ihres Körpers so lange herunter oder nehmen sie nicht zur Kenntnis, bis es zu spät ist und eine wirkungsvolle Behandlung kaum mehr möglich ist.

Achten Sie daher, wie schon bei allen anderen Streßpersönlichkeiten, auf Ihre Streß-Klippe. Diese haben Sie immer dann erreicht, wenn Sie, statt sich den Problemen zu stellen und ihre Ursachen zu bekämpfen, den Weg des geringsten Widerstandes gehen, sich von dem, was zu tun ist, ablenken lassen, Probleme verdrängen und vor allem dann, wenn Sie wegen Ihrer mißglückten Versuche, eine Änderung Ihres Verhaltens herbeizuführen, launisch und reizbar werden. Auf dem höchsten Punkt der Streß-Klippe stehen Sie, wenn sich der Teufelskreis des Inneren Betrugskünstlers schließt. Beispielhaft sei hier jener Teufelskreis angeführt, der zu Übergewicht führt: Die Willensstärke wird durch den Inneren Betrugskünstler geschwächt, und man beginnt, zu viel zu essen. Das daraus resultierende Übergewicht macht den betreffenden Menschen unglücklich. Statt die Kalorienzufuhr zu drosseln und damit das Problem aktiv anzugehen, versuchen jedoch viele Menschen den Teufel mit dem Belzebub auszutreiben und essen aus Kummer noch mehr. In einem unserer Seminare brachte eine Frau es auf den Punkt: »Ich fühle mich wegen meines Übergewichts ausgesprochen schlecht. Gut geht es mir nur, wenn ich esse. Wenigstens schmeckt es dann.«

Auf den ersten Blick erscheinen im Zusammenhang mit dem Problem Übergewicht natürlich Diäten als das Mittel der Wahl. Doch so hilfreich manche Diäten auch sein mögen, so wenig therapieren sie die tiefergehenden Ursachen, die häufig hinter einem abnormen Eßverhalten stehen, sondern kratzen nur oberflächlich an den Symptomen. In Wirklichkeit haben viele dieser Menschen Hunger nach Liebe oder Anerkennung. Ihr Innerer Betrugskünstler versucht ihnen einzureden, die Kalorienbombe oder der Griff zur Flasche würden ihnen schon weiterhelfen. Ihr Besserer Ratgeber dagegen weiß viel eher, was ihnen im Moment wirklich fehlt. Daß sie niedergeschlagener Stimmung sind, ist also nur ein Teil des Problems. Die wichtigste Frage ist, wie diese Menschen mit ihrer Stimmung umgehen.

Selbst Gesundheitsfanatiker werden bisweilen Opfer ihrer Inneren Betrugskünstler. Davon konnte

Inga berichten, die nach langer Krankheit wieder in Form kommen wollte:

»Noch vor etwa zwei Jahren war ich eine sehr sportliche junge Frau. Während einer Reise in Afrika erkrankte ich schwer, und von dort an ging es mit mir körperlich bergab. Vor meiner Krankheit bin ich Langstrecken gelaufen, in der Woche so um die 65 Kilometer. Mein Arzt riet mir, wieder mit dem Laufen anzufangen, das würde mir bei der fast zwei Jahre andauernden Rehabilitation hilfreich sein. Also nahm ich das Training wieder auf, aber als ich mich auf fünf Kilometer täglich hochgearbeitet hatte, streikte mein Körper plötzlich. Es hatte den Anschein, als ob meine Knochen, Muskeln und Sehnen mich zum Aufgeben bewegen wollten. Von diesem Zeitpunkt an suchte ich jeden Tag Entschuldigungen dafür, gerade heute nicht laufen zu müssen. Entweder war es zu heiß oder zu kalt, oder ich war einfach zu beschäftigt, bis ich es zum Schluß ganz aufgab.

Etwa einen Monat später hatte ich eine Auseinandersetzung mit meinem Freund Harry. Er fragte mich, warum ich mit dem Laufen aufgehört habe, und ich erwiderte ihm, ich müsse zu schwer trainieren, um wieder in Form zu kommen, und hätte außerdem Angst, einen Rückfall zu erleiden. Da Harry wußte, daß es für mich keinen wirklichen Grund gab, nicht zu trainieren, erwiderte er, es gebe keinen einfachen Weg zu guter Kondition, und ich wisse das auch, würde mich aber wie eine Mimose aufführen.

Mein Besserer Ratgeber mußte Harry natürlich recht geben. Als mir dann klar wurde, wie sehr mich mein Innerer Betrugskünstler dominierte, bat ich Harry, mit mir zu laufen, da ich wußte, daß er mir helfen würde. Heute kann ich wieder meine 65 Kilometer in der Woche laufen, und es geht mir blendend.«

Viele Menschen führen seit Jahrzehnten einen scheinbar aussichtslosen Kampf gegen ihre schlechten Gewohnheiten, an dessen Ende für sie nur ein überwältigendes Gefühl der Ernüchterung und Enttäuschung bleibt. Hoffnungslosigkeit und Selbstwertprobleme sind die Folge, die man wiederum als Ausrede für das Beibehalten der schlechten Lebensgewohnheiten benutzt. Der erste Schritt zur Bekämpfung Ihres Inneren Betrugskünstlers ist der intensive Austausch mit Ihrem Besseren Ratgeber.

Spielanleitung für den Inneren Betrugskünstler

Verzerrte Wahrnehmung: **Selbstdisziplin ist Bestrafung.**

Hindernis: Sie suchen und finden Argumente für Ihre schlechten Lebensgewohnheiten.

Ergebnis: Sie sind unfähig, Ihre Lebensgewohnheiten zu verändern, und sind darüber enttäuscht und entmutigt.

Ihre neue Wahrnehmung: Selbstdisziplin kann Spaß machen und befriedigend sein. Außerdem erhöht sie das Selbstbewußtsein.

Ihr erster Zug: Alle Begründungen Ihres Inneren Betrugskünstlers, den Weg des geringsten Widerstandes zu gehen, werden zusammengefaßt und aufgeschrieben. Zum Beispiel:
a) Ich bin viel zu unflexibel, ich kann meine Eßgewohnheiten einfach nicht ändern!
b) Wenn ich aufhöre zu rauchen, bin ich viel zu nervös.
Auch die Gegenargumente werden notiert:
a) Während meiner Studienzeit war ich sportlich, ernährte mich ausgewogen und wog fünfzig Pfund weniger.
b) Früher habe ich nicht geraucht und war auch nicht nervös.

Mögliche Fallen: Ihr Innerer Betrugskünstler wird versuchen, Ihren ersten Zug zu verhindern: »Laß uns nächste Woche damit beginnen«, »Es wird dir alles keinen Spaß mehr machen« oder »Nur mit Essen, Trinken und Rauchen kannst du dich wirklich entspannen«.

Ihr Gegenzug: Allen Argumenten des Inneren Betrugskünstlers setzen Sie jeweils ein neues Verhalten entgegen.
a) Sie beginnen mit einer Diät, deren Wirkung nachgewiesen und die erprobt ist.
b) Nehmen Sie an einem Raucher-Entwöhnungsprogramm der Krankenkassen teil.
c) Treiben Sie Sport, oder gehen Sie wenigstens regelmäßig und häufig spazieren.

Verzerrte Wahrnehmung: Probleme lösen sich von selbst, wenn man sie so lange wie möglich ignoriert.

Hindernis: Sie weichen ernsten Problemen aus.

Ergebnis: Viele Probleme werden so lange verschoben, bis ein korrigierendes Eingreifen kaum mehr möglich ist.

Ihre neue Wahrnehmung: Wenn Sie Probleme frontal in Angriff nehmen, wird Ihr Leben nicht länger von den Launen des Schicksals bestimmt, sondern von Ihnen selbst.

Ihr erster Zug: Sehen Sie den Tatsachen direkt ins Auge. Sie haben ein Problem? Gehen Sie schrittweise und überlegt vor!

Mögliche Fallen: Der Innere Betrugskünstler wird Sie vermutlich davon zu überzeugen versuchen, daß die Beschäftigung mit diesem Problem reine Zeitverschwendung ist.

Ihr Gegenzug: Gegen diesen Versuch Ihres Inneren Betrugskünstlers sollten Sie energisch vorgehen. Legen Sie am besten erreichbare Ziele fest, die Sie dann umgehend ansteuern.

Beginnen Sie nun selbst, indem Sie ein Hindernis beschreiben. Gehen Sie dann der Frage nach, zu welchen Folgen dieses Hindernis führte. Was wird Ihr erster Zug sein? Wo hat der Innere Betrugskünstler Fallstricke ausgelegt? Sie werden ihn mit einfallsreichen Gegenmanövern schon austricksen.

Verzerrte Wahrnehmung:

Hindernis:

Ergebnis:

Ihre neue Wahrnehmung:

Ihr erster Zug:

Mögliche Fallen:

Ihr Gegenzug:

Während Sie die Spielanleitung mit Leben zu füllen versuchen, können natürlich Probleme auftauchen, die Sie zu einem Zwiegespräch mit Ihrem Inneren Betrugskünstler nutzen sollten. Daraus kann sich ein weiteres Hindernis ergeben, das Sie dann Zug um Zug ausräumen.

Zwingen Sie den Inneren Betrugskünstler durch Ihr neues Verhalten zum Rückzug!

- Was auch immer Sie tun – nehmen Sie sich zusammen.
- Sowohl andere als auch Sie selbst sollten sich auf Sie verlassen können.
- Lebensverhältnisse, die Ihnen nicht passen, werden verändert.
- Treffen Sie Ihre eigenen Entscheidungen. Achten Sie auf den Einfluß des Inneren Betrugskünstlers bei anderen.
- Leben Sie ergebnisorientiert.
- Gewöhnen Sie sich das Rauchen ab. Ersetzen Sie es durch andere und gesündere Gewohnheiten.
- Stehen Sie offen zu Ihren Fehlern.
- Versuchen Sie nicht, unvernünftiges Verhalten mit rationalen Argumenten zu verteidigen.

8

Der geführte Dialog

Im Austausch mit den Streßpersönlichkeiten

Alle hier vorgestellten Streßpersönlichkeiten handeln außerhalb unserer bewußten Wahrnehmung. Zunächst sollte man sich deshalb mit ihnen vertraut machen, um dann in einem nächsten Schritt direkten Kontakt mit ihnen aufzunehmen. Als Methode dafür wollen wir Ihnen den geführten Dialog vorstellen. Mit seiner Hilfe können Sie in einen ständigen Austausch mit Ihrem Unterbewußtsein treten. Ziel der direkten Verhandlung mit unseren Streßpersönlichkeiten ist, den Streß abzubauen. Der Dialog ist also eine Art selbst angewandte Streßtherapie. Er bietet Ihnen die Möglichkeit, mit Ihrer Streßpersönlichkeit auszuhandeln, wie Sie Ihr Verhalten verändern oder sogar aufgeben.

Ein solcher Dialog besteht aber immer aus Geben und Nehmen, was Ihrem langjährigen Begleiter überhaupt nicht gefallen wird. Entscheidend ist Ihr Verhandlungsgeschick. Die Streßpersönlichkeiten sind als Teil von Ihnen ebenso real wie ein menschliches Gegenüber im Alltag, folglich kann man ihnen auch so begegnen – vor Fragen, Bitten und Kompromissen sollte man sich nicht scheuen.

Dialog – aber wie?

Zunächst benötigen sie einen ruhigen Raum, in dem Sie nicht gestört werden. Wenn Sie später mit der Technik vertrauter sind, können Sie den Dialog beispielsweise auch während des Spazierengehens führen. Als nächstes stellen Sie zwei Stühle gegenüber, Sie können natürlich auch bequeme Sitzkissen nehmen. Setzen Sie sich, und stellen Sie sich bildhaft vor, wie auf dem gegenüberliegenden Stuhl oder Kissen Ihre Streßpersönlichkeit sitzt. Und nun treten Sie mit ihr in einen Dialog, indem Sie Fragen stellen: »Warum hast du solch einen Stellenwert in meinem Leben?«, »Was ist der eigentliche Grund deines Daseins?« Nun wechseln Sie Ihre Sitzposition und nehmen die Rolle der Streßpersönlichkeit ein. »Ich bin hier, weil du mich gerade jetzt aus den verschiedensten Gründen besonders brauchst.« Wechseln Sie bei diesem Frage- und Antwortspiel laufend die Rollen. Das Rollenspiel verfolgt zwei Ziele: Erstens sollen Sie eine klare Trennung zwischen sich und der Streßpersönlichkeit vornehmen können, und zweitens sollen Sie sich an diese Art der Beziehung zu Ihrer Streßpersönlichkeit auch für die Zukunft gewöhnen.

In manchen Momenten kann es bei solch einem Rollenspiel zu einer intensiven Selbstwahrnehmung kommen. Beim Wechseln der Rollen ist es durchaus üblich, daß Stimme und Gestik sich verändern. Sie werden sich vielleicht darüber erschrecken, was Sie zu sich selbst sagen. Das alles ist ganz normal und gibt keinen Anlaß zur Sorge. Im Gegenteil, denn es bedeutet, daß Sie nun endlich die unterschiedlichen Anteile Ihrer Persönlichkeit deutlich erkennen und wahrnehmen. Diese Persönlichkeitsanteile verfolgen unterschiedliche Absichten und verursachen jenen Streß, unter dem Sie leiden. Als sich Ihre Streßpersönlichkeiten vor vielen Jahren entwickelt haben, waren Sie ein anderer Mensch. Wundern Sie sich daher nicht, wenn bei diesem Rollentausch plötzlich Einstellungen und Überzeugungen zu vernehmen sind, die Sie in der Vergangenheit einmal vertreten haben. Wenn diese Gefühle, Einstellungen und Überzeugungen zutage treten, wird dies dazu beitragen, Ihre innere Anspannung zu lösen.

In diesem Dialog gibt es keine richtigen und falschen Fragen, ebensowenig wie es richtige oder falsche Antworten gibt. Wie bei allem, was man zum ersten Mal macht, kann Sie vor allem zu Beginn ein Gefühl der Unsicherheit überkommen. Sie werden den Eindruck haben, zu schauspielern oder sich einfach linkisch fühlen. Davon sollten Sie sich aber nicht einschüchtern lassen. Je häufiger Sie üben, desto leichter wird Ihnen der Dialog schließlich fallen.

Zu Beginn eines Dialoges mit Ihrer Streßpersönlichkeit sollten Sie Ihre Gefühle zum Ausdruck bringen. Eher noch als die Vernunft weisen Ihre Gefühle auf die Ursachen Ihrer inneren Konflikte hin. Dabei ist das Verbalisieren direkter Gefühle, wie sich ärgerlich, verletzt, verängstigt oder niedergeschlagen zu fühlen, produktiver als Stellungnahmen wie »Ich glaube so weitermachen zu müssen« oder »Ich fühle, du beachtest mich niemals«, hinter denen sich die wahren Gefühle verbergen. Die Kluft zwischen Ihrem Selbst und diesen abgespaltenen, gegen Ihr Selbst gerichteten Anteilen Ihrer Persönlichkeit wird durch die Gespräche über Ihre Gefühle geschlossen. So kann die wahre Natur Ihrer Probleme zutage treten. Ihre Gefühle lügen nicht, sie tauchen aus einem bestimmten Grund auf, und sie verweisen auf ein dahinterliegendes Problem.

Vielleicht wird es Sie überraschen festzustellen, daß die Gefühle Ihrer Streßpersönlichkeit nicht unbedingt mit Ihren eigenen übereinstimmen. Diese Verschiedenheit ist ein deutlicher Hinweis auf die vollzogene Trennung zwischen Ihnen und Ihrer Streßpersönlichkeit. Auf dem Weg zur Selbstkontrolle ist dies eine wichtige Erkenntnis. Erst wenn Sie beide sich Ihre unterschiedlichen Standpunkte deutlich gemacht haben, kann der Konflikt geklärt werden. Es verhält sich in etwa so wie in einem Dialog zwischen zwei Menschen, die unterschiedlicher Meinung sind. Im folgenden wollen wir Ihnen einige Beispiele für solche Dialoge vorstellen. Sie vermitteln einen Eindruck davon, wie ein solches Gespräch ablaufen kann.

Den Dialog selbst führen

In jeder Sitzung wird das Ergebnis Ihres Dialoges unterschiedlich ausfallen. So werden Sie hin und wieder feststellen, daß Ihre Streßpersönlichkeit sich einer Zusammenarbeit mit Ihnen widersetzt, denn sie ist felsenfest davon überzeugt, in Ihrem Interesse zu handeln. Wir geben hier einen Dialog zwischen Matthias und seinem Inneren Ankläger wieder. Obwohl Matthias ihn niemals zufriedenstellen kann, versucht er dennoch, in seinem Beruf als Inspektor perfekt zu sein.

Matthias: »Für meine Art und Weise zu arbeiten habe ich mich bei meinem Chef immer entschuldigt, und daran bist du schuld. Entweder wirfst du mir vor, ich sei nicht vorbereitet, oder du erzählst mir, die Abteilung sei der Ansicht, ich sei inkompetent. Wenn ich mit mir zufrieden bin, kommst du immer mit deinem ›Du hättest es besser machen können‹. Danach bin ich immer völlig verzweifelt. Ich fühle mich ziemlich niedergeschlagen.«

(Matthias vertauscht die Rollen und antwortet als Innerer Ankläger.)

Innerer Ankläger: »Was, bitte, ist denn so falsch daran, etwas besser zu machen? Es gibt immer Steigerungen, du schöpfst deine Fähigkeiten nie voll aus. Du bist ein fauler Kerl.«

(Matthias vertauscht die Rollen und ist nun wieder er selbst.)

Matthias: »Wenn du mich mit anderen Leuten vergleichst, die alles so viel besser können, oder mir vorwirfst, ich würde meine Fähigkeiten nicht ausschöpfen, dann fühle ich mich unter Druck gesetzt. Deine ständigen Vorhaltungen machen mich traurig und wütend. Ich kann so einfach nicht leben.«

Innerer Ankläger: »Genauso geht es mir mit dir. Ich versuche, dir zu helfen, und du bist sauer auf mich. Du würdest doch überhaupt nichts erreichen, wenn es mich nicht gäbe.«

Matthias: »Ich kann dieses ewige ›Du sollst‹ oder ›Du könntest‹ und ›Das machst du falsch‹ einfach nicht mehr hören. Magst du überhaupt etwas an mir?«

Innerer Ankläger: »Es fällt schwer, dich zu mögen, du mußt dich noch verbessern. Nimm nur mal deine Kleidung. Und mit den Mitarbeitern deiner Abteilung bist du viel zu nachsichtig. Wenn du ihnen ihre Mängel nicht ständig und immerzu vorhältst, werden sie nie etwas lernen.«

Matthias: »Mein lieber Innerer Ankläger, am liebsten würde ich auf dich verzichten. Deine negative Einstellung ist mir keine Hilfe, und mir geht es mit mir selbst viel besser.«

Innerer Ankläger: »Das solltest du meiner Meinung nach tunlichst lassen. All deine Mängel werden ohne mich sofort entdeckt werden.«

Matthias: »Heißt das, du wirst mich nicht in Ruhe lassen?«

Innerer Ankläger: »Du brauchst mich doch, wie soll ich dich da in Ruhe lassen?«

Matthias: »Vielleicht brauche ich dich, vielleicht aber auch nicht. In jedem Fall werde ich deine ständigen Versuche, mich einzuschüchtern, aufmerksam registrieren. Wir werden uns in Zukunft noch öfter unterhalten.«

Klar und deutlich der Innere Ankläger von Matthias es abgelehnt, sich zurückzuziehen. Einen Vertrag konnte Matthias in dieser Sitzung also noch nicht aushandeln, aber er hat seinen Inneren Ankläger herausgefordert. Es ist Matthias zwar klargeworden, auf welche Weise sein Innerer Ankläger Streß erzeugt, ob er aber ohne seine Antriebskraft auskommen wird, darüber ist sich Matthias noch nicht ganz sicher. Vielleicht werden weitere Gespräche zwischen den beiden zu einem Kompromiß führen.

Ein Dialog, der zum Vertrag führt

Das folgende Beispiel gibt einen Dialog wieder, in dem eine Person einen Vertrag mit ihrer Streßpersönlichkeit aushandelt. Katharina unterrichtet an einer Hochschule und hat den Ehrgeiz, ihre Studenten zu den besten im Lande auszubilden. Dafür arbeitet sie hart, würde nun aber gerne etwas kürzer treten. Ihr Streber widersetzt sich.

Katharina: »Mein lieber Streber, ich bin von deinem Tempo völlig erschöpft. Diese Tätigkeit füllt mittlerweile mein ganzes Leben aus, und darüber bin ich ziemlich verärgert.«

Streber: »Es ist deine Pflicht, nicht nur die Beste zu sein, sondern auch das Beste zu geben. Ob du müde bist oder nicht, ist mir egal. Entweder das Beste oder gar nichts.«

Katharina: »Ich brauche dich nicht mehr. Die vergangenen zwanzig Jahre hast du mich genügend angetrieben. Die Leistungen meiner Studenten sind höher, als ich jemals erwartet habe, und ich bin der Ansicht, erreicht zu haben, was ich wollte.«

Streber: »Aber sowohl die Universität als auch das Kultusministerium sowie deine Studenten erwarten von dir ein bestimmtes Niveau. Die Ergebnisse des vergangenen Jahres lassen sich doch bestimmt noch verbessern.«

Katharina: »Vielleicht hast du ja recht, aber samstags werde ich nicht mehr arbeiten.«

Streber: »Du kannst jetzt nicht aufgeben. Vergangenes Jahr lagen wir im Bundesvergleich auf Platz fünf. Mit noch etwas mehr Engagement könnten wir Platz eins erreichen.«

Katharina: »Ich habe keine Energie mehr. Diesen Studenten habe ich genug gegeben, und nun muß ich auch einmal an mich und an meine Familie denken. Den fünften Platz erreicht zu haben ist völlig ausreichend, die Leistungsanforderungen sind hoch genug angesetzt.«

Streber: »Du könntest den ersten Platz erreichen, wenn du nur wolltest.«

Katharina: »Ich meine, wie ich es sage. Ich werde kürzer treten, und du machst entweder mit oder nicht. Willst du mit mir zusammenarbeiten?«

Streber (unwillig): »Der Preis ist für dich offensichtlich zu hoch. Du wirst scheinbar auch immer müder. Na schön, ich will mich mit dir arrangieren.«

Katharina: »Also, dann mache ich dir folgenden Vorschlag für eine Vereinbarung: Die kommenden drei Monate habe ich samstags frei. Wir werden sehen, ob es funktioniert, und dann werde ich mit dir um weitere Freizeit verhandeln.«

Streber: »Wie wäre es mit nur zwei Monaten? Drei scheinen mir sehr lang zu sein.«

Katharina: »Also gut, dann zwei Monate. Aber nach diesen zwei Monaten verhandeln wir neu.«

Streber: »Na gut, aber begeistert bin ich nicht.«

Katharina: »Das mußt du auch nicht. Du mußt dich nur zurückziehen.«

Das Verhandeln solcher Kompromisse ist äußerst wichtig. Zieht sich die Streßpersönlichkeit nicht zurück, müssen Sie erneut verhandeln. Was aber könnte einem Rückzug im Wege stehen? Um das herauszufinden, sollten Sie sich die Position Ihrer Streßpersönlichkeit zwar anhören, aber an Ihren Überzeugungen sollten Sie festhalten. Es ist unrealistisch zu glauben, ein jahrelang eintrainiertes Verhalten praktisch über Nacht ändern zu können. Kompromisse auszuhandeln, ist ein Geduldsspiel, aber je häufiger und je länger Sie diese Zwiegespräche führen, desto leichter wird es Ihnen fallen, Ihre Streßpersönlichkeiten zu disziplinieren.

Der Bessere Ratgeber

Die Stimme des gesunden Menschenverstandes

In jedem von uns gibt es einen Besseren Ratgeber. Doch allzu häufig vergessen wir, uns an ihn zu wenden. Es gibt sogar Augenblicke, in denen wir ihn einfach nicht hören wollen. Ihre Streßpersönlichkeiten entwickeln sich parallel mit Ihrer Persönlichkeit. Dabei können sie derart dominant werden, daß Sie den Kontakt zu Ihrem Besseren Ratgeber verlieren. Ein Weg, um ihn wieder herzustellen, ist der bereits vorgestellte geführte Dialog. Sie haben ein scheinbar unlösbares Problem mit Ihrer Streßpersönlichkeit? Dann suchen Sie Rat bei Ihrem Besseren Ratgeber. Er wird Ihnen helfen.

Ohne daß wir uns dessen gewahr sind, weist uns der Bessere Ratgeber jeden Tag den richtigen Weg. Er verfügt über einen unfehlbaren Instinkt. Wir haben im folgenden sowohl Beschreibungen als auch Bestimmungsversuche von Teilnehmern unserer Seminare zusammengestellt:

»Er ist der gesunde Menschenverstand. Mein Besserer Ratgeber zeigt mir Alternativen.«

»Er ist ein Teil meines Selbst. Vor dem Handeln läßt er mir Zeit zum Nachdenken.«

»Er ist wie ein siebter Sinn. Wenn ich zu beschäftigt bin, gebietet er mir Einhalt und läßt mich das Leben genießen.«

Manche Seminarteilnehmer ordnen den Besseren Ratgeber eher logischen oder vernunftbetonten Teilen ihres Selbst zu.

»Er stellt mir Fragen und ist der logische, der denkende Teil in mir.«

»Er ist der ruhige, logisch denkende Teil in mir. Wenn es erforderlich ist, kann ich mich aus meiner Befangenheit lösen und die Situation objektiv betrachten.«

Anderen wiederum scheint der Bessere Ratgeber eher einer mystischen Quelle zu entspringen.

»Es ist ein tiefes Gefühl, das mir sagt, ich solle mich nicht so verhalten, wie es üblich ist.«

»Er erinnert mich daran, mein ganzes Leben zu überblicken. Dann merke ich, wie unwichtig meine akuten Probleme sind, sie lösen sich dann von selbst auf.«

»Er hilft mir intuitiv weiter. Wann er mir hilft, kann ich nicht vorhersagen. Aber wenn er mir geholfen hat, weiß ich es genau.«

Wir wollen Ihnen im folgenden ein Zwiegespräch zwischen Karl und seinem Besseren Ratgeber wiedergeben. Karl wurde von seinem Schmeichler erheblich unter Druck gesetzt. Er hatte eine Affäre mit einer Kundin. Mit seinem Vorhaben, die Affäre zu beenden, stieß er aber auf ungeahnte Widerstände. Wann immer er versuchte, einen Schlußstrich zu ziehen, drohte sie ihm mit Selbstmord. Sein Schmeichler wollte nun weder das Risiko tragen, das Verhältnis zu beenden, noch ließ er es zu, daß Karl sich seiner Frau offenbarte, weil er Angst hatte, daß sie ihn mit den Kindern verlassen würde. Karl wollte demnach alle Beteiligten zufriedenstellen und befand sich in einem klassischen Dilemma. Ein Dialog mit seinem Schmeichler führte zu keinem Ergebnis. Also setzten wir den Besseren Ratgeber des Mannes in den gegenüberstehenden Stuhl. Das Rollenspiel konnte beginnen. Wir waren gespannt, was der Bessere Ratgeber Karl zu sagen hatte.

Karl: »Ich kann es meiner Frau nicht sagen. Es würde sie sehr treffen, vielleicht würde sie sich sogar scheiden lassen wollen. Mit meiner Freundin kann ich auch nicht reden, sie würde irgend etwas Dramatisches anstellen, sich vielleicht sogar umbringen. Es zerreißt mich innerlich. Ich kann nicht schlafen, und ich habe Angst. Was soll ich tun?«

Etwas Erstaunliches geschah mit Karl, als er den Stuhl und damit die Rolle wechselte. Er gab seine gebeugte Körperhaltung auf, saß aufrecht in seinem Stuhl und antwortete mit deutlicher und fester Stimme.

Besserer Ratgeber: »Zunächst wirst du deiner Frau reinen Wein einschenken und die Konsequenzen tragen. Die Heimlichtuerei muß aufhören. An erster Stelle mußt du die Probleme deiner Ehe klären, die dich in diese Situation getrieben haben. Damit kannst du gleich anfangen.«

Karl: »Vor dem, was geschehen wird, habe ich Angst. Meine Frau wird verletzt und verärgert sein. Sie wird sich bestimmt scheiden lassen wollen.«

Besserer Ratgeber: »Auch wenn es soweit kommt, dann hast du wenigstens mit offenen Karten gespielt. Vielleicht führt euch der Konflikt ja auch in eine Eheberatung. Du weißt, daß es in deiner Ehe schon lange vor dieser Affäre ernste Probleme gab. Als nächstes mußt du diese Affäre beenden, verstanden?«

Karl: »Meine Freundin droht aber damit, sich umzubringen, wenn ich sie verlasse.«

Besserer Ratgeber: »Sie wickelt dich ein. Sie erpreßt dich, so kann das nicht weitergehen. Sie wird ebensowenig Selbstmord begehen, wie deine Frau sich scheiden lassen wird.«

Karl: »Also gut. Ich werd's versuchen. Vielleicht fühle ich mich danach ja wirklich beser.«

Karl trennte sich tatsächlich von seiner Freundin, ohne daß sie ihre Drohung wahrmachte. Seine Frau verließ ihn zwar vorübergehend, ihre Ehekrise überwanden sie aber mit Hilfe einer ausführlichen Eheberatung. Ihre Beziehung ist seitdem stabiler als zuvor.

Die Stimme Ihres Besseren Ratgebers werden Sie nur deutlich vernehmen können, wenn Sie Ihre lautstarke Streßpersönlichkeit zur Ruhe zwingen. Gelingt Ihnen dies nicht, sollten Sie Ihre Probleme mit beiden besprechen. Nehmen wir an, Ihr Innerer Antreiber sitzt Ihnen wieder einmal im Nakken, Sie aber fühlen sich völlig erschöpft. Wer von beiden wird wohl die besseren Vorschläge machen?

Sie: »Diese vielen Verpflichtungen überfordern mich. Ich habe auch gar nicht so viel Zeit. Außerdem fühle mich erschöpft, bin zerstreut und habe Angst.«

Innerer Antreiber: »Du könntest beispielsweise früher aufstehen. Dann würdest du auch mehr erledigt bekommen. Außerdem könntest du mehrere Angelegenheiten gleichzeitig bearbeiten. Und wie wäre es, die Mittagspause zu halbieren und Überstunden zu machen?«

Besserer Ratgeber: »Eigentlich solltest du alle unnötigen Aktivitäten unterlassen. Wenn du einen hektischen Tag voller Termine hattest, darfst du dir am Abend nicht auch noch Freunde zum Essen einladen. Manche Tätigkeiten kannst du an andere delegieren. Außerdem solltest du in deinen Tagesablauf kurze Pausen einbauen, und wenn es jeweils nur fünf Minuten sind. Was sind denn das für Projekte, von denen du nur Kopfschmerzen bekommst und die dir keinen Spaß machen? Für den Rest des Monats nimmst du keine weiteren Projekte mehr an.«

Ihrem Besseren Ratgeber ist die Geltungssucht und das Bestreben des Inneren Antreibers, mit übertriebenen Aktivitäten Ihren Wert als Mensch zu beweisen, völlig gleichgültig. Sein Interesse gilt ganz allein Ihrer Lebensqualität. Wie Sie mit Ihrem Leben am besten zurechtkommen und wie Sie am besten Ihren Streß bewältigen, werden Sie von Ihrem Besseren Ratgeber erfahren. Wenn er sich Ihnen mitteilt, hören Sie ihm zu. Sie werden sich ruhiger und stärker fühlen, wenn Sie seinen Ratschlägen folgen. Keiner kann mit Ihren Problemen besser umgehen als Sie selbst.

Gudrun Dalla Via

Power-Nahrung fürs Gehirn

Tips und Rezepte

Wenn Verliebte Schokolade essen, liegt es nicht nur am guten Geschmack: Der zarte Schmelz enthält – so wie viele andere Lebensmittel auch – Substanzen, die unser Gehirn positiv beeinflussen. Bananen zum Beispiel machen glücklich, Rosmarin stärkt das Gedächtnis und Dill verhilft zu einem guten Schlaf.

Gudrun Dalla Via präsentiert mit ihrem Ratgeber einen beeindruckenden Überblick über die Power-Nahrung für die grauen Zellen. Sie beschreibt, wie Vitamine, Eiweiß, Fette und Kohlenhydrate auf uns wirken, gibt Tips für Streßsituationen und informiert darüber, ob der tägliche Löffel Lebertran wirklich sinnvoll ist. Leckere Rezepte machen Appetit auf die gesunde Nahrung für Gehirn und Gemüt.

vgs verlagsgesellschaft Köln